朱耀明◎口述

敲鐘者言

朱耀明牧師回憶錄

知日◎執筆
陳健民◎推薦

目錄

公民

敲鐘者言

編輯室報告

朱耀明牧師投身香港民生社會與民主運動三十餘年，原希望以其人生經歷見證信仰的力量與時代的變革。回憶錄的成書過程，卻對照出現實的困境。

二〇一九年後的香港，自由的空間大幅壓縮，爭取民主的異議人士或身陷囹圄或不知將被羅織何種罪名。朱牧師掙扎在歷史真相和愛與道德的兩難之間，甚至一度放棄出版念頭，最終同意隱去部分，也就成了本書〈公民IV－讓黃雀飛〉的奇特頁面。在〈後記〉訪談中，他也特別對此做了說明。

同樣的理由，書中的照片並非為凸顯朱牧師個人，而是在擇取歷史鏡頭時，必須要捨棄可能為他們帶來危險的清晰面孔，這也使得那些遊行、聚會、街頭民主開講……等等歷史時刻無法具體呈現。

書中的圖片除了來自牧師的家庭相簿（包含活動後各方友人提供的照片），還有若干取自香港《蘋果日報》、《立場新聞》和《明報》等媒體，以及資料庫裡的不明攝影者（如有知道拍攝者，請與我們聯繫，再版時將予標示）；也感謝創作者們慷慨允用漫畫，甚至為本書重新繪製。

執筆者是資深記者，撰寫取材求證嚴謹，但在編輯過程卻屢屢發現原本的資料來源已失去連結，流失的比記錄的速度還快；另外也有不得不然而刻意模糊處理的註釋。

這些都是缺憾。

只能期待香港回復往昔榮光：一個可以自在表達、沒有恐懼、不用抹去記憶的自由之城。

序：春蠶到死絲方盡

陳健民
（國立政治大學客座教授、香港佔中三子之一）

朱牧師大情大性，笑容常帶童真，但眼淚也不少。在雨傘運動期間，他總是坐在佔領區的一角，含著淚水看那些朝氣蓬勃的年輕人在做抗爭工藝品、聽演說、聊天。我知道六四陰影在他心中徘徊不散，日夜煎熬何時可讓學生平安退場。

如果當年不是早一天要回港主持婚禮，他應該會在天安門廣場上跟學生一起倉皇逃命。又或者那是上帝的安排，要他平安在海外開展「黃雀行動」，讓百計中國民運人士逃出生天。那是多麼驚心動魄的歷程，可惜在這書中只能化作串串方格，靜待時日光復，讀者才能看到。

朱牧師投身支聯會和其後爭取普選的工作，與他和已故的司徒華先生結緣有關。司徒華看準神職人員的道德力量，希望藉朱牧師感召一群學者、社工等專業人士，在政黨以外凝聚一股爭取民主的清流。司徒華自己亦歸信基督，而在人生最後階段，朱牧師從醫院至安德烈教堂均陪伴他過。

朱牧師感召力之強大，往往是一個電話便打亂了你的人生。

大學時期我算是虔誠的基督徒，卻不屑教會把福音鎖在溫馨的小盒之中，對外面世界的不公不聞不問。碰巧一次機會聽到盧龍光和朱耀明兩位牧師講道，提出信仰應與社區結合，可謂醍醐灌頂。結果我在大學最後一個暑假走進兩位牧師服務的柴灣，做了一個醫療問題的研究，並且捲入了爭取興建醫院運動，與朱牧師結緣。

我從事社區組織工作幾年後便出國進修，一九九三年回到中文大學一面任教、一面撰寫博士論文。那段日子港人受前途問題困擾，我知道自己回歸香港，是要在日後爭取民主，只是想先取得正教授職位後，才全力投入公共事務。

這個如意算盤卻被朱牧師徹底擾亂。從化解居民對九龍灣愛滋病診所的抗拒、成立民主發展網絡爭普選到投入佔領中環運動，他都是撥了一通電話便把我從繁忙的教研工作中帶到社運的前線。無他，牧師吩咐的都是行公義、好憐憫之事，我當然要「存謙卑的心與神同行」。

與牧師共事了三十多年，合作無間。大家都嚴守組織紀律，不洩密、不斂財、不計個人榮辱。我佩服牧師的勇氣，不惜與同袍衝突反對基督教慶祝國慶、更以身犯險佔領中環，反駁教內「當順服掌權者」的謬誤。當然，我亦看到牧師脆弱的一面。童年以至六四的陰影，再加上年老多病，很難要求他在囹圄中抗爭。

因此，在審訊雨傘運動的最後階段，我雖極力反對向法官求情，甚至阻止呈上社會服務紀錄（因為我們應以一個普通公民的身分代表過百萬曾參與佔領的市民面對審訊），但最終我還是要求律師代我和戴耀廷向法庭求請，免朱牧師承受牢獄之苦。但當牧師在法庭上帶淚朗讀他的〈敲鐘者言〉陳情書，他還是堅決表示不後悔，旁聽席上飲泣聲不絕。

結果我和另外三位被告被判入獄，朱牧師和其他四位被告被判緩刑或社會服務令。法官在判詞中讚揚牧師人格正直、服務社會多年，而且年邁體弱，不宜判處即時入獄。當我和其他被告由囚車押解至監獄時，看到牧師在法庭門外老淚縱橫哭別我們，內心難過，亦明白他既悲傷亦歉疚於無法一起背上十字架。

其實牧師大可釋懷。他除了牧養一間教會以外，還從零開始建立起學前教育、社會服務及醫療中心。在成功爭取東區醫院以後，一直參與醫療服務包括東區醫院管理委員會、醫管局病人投訴委員會和關懷愛滋病的紅絲帶中心。他亦推動成立或管理互愛戒毒中心、協助更生人士的豐盛社會企業和完美句號殯儀服務。他協助創立的民主組織包括基督徒愛國民主運動、香港民主發展網絡、香港公民教育基金會、守護公義基金、讓愛與和平佔領中環，還有他耗盡心力的黃雀行動。朱牧師投身公共服務的拼勁，就像他老師周聯華牧師所言，為了完成基督徒的使命，蠟燭兩頭燒亦在所不惜。我卻想到：春蠶吐絲，至死方休。

朱牧師在佔中以後，一直過著平淡的退休生活。他說早上坐在教會宿舍的窗邊吃一碗小米粥，是他最幸福的時光。但香港實施《國安法》後，為了他和其他人的安全，我力勸他及早離開。結果他在台灣國立政治大學出任訪問學人，期間完成此書。通過此書，大家可讀到一個人如何忠於自己的信仰，從失去父母的街童掙扎成為力行公義的牧師。通過他，亦同時看到香港社會的滄桑變化。

因為流散在外，因為思念被囚冤獄的老友，我常見牧師眼泛淚光、嗌聲嘆氣。難道真是「蠟炬成灰淚始乾」？只望公義快臨，牧師可以回到故居吃他喜歡的小米粥。

我，竭力回想，為的不是自己。

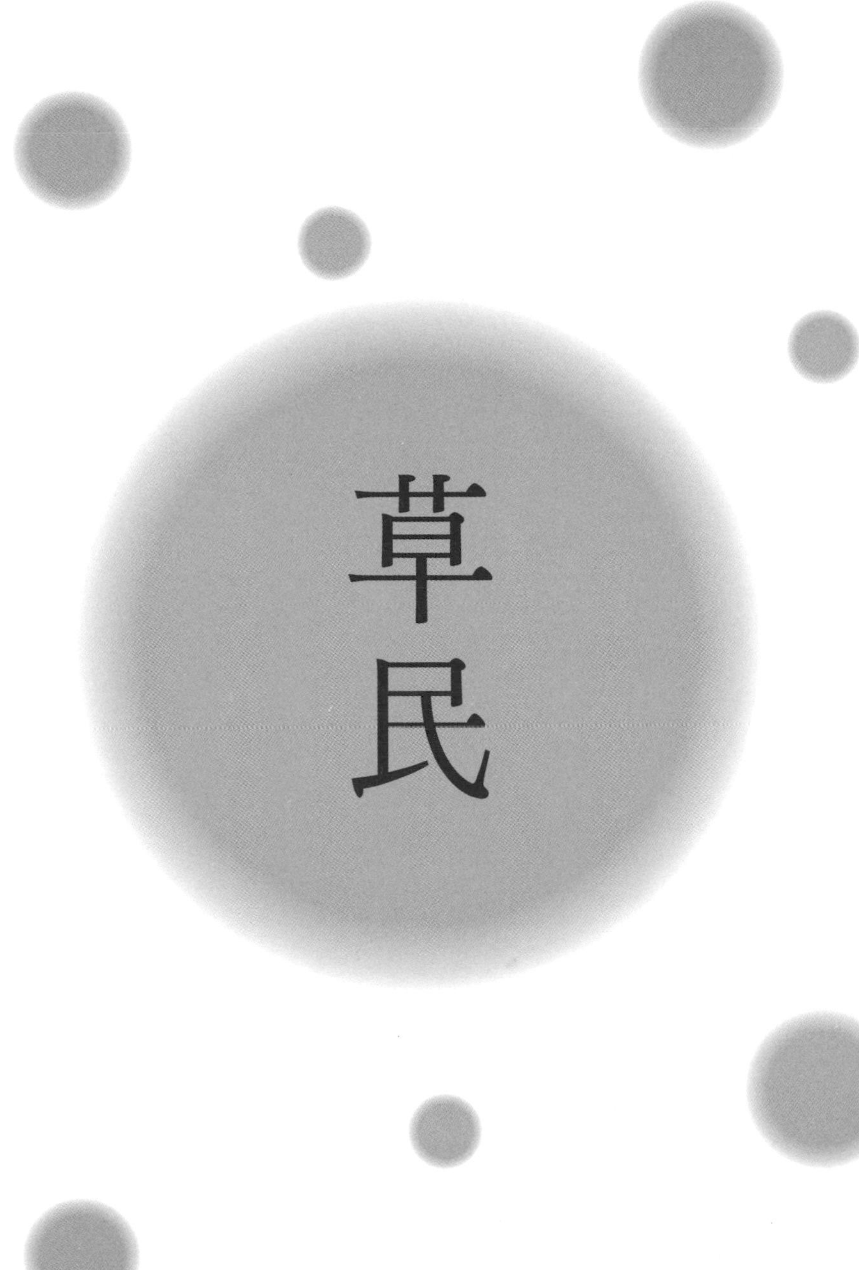

草民

從孤子開始

我經歷的都不是人性。
那是為甚麼我始終厭惡、甚至恐懼共產黨的原因，
我對它沒有任何遐想。

朱耀明對親人的回憶，只到十歲。在那些片段裏，他無父無母，只有嫲嫲（奶奶）。朱耀明在香港出生，可是在他還沒有記憶的時候，就被託送鄉下，與嫲嫲相依為命。他們是廣東台山縣海晏城朱屋村人士，這村子不興旺，頂多住著百多戶人家。日間嫲嫲織網他放牛，為別人幹活；夜裏二人回到簡陋的土房子，下雨就在屋頂拉一塊木板來遮擋。房子混和泥土與禾草蓋成，入口是灶，中間是天井，後頭的睡房只有一床。直至嫲嫲病歿前不久，祖孫倆一直同睡。

生活艱苦，但嫲嫲讓朱耀明上學。他記得開學要攜桌椅到校，學期末搬回家，就這樣一直讀到小學六年級。但最後幾年，讀的是仇恨。

仇恨的頭號對象是「邪惡美帝」。每逢頭頂有飛機呼嘯經過，他和同學都會趕緊高呼「打倒美帝國主義」。但天上的戰機和隔著太平洋的美帝，對村中少年來說都太遙遠了，那些小拳頭最能對準的目標在地上，叫地主。

七十年後回首人生，朱耀明對於當年曾經把「鬥爭」錯當「正義」、跟著他人用藤條抽打地主，依然耿耿於懷，引為人生憾事。那時小屁孩加入少年先鋒隊，被運動挑撥出巨大的仇恨。他跟大夥兒到處綁人，又押人跪玻璃，還不時跑去公審大會湊熱鬧。但見地主跪倒台上，加諸身上的罪狀一條接一條，會後直接行刑，處決地點離宣罪處不遠。那人原本可以步行前往，結果卻被抬了過去——他在驚悚中癱軟了，最終以塊肉姿態迎接瞄準的槍火。

那影像教朱耀明難過至今。

一九五〇年代，中國啟動土地改革，「有步驟地將封建半封建的土地所有制改變為農民的土地所有制」（一九四九年《中國人民政治協商會議共同綱領》）。嫲嫲因為一無所有，獲分配農地，與鄰舍共同耕作。

從無田到有田，大夥兒起初士氣高昂，努力耕耘墾植，日盼夜盼那片土地長出來的豐盛。按照原本的說法，官員會估算農穫，扣除部分作納糧，餘下的留給農民自用，但事情很快就變味了。從前沒田的時候，祖孫倆織網看牛也能賺口飽飯，為甚麼分了田地後，肚皮反倒餓得扁塌塌？那是小小朱耀明想來想去想不通的謎團。

那時候他還不知道，估算可以作假，制度可以不依，箇中關鍵從來都是人——瘋狂的人和泯滅良心的人。

但是有關飢餓，教朱耀明最深刻的卻是恐懼。那是連孩子也感受得到的詭異氣氛。其時鄉間吹起「合作社」的風，即使在田邊掘野菜、抓田雞，也會被冠上「私藏糧食」的罪名，成為見不得光的暗事。

朱耀明記得，自己和幾個哥兒曾經攬著漁獲，不要命似地從河邊飛奔回家，害怕得心臟都快要跳出胸膛了。鄰家老伯想吃大包，鬼鬼祟祟地從睡房牆上挪走一塊磚頭，掏出暗藏的零錢，指點朱耀明跑到另一個山頭代購。老伯接過大包，掰開分他一小塊，便趕緊把門關上，那張爬滿皺紋的臉上是饞也是怕。有些人家得遠方親友接濟，偶爾吃到米飯，但洗米水非得偷偷摸摸地拿到老遠的田邊才敢倒掉。

別讓香氣溢出門外……

人家不飽你不該飽……

誰都可以是告密者……

恐懼和互不信任的惡質，藤攀葛繞，在淳樸的村子裏蔓生。

「我當時經歷的都不是人性。那是為甚麼我始終厭惡、甚至恐懼共產黨的原因，無論內地發展多輝煌，那種鬥爭思維至今未停過。」今日的朱耀明說：「我對它沒有任何遐想。」

猶幸在土房子之內，還有嫲嫲。嫲嫲曾經是小小朱耀明的整個世界，她既嚴厲又慈愛，既教他燒禾煮飯和採摘野果等求生技巧，也教他「呻飢莫呻飽」[1]這些最淳樸的鄉間倫理。但她甚少談及兒子，更遑論媳婦兒。朱耀明隱隱感到：自己的爸爸不是好兒子，自己的媽媽早就放棄親兒了。

很多年後，親友告訴朱耀明，他的父母當年在香港感情破裂，打算賣掉兒子各奔前程，幸得叔叔阻止，花一百元託人把他帶回鄉間，交由嫲嫲撫養。[2]

沒有嫲嫲，就沒有朱耀明。

可是小學五年級那年某天，嫲嫲對朱耀明說：「我病了，你別睡這兒。」他懵懵懂懂爬下家中唯一的床，蜷縮地上，既不知道嫲嫲得了甚麼病，也不曉得那病到底有多重。直至一晚，鄰人在相連的泥牆上敲得咯咯響，喚道：「朱耀明，你嫲嫲半夜喊了一句就沒哼聲，你去瞧瞧！」他爬上床查看，果然，氣絕了。

嫲嫲死後，家裏按習俗點起一盞油燈守靈，那三天的日日夜夜，他呆呆坐著，與遺體靜默相對。除了傷心，腦袋瓜子只餘一片空白，甚麼都想不出來。

天地雖大，朱耀明舉目無親，正正式式成為孤子。

嫲嫲去世後，朱耀明更吃不飽。餓得緊時，他吃榕樹葉和蕉樹心，偶爾冒險到農田和魚塘去偷，就這樣孤孤單單挨了年多，某日在村口蹲茅廁時，忽然聽到鄉里在外面喊話：「朱耀明！你有郵件，可能申請成功了！」嫲嫲在生時說過，會聯繫親友接他去香港定居。

在全民發夢「大躍進」、鄉間燒起「大鍋飯」之前，朱耀明離開朱屋村，朝珠江盡處那片小小的英屬殖民地前進。

他挑了幾件衣物，把扁擔架上肩膀，便辭別曾經有嫲嫲的村莊。好心鄉里幫忙打點，陪伴出發，他們先徒步到台城，然後坐車去石岐，在廣州過一晚，再經拱北入澳門，最後乘船到香港。

那是一趟高度壓縮的現代化體驗，遼闊的田野在快鏡中變換成灰濛濛的水泥森林。海珠橋的幾何圖形鋼結構，和當時號稱「廣州第一高樓」的愛群大廈，成為朱耀明對城市的第一印象。海珠橋橫在奔流的珠江上，吃過日軍和國民黨的炮火；愛群大廈在共和國建國之初懸

1 編按：廣東俗諺，可以埋怨肚子餓，但不可埋怨吃得太飽。

2 一九九〇年代，有男子致電柴灣浸信會，代母查問電視上的朱耀明牧師是否其親姪。朱耀明帶同太太與小兒子牧民到牛頭角認親，證實他們是早年在港定居的叔叔和姑姑等親友，自此恢復來往。

上毛澤東巨晝和「中國人民站起來了」八個大字，從此朱耀明的家鄉生活顛倒再顛倒。但是那個蜷縮車子裏悠悠晃晃的少年，都不知道。

到港了，接風的叔叔把朱耀明領去碼頭，乘搭油麻地小輪往九龍佐敦，再直奔廟街的文雅洋服店，把他留下來學師兼寄住。[3]

少年朱耀明獨個兒到香港入境處辦理證件，他從嫲嫲臨終前幾天那句「你今年十歲」推算，報稱自己生於一九四四年，但是對「父母」一欄該寫甚麼茫無頭緒。入境處職員看著不耐煩，大罵：「難道你是從石頭蹦出來的嗎?!」朱耀明感到無辜又氣憤，卻不傷懷。他早就習慣無父無母的生活，不痛也不癢，沒想過要演「千里尋親」那種戲碼。

他不辯白，乾脆大筆一揮，在申請表寫下「朱廣成」和「李妹」兩個名字。「朱廣成」是真的，因為聽嫲嫲說過，「李妹」卻是徹頭徹尾的杜撰。就這樣，兒子倒過來為缺席的媽媽取名字。

手續辦好，朱耀明便是香港人了。

那時香港正經歷急速轉變。在一九四五至一九五〇年之間，百萬人從大陸邊境湧入，把原本的五十萬人口推高到兩百二十萬，構成今日我們稱之為「香港人」的主要成分。這當中，有人挾著資金逃來，有人一身政治運動留下的傷，有人釜底抽薪渴望遠離貧窮，五方雜厝，各有鄉思和對新生活的想像，營造出亂中有序、朝氣勃勃的城市風貌。這跟土改中的大陸鄉郊迴然不同，不變的是朱耀明始終孑然一身。

大部分日子，朱耀明都在洋服店的瑣碎細務中度過，每月只賺兩三塊錢。難得放假，有時一個人蕩到荔園找樂子，有時在路邊攤買麥米粥來吃。路邊攤的老闆很和善，偶爾讓他賒帳，成為生活中難得的溫情。

但朱耀明看不見前景。他自覺要學好一門手藝，方能自力更新，偏生洋服店老闆擔心「學識徒弟冇師傅」，[4]從不傳授真功夫，儘管叫他煮飯洗衣打掃。直至一年後某天，他聽老闆吩咐上街買菜，偶遇離鄉路上結識的小旅伴，始知對方當上擦鞋童，還把野宿生涯描繪得自由自主、機會無限。躁動的朱耀明遂決定出走，無論如何要看看外面的世界。

那時才十三歲的小子，遂展開自由但不安穩的露宿生涯。天熱，他睡在大埔道和南昌街的騎樓底，下雨就躲進唐樓梯間轉角處。然而，總有街坊嫌棄躺在家門外的野孩子，晚上朝樓梯潑出一桶水，弄濕地面不讓睡。天冷，他搬到佐敦道的煤氣廠旁，靠日夜燒煤噴出的熱氣過冬，吸進了溫度，也吸入了煤灰。

在街上糊口，得遵守街上的潛規則，那個世界從來沒有兒童優惠。當上擦鞋童的朱耀明，曾經因為連日下雨沒客人而交不出「保護費」，被黑道中人在鴨寮街用藤條侍候、在石硤尾

3 後來朱耀明流浪在外，跟叔叔漸失聯絡，再跟香港親人相見時，已是九〇年代了。

4 編按：師傅教會徒弟，徒弟也就進了這行，成為彼此競爭者；或也說「教會徒弟，餓死師傅」。

徙置區[5]被鐵槌飽打腳眼。他不甘心，但無論如何忍住淚水；後來一回不用挨打，卻反而哭了。

那天晚上，朱耀明如常到無牌雲吞麵攤兼差洗碗傳菜，卻不巧遇上「冚檔」（冚音坎，警方取締無牌食店的行動）。混亂間，攤主叫他隨警察去，說警察不會為難孩子，又答應稍後到警署保釋，接他離開。可是那攤主最終沒有出現。朱耀明既無住址又沒家人，被送往兒童院候審，期間不斷有人游說：「細路（小孩），認罪就沒事……」

在兒童院的兩個晚上，那些年沒哭過的淚水，彷彿一下子決堤而出。人家見他淒涼，安慰說別怕；但他其實不怕，只是滿腔鬱結無人明白。黑道拳頭嚇不倒他，社會不公卻教他憤怒自傷，心中糾結：我為生存而奮鬥，也算奉公守法，為何要蒙羞受辱？

那種不畏強權但抵不住冤屈的性情，至今依然。

一九五六年雙十節前夕，徙置事務處職員移除懸在李鄭屋徙置區的青天白日滿地紅旗，惹起親國民黨的右派人士公憤，發動抗爭。原本在街上兜客的朱耀明聽到消息，立即收起鞋箱，出發聲援。現場人多雜亂，有人跑到大陸百貨公司砸爛櫥窗，有人縱火掠奪，他擠身其中叫囂起鬨，石頭沒擲出一顆，催淚氣倒吞下不少——那是他生平第一次遇催淚彈，半世紀後的「和平佔中」是第二次。

他不熟悉國民黨，卻痛恨從小領教的共產黨，也希望對社會不公有所表態。

這成為香港歷史上的「雙十暴動」，約六十人死，逾三百人受傷，警方拘捕六千多人。朱耀明不在其中。

朱耀明一直慶幸，年少在街上討生活的自己，最終沒走上歪路。那時身邊龍蛇混雜，人人吞雲吐霧，他跟著學抽煙，但不曉得如何把煙霧吸進去；人家飲五加皮酒，他也跟著品嚐，但一入口就咳嗽不停。生活是，髒了就進公廁抹身，餓了便到大牌檔找剩食。他記得偷偷潛進火車貨卡，搭「霸王車」到新界，在沙田「拓展擦鞋業務」，也記得在大埔道的斜坡上學騎自行車，大著膽子從裁判司署一蹬腿，直勾勾衝下南昌街，幾次便學會。日子過得貧乏但率性。

然而，他深深明白這只能是一種過渡。每回替客人擦鞋，他都不害臊地央人家介紹工作，希望學得一門手藝，可是那些機會常常把他領進死巷。他曾在海壇街的五金店當非法童工操作重型鑄模機器，卻被橫軸擊中。老闆見他血流披臉，怕惹麻煩不敢送往醫院，只打發他去看跌打，日後留下變形的右邊耳殼。五金店不留人，朱耀明返回文雅洋服店求教真手藝，這回終於得到應允，但當他快把縫製西褲的工序都學全時，一場大病突然淹至。

最初他只道是發燒，不以為意，但一個星期過去，高溫未減。洋服店開門做生意，他卻

5 編按：徙置區是香港早期的出租公共房屋，於一九五四年至一九七五年間興建，主要分布於較早開發的衛星城市和新市鎮，由徙置事務處管理。

病倒在裁床下哼哼唧唧，師傅遂命他自行前往九龍醫院求診，沒想到醫生立即安排住院。

離開門診室，朱耀明渾渾噩噩地拿著醫療文件，獨個兒徒步往坡上的病房樓層，邊走邊想：住還是不住？倒是護士一見文件大驚，連忙追問病人在哪？發現竟是眼前小子，即怪他魯莽。原來他患的是「風濕性心臟病」，病情頗重，醫囑不宜走動，該等候救護車接載上山坡。

那間病房共有八張病床，除朱耀明外，別人都有川流不息的親友來探病。病中軟弱，他夜裏偷偷把頭埋進被窩哭泣，感懷身世。誰知翌日醒來，原本手術順利的鄰床病友突然噴血，生死一線。朱耀明慌亂極了，一邊拼命呼救，一邊失控地冒出各種晦暗念頭：幾時輪到我？生存的意義是甚麼？如果自己的「生」是負累，「死」可會是徹底解脫？生死枯榮，如何參透……？

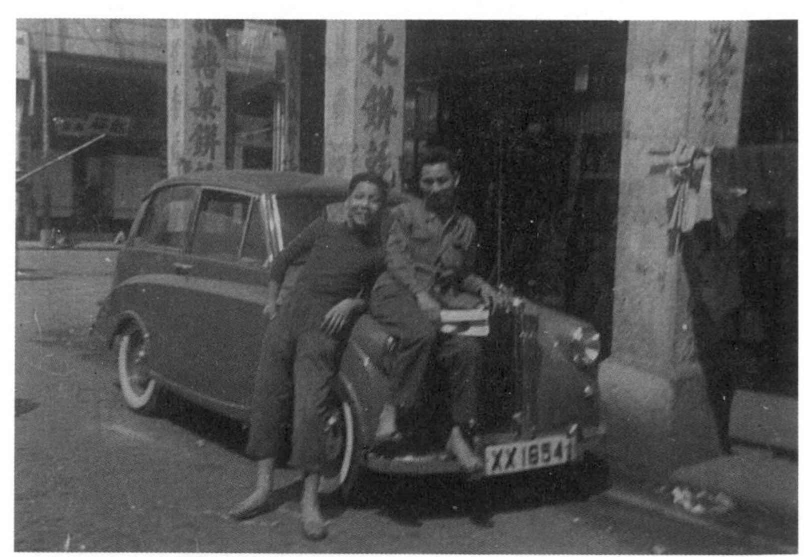

朱耀明（左）與同在五金廠工作的小夥伴。

那位病友最終沒活過來，朱耀明倒是時辰未到，還在醫院待到冬天。平安夜，信徒來病房報佳音，他生平第一次聽到「耶穌」二字，覺得聖經裏的故事和道理好生無聊，忍不住鄙笑。在孤苦歲月裏，他早就煉成憤世嫉俗的蝟甲，認為除了自己，普天之下再無可以信靠的人。

但這不妨礙他享受隨佳節附送的「兒童優惠」——那晚，醫護人員多給他一隻雞腿，當作難得的聖誕大餐。

> 那日醫院為病人加添雞髀一隻，姑娘見我年輕孤冷冷的一個人，因而再添一隻，至今那位姑娘的樣貌仍深烙在心上，每逢憶及那段日子，那笑容自然地浮現。當然，也不會忘記，那年我是第一次聽聞「福音」：有一位信徒手拿紙牌，宣告耶穌基督降生，賜人生命。可惜，那時年少無知，又因那人的外表、衣著和言語缺乏吸引力，故出言譏笑。今日憶之無不羞愧面赤。
>
> 〈以愛行動（十二）〉
>
> 柴灣浸信會《牧聲》二〇〇九年十二月二十日

朱耀明在九龍醫院住了一個月，轉往荔枝角醫院又休養了一個月，出院之初雖能重返洋服店，卻因複診頻仍，終被辭退。徬徨中他找上在醫院認識的病友，對方介紹他到銅鑼灣波斯富街一間士多（store音譯，小型商店）送貨兼寄住，暫且解決生存問題。

那士多就在著名的利舞台戲院對面。它以西式歌劇院作藍本，融入中式裝潢，既有大理石築成的圓型拱頂，亦有金龍繪畫和丹鳳雕刻。有趣的是兩者出奇地契合，凝成殖民地一抹絢麗異色。朱耀明天天騎單車到那一帶的高級住宅派送鮮奶、麵包和汽水等雜貨，繞著當代的瑰麗堂皇轉來轉去。

那年頭，年輕人流行讀夜校，他也興起學英文，寧願不吃早餐也要攢錢報讀「易通英專」，把ABC從頭學起。也許好學有一種看得出來的氣質？某日他送麻雀牌到禮頓道，應門的長者把他上下打量一番，說：「小伙子，你好眉好貌（相貌堂堂），該不願意這樣一輩子吧？我介紹供住供學的工作給你，好不好？」

多年後，小伙子成為朱耀明牧師，把這個小故事在講台上分享一次又一次：一個人無論走多遠，回頭總能看到曾經遇上的守護者，和他們在自己生命中留下的印記。

那是一九六〇年，朱耀明十六歲，慈心長者把他引領到堅道的真光中學附屬第一小學當校役。學校提供兩餐一宿，但他得到的遠多於此。

他每天早上六時起床開校門，每晚例行清潔，每週清洗全校。到了週日早上，學校安排高中學生向全校工友講授聖經，大約在十一時完成，之後至下午五時是自由時間。那時，朱耀明一顆年輕的心早就飛到電影院去了，但方幗英主任已在校門前等候，召喚他同往半山區般咸道的中華基督教會合一堂，參加主日崇拜。

獨身的方主任住在學校頂樓，有一副好心腸，特別關心朱耀明，希望感召這個無家少年信奉耶穌。可惜她沒算上這筆：朱耀明的社經地位跟合一堂會眾相距甚遠，自卑感作祟，感到格格不入，每次都只是硬著頭皮陪坐，元神出竅，千萬個想逃。

每次在聚會聽到兩句話：「你知道自己是罪人嗎？」和「耶穌愛你好比父母愛孩子」，朱耀明都惱火。他自忖：我出生窮苦，獨在異鄉掙扎求存，明明是受害者，怎麼還說我犯了罪？說耶穌的愛恍如父母更豈有此理，父母給我的只有遺棄！

然而，感召出奇不意地出現。

真光不少校役都已受浸，常因教會聚會，留朱耀明獨守校園。小伙子心生不忿，一次聽說學校對面的浸信會辦佈道會，便賭氣說自己也要去。方主任高高興興地答應了，還為他的工作安排頂替人手。

那天晚上，「無心裝載」的朱耀明獨自走進禮堂，訕訕地坐到最後一排，透過即時傳譯

朱耀明（後排最高者）在真光學校當校役，逢週日參與校內的聖經班。

聽洋人講道——「耶穌說，我就是道路、真理、生命；若不藉著我，沒有人能到父那裏去。」

就是這句話切中處境，竟把朱耀明重重地撼動了。之前他做擦鞋童、到五金店學師、踏單車送貨，沒有一條路行得通，甚至差半步成為裁縫師傅，卻偏偏大病一場。他想：我花這麼大力氣，不正是為了尋找自己的路嗎？眼前是不是那條路？我該如何走下去？

講道的人又說：「改變並非來自環境，而是內心，唯有主耶穌可以清除晦暗和仇恨，開拓生命。」

假使改變內心能助他克服逆境……

人們一個接一個走到台前決志，朱耀明蠢蠢欲動，既想踏出來，又不敢邁開腳步，天人交戰。

他成為那場佈道會上，最後一個走出來決志的人。

但朱耀明很清楚，那一刻感召他的，是對道路的渴求，不是愛。愛，是後來在教會生活中細水長流的體會。

他開始定期出席香港浸信教會在堅道的聚會，沒多久加入詩班，又修習鋼琴，考獲樂理五級的資格。這些成就縱然微小，卻是他從前連做夢也不敢夢到的。他愈來愈積極參與團契，還當上團長候選人，但是輸了給一個叫葉葆琪的年輕教師。他懊惱極了，認為選個女的來當團長很沒道理，之後事事抬槓，卻輾轉聽到葉葆琪一句話：「朱耀明小時候孤苦無依，才長成這種性格，大家要忍耐。」旁人感動，他卻加倍惱火：我為甚麼要你來幫?!

在所有熱心和橫蠻底下，依然是昔日那個渴望認同的小街童。

朱耀明在一九六一年十二月二十五日受浸，那年十七歲。翌年，他參與教會辦的夏令會，負責布置場地和安排物資等總務。營期一連五天，最後一日不安排活動，讓大家靜思反省，預備在晚上的「獻心會」回應三個呼召：信耶穌的決志，生命更新的決志，獻上生命作傳道人的決志。

籌備會議上，工作人員聚在一起討論獻心會的燈光和擺設，好不嚴肅。朱耀明反叛心起，輕蔑地打岔：「這是布置靈堂嗎？」但就在那個晚上，他在全無準備下，決志當傳道人。

獻心會上，他整個人沉浸在牧師的講道中，腦海浮現昔日擦鞋夥伴的臉容和露宿街頭的種種。這些思念一一幻化成聲音，從內裏叩問：我能奉獻自己嗎？是否有責任去幫助他們……？他內心翻騰出前所未有的強烈感動，突然霍地站起，此生第二次走進決志的隊伍中。

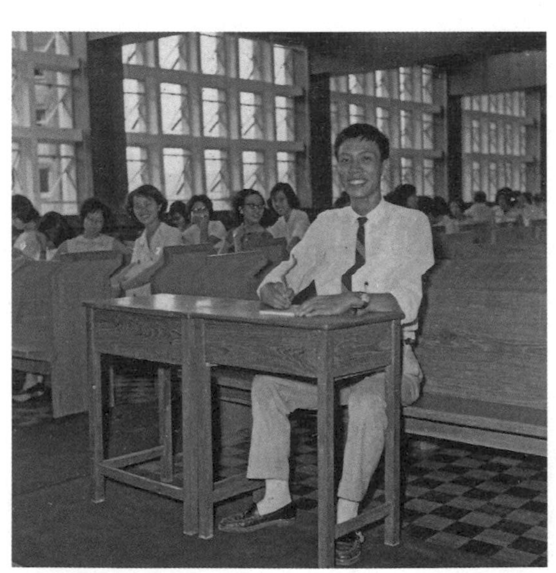

朱耀明參與教會的夏令會，並在獻心會上決志要做傳道人。

那次決志，許多人都哭了，有些還哭得好淒涼，分組討論時，朱耀明好奇探問大家哭甚麼，一人答：「我本來立志做醫生，現在奉獻做傳道人，甚麼都沒了……」另一人答：「做傳道人後，我生意做不成，想著想著就哭起來……」朱耀明恍然：自己哭不出來，原來是因為一無所有，毋須割捨，俗語說的「喊都無謂」。[6]

當日決志信奉基督，曾教朱耀明好生掙扎；這趟決志要當傳道人，前行更是艱難。要知道，那時候他小學未畢業，要入讀神學院連門兒也沒有，當傳道人這個目標之渺茫，就像架在遠山上的旗杆。而他與旗杆之間空蕩蕩的，無處落腳。

回到真光，他告訴方主任，得不到熱烈回應；回到教會，他告訴牧師，對方只領他誦經。他默念在心：罪人要成為上帝的僕人，必須全然馴服，保有謙卑的心。

> 神啊，求你按你的慈愛恩待我！按你豐盛的憐憫塗去我的過犯！
> 求你將我的罪孽洗滌淨盡，潔除我的罪！
> 因為我知道我的過犯；我的罪常在我面前。
>
> 《聖經．詩篇》第五十一篇一至三節

事實是，沒有人看好這個校役小子能當上傳道人，卻也沒有人願意當面說穿。只有朱耀明自己，認真看待朱耀明的決志。一晚，他半夜醒來，內心不安，翻身下床跪奉禱告：「如果這是祢要我走的路，我願意為祢走下去……」

那年暑假，他向方主任請辭，帶著最後一個月一百三十元的薪金（那時一碗飯連菜賣三毫子），離開真光中學附屬第一小學，決心讀書去。他雖無學歷，卻有明確的人生目標，竟然說服北角的香港壽山中學校長，讓他入讀高中，還成功爭取幾個豁免：化學不讀、物理不考、數學可以交白卷，一心一意為神學院鋪路。

只可惜書本不能吃。離開真光的安樂窩，他再度成為無家者，這次還要花錢上學。開始時，他放學便到衛城道安裝木箱幫補生計，晚上借住教會會議室。但是收入不穩，往往交完學費便沒錢吃飯，生活和理想變成結結實實的選擇題，只能二擇其一。一次，他連餓三日後幾乎暈倒，愴惶下電車坐到路邊停息，手握五毛錢天人交戰——吃飯好，還是搭車好？

最後他花了當中三毛，到上環的大牌檔買吃的，然後走路回禮拜堂祈禱。

「上帝，我走不下去了，如果這是祢真正的呼召，請給我力量……」

就在山窮水盡的那一夜，方主任念掛他，派工友來喚他回學校吃飯。後來有教會朋友知他艱難，把自己當補習老師的薪水分他一些。他也輾轉到不同地方借宿，先是上環福音堂，

---

6 編按：一件事無法改變，或者再無改變餘地，悲傷後悔哭喊都沒有意義。

後來到般咸道新落成的浸信會聯會青年中心，當守夜和雜工。

解決了溫飽，他便咬緊牙根，拼命窮追錯過了的知識，過程中常常力不從心，偶爾握著筆桿發呆，感到寫不出話，又因為數理表現差被公然奚落而暗自淌淚。如此苦讀三年，他終於考獲不錯的會考成績，但那只是中途站。

有一首青年聖歌叫〈將你最好的獻與主〉，歌詞這樣寫：「將你最好的獻與主，獻你年青的力量，將你純潔熱情心靈，忠心為真理打仗。」朱耀明老覺得它在跟自己說話：你還不夠好，必須繼續努力，才能交出最好的來奉獻。他報讀當時校舍在亞皆老街的珠海書院，靠著大專貸款、華僑日報獎學金和在大坑東天台小學兼的教職，半工半讀文史系。他終於能負擔自己的住處了，起初在中環些利街租床位，後來搬到佐敦德成街住工人房。

期間有一人的幫助，教他銘記一生。那是葉葆琪，即是選上團長惹毛朱耀明，卻依然為他說項的那位女教師。大專幾年間，葉葆琪和媽媽常常把他招呼到大坑西的家裏吃飯，不畏懼旁人妄言，一直照顧。很多年後的二〇一〇年，朱耀明與家人同往美國舊金山，探望婚後移居當地的葉葆琪，得悉她患了肝癌，日子過得不好，他當下強忍淚水，步出走廊才嚎啕大哭，「她是我生命中遇到第一個、會把自己所有拿來幫人的人」。她是朱耀明一輩子的朋友。

一九六七年，香港發生左派暴動，社會激烈動蕩。那八個月間，汽油彈、縱火、「土製菠蘿」，成為一代人的集體創傷。但在珠海書院念二年級的朱耀明，跟這些風風火火像是隔了一層厚玻璃：只有遠觀，毫無現場感。屬於他的六七回憶，大部分都來自青年佈道團，大夥兒常常聚會，又帶煤油汽化燈到上環大笪地佈道。他全心全意投入教會，生活平靜得令人難以置信。

與此同時，朱耀明在學業上不斷發奮，在學的前三年都獲頒優異獎——獨缺畢業年。那年，同學吳仲賢邀他一起創立學生會，大家朝氣勃勃，又開會又發傳單。不久後，校長和教務主任召見朱耀明，責怪他在學校鬧事。朱耀明左思右想，擔心籌備學生會妨礙自己畢業乃至當上傳道人的理想，決定中途退出。那次退縮，像「恥辱柱」那樣豎立在朱耀明的心頭，要經歷很多年、很多事才慢慢克服。

終於，朱耀明取得大專學歷。在昔日香港，那樣的學歷能在職場開拓出很多可能，但他不忘苦讀的初衷，決定報讀神學院，甚至有老牧師來試探決心，他也堅定回答不放棄。他探索內心，深深感到上帝一直活在裏頭，「我從禱告、從生活中經歷信仰，不是二手聽回來的，有深刻體驗」。

有些人歸依宗教，希望藉教會力量走上康莊大道；可是朱耀明決志後，過的都是苦日子。為了當上傳道人，他飢餓捱過、禮拜堂睡過，更因為學識低而被奚落。為著獻心會上的「一時衝動」，他總共多讀了十年書——三年中學、四年大專，接下來還有神學院的三年。他說：「真不知當年是如何捱過的。」

後來朱耀明常常提醒信徒：即使信了主，若要有所成就，依然要付出代價，代價有時還挺大。但更重要是，信仰撫平了他的傷痕，消解恨意和冷漠，並且引領他繼續朝目標前進——雖然險阻重重。

他自覺得非要在「中國人的土地」上讀神學不可，而且對華人神學家周聯華牧師和唐佑之牧師心存嚮往，希望從他們身上好好學習，他日歸來服事華人。

一九六九年九月，二十五歲的朱耀明拿著堅道浸信會執事何守仁所贈的二等船票，[7]登上重慶號，出發到海峽彼岸的台灣去。

7 多虧堅道浸信會執事何守仁居中幫忙，朱耀明還得到教會每月一百五十元的資助，減輕了離港就學的生活壓力。

牧民

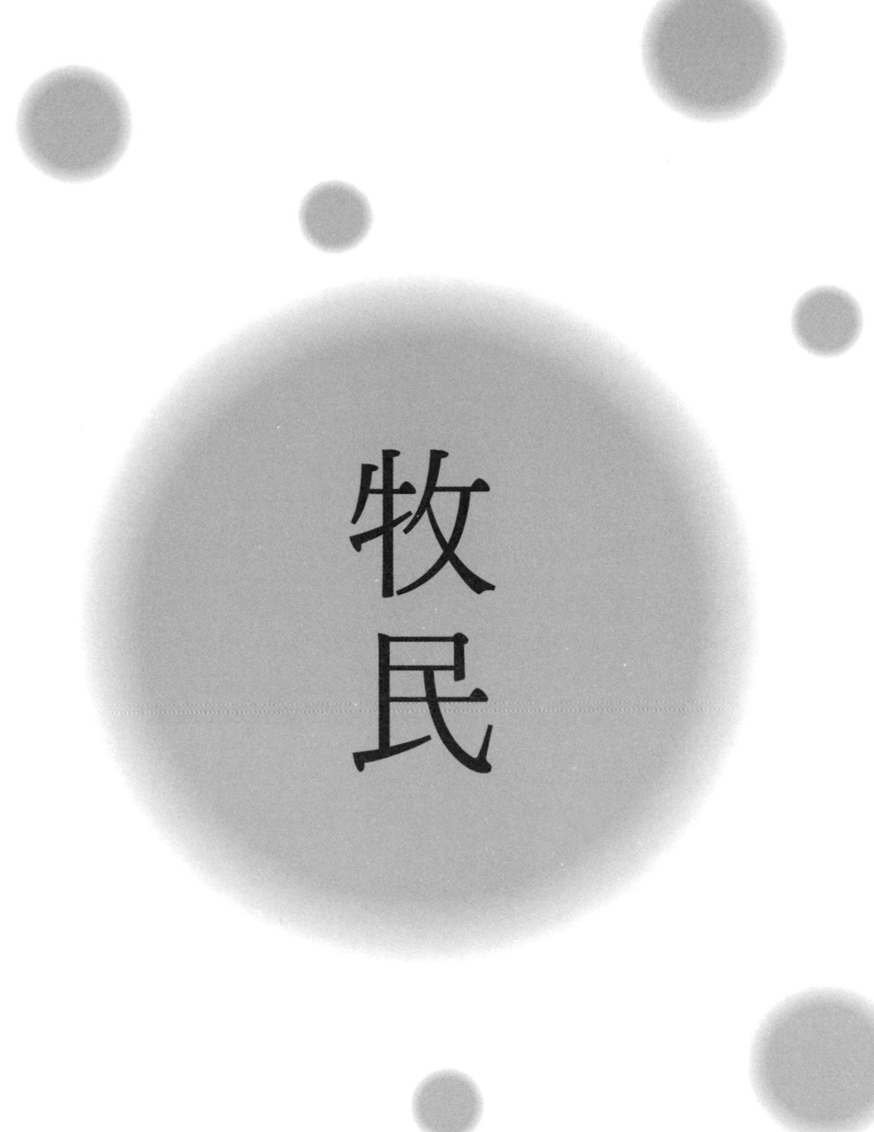

I 從草民變牧民，從孤子變家人

那年暑假，老師派下四本書的功課，彷彿某種預言……

把戒指套入太太指頭的一剎那，他在心中許諾：以後把它換成真的……

一九六九年，台灣沉浸在濃厚的反共意識中，尚未脫離某種意義上的戰爭狀態，對於來自香港的簽證申請，特別是背景猶如白紙一張的朱耀明，批核過程審慎而緩慢。他順藤摸瓜，好不容易得朋友之助聯繫到國民大會一位代表當擔保人，才趕得及在最後一刻入境，成為基督教台灣浸信會神學院那年最遲入學的學生。

神學院位於台北市信義區吳興街街底，當年只有二十多個學生，卻集合了多位在華人基督教界享有盛名的知名牧學者。學院的建築散落山頭，質樸淡雅，人文氣息濃厚，但遲來的朱耀明未及欣賞。他甫抵達便埋頭苦幹找書借筆記。人在異鄉的錯置和慌亂，令他心裏不踏實，苦悶中常常獨個兒跑到聖樂館的琴室，彈琴唱詩，祈盼內心平靜。

夕陽西沉，求主與我同住，黑暗漸深，求主與我同住，
求助無門，安慰也無覓處，懇求助人之神與我同住……

〈求主同住〉

個別老師的教學方式特別傳統，會要求學生背誦，那時的朱耀明本來就躁動，對不認同

上｜在神學院禮堂外。
下｜課堂上悵惘的青年。

的東西哪裏沉得住氣，立即就在班上反駁。幾次後，院長杭克安（Carl Hunker）單獨召喚朱耀明一人陪伴早禱。他硬著頭皮出現，以為要受罰，卻沒想到這位來自美國的宣教士一臉慈和，祈禱完畢就讓他離開，沒半句責難或教訓。故事發展完全不似預期，卻讓朱耀明牢記一生，「我才知道，不發一言可以融化一個人，而且一次就夠了。那以後我認真反省態度，無論道理在不在自己那邊。」

他也在神學院遇上影響一生的啟蒙老師——周聯華牧師。

周聯華牧師是當代神學本土化的先行者。他生於亂世，早年就讀上海滬江大學，八年抗戰期間受任職的桂林廣西大學所託，帶兩百多名學生逃難到貴州。後來國共內戰燃起硝煙，混亂中，中華浸會神學院安排他再到美國南方浸信會神學院深造。他在完成新約博士學位後回流台灣，因為精通希伯來

周聯華牧師（中）因統籌翻譯聖經工作，經常港台兩邊走，
圖為其中一次回港，與朱耀明伉儷（左二及三）等畢業僑生見面。

文和希臘文，自一九六五年起參與聯合聖經公會翻譯聖經的工作，後來更擔任主編，統籌《聖經：和合本修訂版》的中文翻譯修訂。這是歷時二十七年的浩瀚工程，由三十多位來自世界各地的華人聖經學者協力。和合本修訂版最終在二〇一〇年出版，從此成為差不多每位華人基督徒的手中書。

可是周聯華牧師最為台灣人熟知的不是這些，而是「蔣家牧師」和「宮廷牧師」這些稱號。自一九五四年，他獲邀到總統官邸的私人教堂凱歌堂主持崇拜，是蔣介石和宋美齡的牧者，[1]人脈直達國民政府高層頂端。但與此同時，他堅持與被批指為「共匪同路人」的台灣基督長老教會為友，也關心二二八受害者的家屬，在白色恐怖中時刻冒著被整治的風險。[2]

周聯華牧師不用總統府的關係為己求事，除卻一次——要求蔣夫人銷毀他在情治單位（國民政府的情報和治安系統）的檔案，脫離黑名單。[3]宋美齡說她沒那個權，但告訴周聯華牧師，要自保就必須堅持到凱歌堂主持主日崇拜，因為倘若他該來沒來，總統準會追問，大家便要交待。最危險的地方最安全，凱歌堂成為周聯華牧師唯一可倚的護身符。

半個世紀以後，台灣從極權統治到民選總統，藍藍綠綠幾度變天，凱歌堂亦成為開放參觀的旅遊點。[4]然而，只要周聯華牧師在，主持禮拜堂的始終是他。他以牧者身分涉入政治漩渦，悠悠人生中曾為蔣介石、宋美齡、蔣經國、蔣孝文等蔣家三代主持追思禮拜，送別這些在褒貶聲中留名中國近代史的靈魂，自己則在二〇一六年以九十六歲高齡辭世，終於全身而退。

周聯華牧師的事奉路滿載傳奇，而他留給朱耀明最艱難的課業，是如何在混濁中守持清明、在險惡裏毋忘關懷。

「老師說，除了做好教會工作，還要促進社會進步，助國家邁向民主。在當年封閉的政治狀態中，他有如此勇氣和膽識，對我影響深遠。」一九八九年六四屠城後，鄧小平開口肯定鎮壓決定，社會氣氛急速逆轉。翌年香港支聯會（香港市民支援愛國民主運動聯合會）選出朱耀明為第二屆副主席，教會中人紛紛勸諫。朱耀明說：「當時我說，我曾和一百五十萬人上街抗議，難道政治壓力一來就離隊？人要有義氣，不能丟下受壓的兄弟。」那是他曾經受業的身教。

1 周聯華牧師於一九五四年獲邀到凱歌堂主日崇拜擔任講員，並自一九六六年起擔任凱歌堂的專任牧師，直至二〇一六年離世。

2 一九六四年，周聯華牧師不懼政治敏感，出任長老教會「基督教在台宣教百周年紀念籌備委員會」主席（《周聯華牧師百歲紀念文集》）。一九九〇年，他與台灣基督長老教會的翁修恭牧師於台北懷恩堂主持「二二八平安禮拜」，祈為台灣弭平傷痕，說是人生中最有意義的事奉。

3 一九八八年，有台灣報章公布情治單位監控黑名單上的九十五個名字，周聯華是名單上的兩名牧師之一。

4 朱耀明曾經渴望跟老師到凱歌堂，那句「可不可以」幾乎出口，但又硬生生地吞下。他心裏明白，老師從不拿政經關係來炫耀，也不放任它們互相糾纏，既未主動邀請，自是不宜同行。待二〇一一年士林官邸正式開放後，朱耀明始踏足這所慕名已久的小教堂。

朱耀明緊隨周聯華牧師腳步研究基要主義，對於老師言行樸素、以真誠教誨學生，留下深刻印象。初到台灣時，朱耀明孤單又缺自信，在桌上放了有關贏取友誼的書，被周聯華牧師嚴肅訓導：「你看這幹啥？做人要忠誠、正直、仁愛，便能交到真朋友，用不著看這類書。」

他信任學生，考試的習慣是在黑板疾書一條題目，寫完便走，收卷時才回；傳授知識的態度也開明，譬如《摩西五經》出於誰這千古爭議，師長多避之若諱，但他坦蕩蕩，既闡述不同研究角度，又分享個人看法：誰是作者不必辯論，箇中道理才最重要。

一九六九年九月十六日，台灣自由主義學者殷海光在政治打壓下鬱鬱而終，周聯華牧師主持安息禮拜。完成後回校，他讓朱耀明看追思會程序表中殷海光嫡傳弟子陳鼓應的悼詞。

有說陳鼓應「就像是從殷海光書中走出來實踐的人」，但他同時是著名的反基督哲學家，多番著文抨擊基督教的中心信仰。在恩師陷入艱險之時，陳鼓應一直緊隨不棄，惟在通往宗教的節骨眼上，與晚年歸信基督的殷海光走上心靈殊途。

朱耀明未曾細看，便憤憤不平地丟下一句：「有沒有搞錯？陳鼓應不是教徒，怎能在安息禮上致詞！」他自忖跟老師同仇敵愾，卻遭嚴詞質問：「你讀過他幾本書？認不認識這個人？」朱耀明訕訕地答看過一兩本，都是陳鼓應寫存在主義的著作。老師又問：「他的書你看不夠，他的人你不認識，有甚麼資格批評？」

朱耀明碰得一鼻子灰，此後時常自我警惕：勿輕易批評、隨便否定別人的經驗。他也從老師身上看到信仰的寬度。基層出身的朱耀明，因緣際會加入香港中產圈子的教會，脫下街童的一身襤褸，換上學生的潔淨衣裳，由信仰帶動向上游的力量。可是他游啊游，卻彷彿游進了另一個框架，受困其中而不自覺。周聯華牧師的教導，啟發他反思基督徒的立場——甚麼是寬容？甚麼是排他？自己有怠於思考而陷入保守嗎？

長於教會發展史的周聯華牧師，正好藉浩瀚的史觀來為學生解惑。在時代洪流中，基督教於歐美各國分株成繁茂的支派和教會，因應各自的歷史和文化演繹出不同教義。只要信仰是一致的，那麼不同教派拓闊合作空間，難道不比爭辯歷史遺留的教義分歧更重要嗎？

《聖經》是上帝的話語，主軸是救贖，可是每個年代的信仰生命各有歷程，解讀《聖經》也得從當代哲學和文化背景出發。二次大戰期間，為回應亂世中因何而生這個大哉問，基督教從苦難角度宣講福音。來到中國，基督教跟傳統文化硬碰硬，應否燒香祭祖、白色是禁忌還是喜慶等，通通成為導火線，但是這些文化差異與聖經真理，真的有關嗎？所以，後來每有信徒問朱耀明，能否向父母下跪奉茶，他都答得明白：何以不能？對父母的尊敬和感恩無礙信仰。

可惜兼容並非教會主流。其時主張「維護純正信仰」和「維護聖經權威」的基要主義運動，已在全球展開。周聯華牧師被打成開明派，幾次錯失擔當神學院院長、大學校長，乃至世界浸信會聯會會長的機會，自嘲「永遠的候選人」。有人游說他與別的宗派絕交，回來領導浸信會，他回應：「天主教與長老會的教友是我的弟兄姊妹，我不能為了要做神學院院長而限制我的交友，如果要我做一個很快的決定，我選擇朋友。」[5]他拒絕畫地為牢，認為提出的人倒該反思自己對信仰的信心是否不夠堅實。

周聯華牧師以不妄斷為身教，常強調台上講道要注意三點：一、重點必須是聖經真理和上帝的大能；二、誠實，不誇大自身見證；三、不借主日講台批評和攻擊別人，或論斷其他組織。因為站上講台，是為了宣講上帝的話。這些，朱耀明守持至今。[6]

神學院的功課包括到教會實習。第一年，朱耀明獲安排到新生南路上的懷恩堂，他頭一回上台講道，雙腳打顫，膝蓋撞膝蓋，二十分鐘過得像一輩子那麼長。翌年，實習地點換作新竹偏僻鄉鎮的教會，那裏沒傳道人，只有小禮堂和雜草叢生的廢棄「青年館」，是另一種挑戰。

抵達後，朱耀明號召教會青年騰空「青年館」來辦活動，沒想到得罪一位開堂元老，對方還專挑崇拜時間來大罵「來搗亂的外人」。崇拜結束，朱耀明斥訓老人不專心，遭會友勸阻，他答得倔強：「傳道人當然要糾正不對的事。該勸的是他，不是我。」那以後，他花了很大力氣挨家挨戶探訪，慢慢了解當地一段令人不安的歷史：國軍撤到台灣之初，人心動蕩，有人更會因救援物分配不公向傳道人捅刀子。老人把那些年親歷的創傷和矛盾，都內化成自己的一部分了。

朱耀明這樣理解學校派他到偏鄉的心意：走出舒適區，開放胸懷，體驗另一個社會階層。也因為這些經歷，他知道必須馴服自己性情裏的火爆，學習在各路人馬中自得自在。

「若不是老師（周聯華牧師），我大概會不安定一段日子。他情操高尚、有大學問，能接納差異，不把異見者視為假想敵，甚至與之為友，優游於不同境界之間。」朱耀明說：「我也從老師身上學到，沒有腳下的真理基石，人就隨風而飄，失去位置。」

一九七〇年暑假，朱耀明帶著老師開列的四本書返回香港的教會實習：《甘地傳》、《獄中書簡》、《史懷哲自傳》、《米開朗基羅傳》。[7]甘地非暴力抗爭的哲思，反納粹神學家潘霍華在獄中書寫「上帝眼中的公義」，史懷哲對「人性精神已然殞落」的鞭策，米開朗基羅堅持到最後一口氣的藝術追求。各人以生命實踐信仰，交織成朱耀明的炎炎夏日。

時鐘快轉到二〇一四年那場不似預期的佔領中環行動，朱耀明在金鐘進退維谷，驀然回首，驚覺老師當年指派的書原來早有鋪陳，是知道學生終歸會走上抗爭一路，所以提前豎立標竿好作指引嗎？二〇一六年初，二人在台灣再相見，學生待要問起，老師早把選書原委忘

---

5 周聯華，《周聯華回憶錄》，台北：聯合文學，頁二八九。

6 在香港，曾有禮拜堂想要邀請朱耀明講道，卻擔心他立場太開放，有認識他的朋友在其中說：「你們別像報紙寫的那樣看他！他在教會其實很保守。」朱耀明說，自己支持公平選舉，鼓勵投票盡公民責任，但從不在講台上宣傳某黨某派的政治理念，不指導會眾投票。

7 朱耀明有一段日子把四本書中的《米開朗基羅傳》誤為《貝多芬傳》，在訪問中傳播，後經查證前者才正確。

光了，但談起這些傳記，依然滔滔不絕。

除了良師，台灣的求學生活還把朱耀明引領到他的終身伴侶前。梁吳秀年紀比朱耀明小，但早兩年入讀神學院，算是學姐；跟朱耀明一樣，也是生母放棄的孩兒。

一九四九年四月，生母帶著稚女梁吳秀和肚皮下的胎兒，從福建返回台灣家鄉探親，沒想到一場內戰令夫妻分隔失聯。幾年後她決定再婚，婚前看中從前的同窗心地善良，打算交託孩兒。那同窗背景淒涼，新婚丈夫被徵召入伍，不久後便成新寡，從此與家姑相依為命。婆媳二人原想收養梁吳秀兩歲的弟弟傳宗接代，但生母不忍姊弟分離，請求一併送去。套老師周聯華牧師一句笑話：那年四歲的梁吳秀，是「小贈品」。

師生二人在台北相見歡。

離家前的記憶漸漸模糊至近乎空白，僅餘兩幕：大樹下，二舅父教吃粥，一匙又一匙；出發到養母家的路上，顛簸的三輪車、沒哭也沒鬧的孩兒……

從此，梁吳鳳仙成為她的媽媽，姊弟改姓「梁吳」。

一如梁吳秀生母的觀察，梁吳鳳仙很善良。她把小姊弟視如己出，辛勞地在街邊擺賣，拉拔著把兩小養大。至於阿嬤則嚴厲而有眼光，從小看好梁吳秀能當老師，刻意培養。

那年頭，養女命途多舛，有的被當成「妹仔」勞役，也有被賣入風塵的。梁吳秀的小學同學也是養女，她猶記得對方的眼神常常載滿惶恐，一放學便趕到市場提刀殺雞，回家還有無窮盡的家務。反觀梁吳秀一家雖然窮困，卻從不吝嗇愛。她曾提出輟學打工的想法，卻遭媽媽一口拒絕；媽媽咬緊牙根就盼女兒好。因此，當生父隔岸託人來找，想給錢換回子女時，小姊弟連忙安慰：「媽媽，我們不走。」

媽媽一生命苦，梁吳秀常感虧欠，夢想找到生

離開福建前，在生母懷中的梁吳秀與家人合照。生母原本打算獨自回台灣探親，卻遇暴風雨無法啟航而折返，回家等候發現女兒不斷哭喊，無計可施之下決定帶去，從此改寫了女兒的人生。

活充裕的配偶，以圖報恩。走上奉獻路後，她調整願望，祈求另一半生活穩定，起碼能為媽媽安頓一個簡單的家。偏偏命運愛開玩笑，最終安排一無所有的朱耀明來觸動她的生命，還帶她飄洋過海，離開媽媽和家園。

神學院開學不久，朱耀明向梁吳秀商借筆記，從此記住她的仁慈優雅；至於梁吳秀對朱耀明的感覺，則來得稍晚。某回她在圖書館遇上命中注定的「香港仔」，聊開了，發現彼此的童年竟有相通，孤獨感是共同語言。他用蹩腳國語侃侃而談一路走來的顛簸與奮鬥，她對他眼界之闊、體會生命之深，好生折服。他還用吳國這地名為「梁吳秀」三字重新釋義，令她對自己的古怪名字添上好感。更重要是，他倆都打算奉獻一生成為傳道人。

突然，梁吳秀感到平素在身邊出現的男生，都顯得平凡無光。

香港仔和台灣女生第一次約會，相約在台北郵局，那是來自日據時期的古蹟，揉合了古典與現代建築風格。牽手一年後，朱耀明隨女友回台中的家，得到眾人喜愛，用梁吳秀的說法：窮人不嫌棄窮人。然而，靠得愈近，她愈猶疑：大男孩脾氣剛烈、我行我素，以後真能彼此照料、牽手同行嗎？

初戀時光有這個片段：一次爭執後，她從台北返回台中老家，認真考慮分手。朱耀明坐立不安，決定漏夜乘火車追去，半夜流連在她住的街上喊她名字。但這不是好萊塢浪漫喜劇，住二樓的她壓根兒聽不見。他唯有跑到火車站借宿一宵，天亮再去敲門。最後她心軟了。

二人在神學院的溪邊談婚論嫁。暮光中，他說醫生曾說他有風濕性心臟病，活不過半百，怕未能照顧她一生；她說生命長短從不由我們決定。可是問題癥結不是病。最教梁吳秀掙扎的，是他的性情；最令朱耀明猶疑的，是成家。有關組織家庭，乃至如何擔當人夫，孤身多年的朱耀明全無把握。

熱戀時光。

熱戀中各自煎熬。

畢業後，梁吳秀老遠跑到南部農村新營烏樹林佈道所事奉，刻意安排「冷靜期」，跟還在學的他短暫分別。朱耀明陷入濃烈的思念中，寫的信如雪片飛去，一放假就趕往相會。他依然滿懷憂慮，譬如畢業後沒有住處，沒錢沒親人，該帶她去哪兒？怎樣才不辜負佳人？但同時，一種不能自拔的情感堅定地告訴他，二人再也不能分開了。他特別感激梁吳秀的媽媽，大著膽子相信這個捉摸不定的無家小子，讓他帶走疼愛的女兒。

一九七二年六月，朱耀明和梁吳秀在懷恩堂結婚。主婚人是以安靜早禱感化朱耀明的杭克安院長，證婚人是啟蒙恩師周聯華牧師，神學院幾位師母幫忙籌備，婚禮簡單而端肅。

儀式中，朱耀明戰戰兢兢地站在周聯華牧師跟前，而老師的目光始終離不開學生的左手掌心——

證婚人和一對新人，（右下）婚禮上可愛的瞬間。

上面黑糊糊一片。他忍不住趨前到朱耀明耳邊問：「為甚麼那樣髒？」他悄聲答：「怕忘了誓詞，抄掌上。」婚禮上交換的戒指，是兩人在中華路地攤買的平價貨，優惠五十元台幣。把戒指套入太太指頭的剎那，朱耀明心中許諾：有朝一日，我會把它換成真的。[8]

「我現在宣布你們為合法夫婦，上帝所結合的，人不能分開。」

從周聯華牧師這句話開始，朱耀明不再是孤子了。但，成為真正的親人之前，他倆尚有要走的路、要過的關。

畢業在即，朱耀明推辭了三個台灣的工作邀請，執意返回香港。他自覺必須回應決志時的感召，回港服務基層青少年。其時，唐佑之牧師出任香港浸信會神學院院長已有一年，希望具香港背景的朱耀明協助院務。眼前能引領回港的，似乎僅此一途，於是朱耀明抱著「先進學院做點研究」的想法答應，而梁吳秀也獲唐牧師引介一份向大陸廣播福音的工作。

梁吳秀當然想留在媽媽身邊，但又覺得，跟隨丈夫、不左右他的決定，似乎是當代女子的理所當然。她只問一句：「月薪是否足夠基本生活？」便貿然離開熟悉的土壤，天腳底也跟他去，心中留著一個盼望：趕快安頓，然後接媽媽來一起生活。

8 四十五年後承諾成真。二〇一七年，為了製造驚喜，朱耀明趁梁吳秀入睡時，偷偷用鐵絲量度她的無名指尺寸。待至「藍寶石婚」慶祝晚宴，朱耀明上台分享當年在中華路地攤買戒指的憾事，說完掏出戒指，為梁吳秀套上，然後陳健民在眾人的歡呼聲中站起來朗誦情詩。

那時她壓根兒沒想過這是跟媽媽的永訣。

回到香港，朱耀明成為院長助理，月薪七百元，說好的「宿舍」原來是塞得滿滿的雜物房，抵港頭幾晚得暫住朋友家。上班後搬往神學院，朱耀明找來葉葆琪和李春榮等教會團友幫忙清理宿舍雜物、打掃和油漆。新婚夫婦在教室把桌椅併合成床，朝桁晚拆，在百廢中開展茫然的新生活。

然而，相對於簡陋的物質生活，梁吳秀更難面對的，是婚姻中的孤獨。朱耀明白天上班，晚上留在圖書館鑽研學問，對太太的心情並不敏感。多年後提起，他仍然心存愧疚，「我一直獨來獨往，決定了就做，毋須交待一聲，對家庭一竅不通，也不知道婚姻關係需要培養。她感到自己在陌生環境中單打獨鬥，孤立無援。」

而在許許多多未解的結之上，梁吳秀懷孕了。

那時他們結婚才一個多月，完全沒朝懷孕的方向去想，醫生也懷疑嚴重嘔吐的肇因是肝炎，把梁吳秀送往荔枝角傳染病醫院。乃至揭開謎底竟是喜訊時，朱耀明反應不來，滿腦子是未整頓的住房、未穩下來的生活……

那時何文田山道上的宿舍像荒島，初孕的梁吳秀身體虛弱，困鬥其中，足足躺了四個月。朱耀明記得一晚扶太太下樓梳洗，她突然昏倒梯間，他慌亂中只能抱緊，心裏冒出「求救無門」四字。梁吳秀則記得某夜朋友來電，知悉朱耀明在太太艱難時留在圖書館而不好好照顧，為她抱不平。這勾起梁吳秀獨在異鄉無人訴的鬱悶，終於哭出眼淚。

但千頭萬緒，擋不住對新生命的企盼。農曆新年難得吃雞，朱耀明幻想明年把雞腿留給孩子，不禁漾出笑意，一頓飯吃得好甜。他又獨個兒跑到彌敦道的美美兒童百貨，一口氣買下大堆標價不低的初生嬰兒用品，想把最好的送兒子，卻巴巴地花掉微薄薪水的一大截。今日說來，朱耀明的笑容揉合著天真和豪邁：「兒子長大後常說：不知媽媽當年是怎樣把錢變出來的，靠著那樣的薪水，竟然也算家庭穩定。」

終於到了產房的「最後一哩路」，朱耀明在門外心焦如焚，對旁人一件小事倒還印象深刻：護士催促一位徬徨的準爸爸交出男女名字各一，朝旁邊厚甸甸的本子揚手，「裏頭多得是，自己找」。原來電話簿在產房有特別使命，為新爸媽提供「回收重用」的名字。但朱耀明夫婦沒用上它，因為早就準備妥當——兒子叫「牧華」，牧養中華大地。

當護士把幾個初生兒一併從產房推出來時，朱耀明一眼就認出牧華，自豪又篤定：「長得這麼好看，就知道是我的。」這世上跟朱耀明有血緣關係的人，差不多全都斷掉線索；一九七三年春，他從牧華開始，繁衍新血脈。

可惜的是，那樣的喜氣洋洋沒持續多久。產後十多日，梁吳秀因出血不正常複診，原來胎盤未清，隨即用輪椅推進病房。晚上，梁吳秀在病房哭得淒涼，護士安慰說明天的刮宮手術不痛，殊不知那是她記掛親兒的淚水。至於家中的朱耀明，接到電話時不禁抱著小皮猴般的孩兒哭泣：自己孤身一個，身邊有病人有初生兒，怎麼辦？無助中，他找葉葆琪幫忙尋覓暫托家庭。待梁吳秀恢復健康，兩口子接回家時，小嬰兒已經四個月大了。

翌年一月十二日，台灣傳來梁吳鳳仙中風過世的噩耗，非常突然。這年多來，梁吳秀只能靠書信聯繫媽媽，如今連接來團聚的願望也永遠落空了。其時腹中的第二胎已七個月大，身子虛弱加上不懂得辦手續，她徬徨無助，留在異地肝腸寸斷，在此後一段悠長的日子裏，常常攔不住淚水。朱耀明每回看見都心痛，只能輕聲問：又念掛媽媽了？

唯一可幸是，媽媽總算來得及從相片中看到孫兒。梁吳鳳仙一生坎坷，認定膝下有兒才是福，女兒有後，為她了卻一樁心事。

一九七四年春，女兒沐恩誕生，因為梁吳秀身體虛弱，這回同樣安排寄養，打算交托四個月。可

青澀又歡喜的新爸媽。

是才沒多久，娛姆便察覺沐恩的小小身子軟趴趴的，跟別的嬰兒不一樣。兩口子抱她到兒科診所檢查，結果晴天霹靂：醫生說她腦部受損，肇因卻說不準。是懷孕時害的大感冒和高燒嗎？還是接生時用的產鉗？思緒千條萬縷翻攪著，沉痛、不解、內咎……全部無濟於事。對於上帝送來的挑戰，他們只能硬生生地接住了。

後來朱耀明舉家遷到柴灣，女兒體弱，每次高燒哭喊，便在送院路上折騰一回——當時港島東區尚無急症醫院，求診必先到灣仔鄧肇堅醫院接受診斷，有需要的話再分流到薄扶林的瑪麗醫院治療。有時是晚上，巴士末班車已過，唯有召計程車從大潭道山路出發；有時是白天，車子卡在柴灣道的堵車長龍中寸步難行、娃兒在車廂內哭得撕心裂肺。終於排除萬難得見醫生，對方卻是一副漠不關心的撲克臉……朱耀明在心中詰問：為何病人和家屬要蒙此苦難？

一九七七年初，朱耀明夫婦懷上第三胎，恐心力不

牧華和沐恩：每一個都是上帝最獨特、最傑出的作品。

足，忍痛把沐恩送往特殊院舍照顧。未幾沐恩感染肺炎，十二月十日返回天家，從此成為爸爸媽媽埋藏得最深的虧欠。

四十多年後，梁吳秀依然做這樣的夢：「夢中我正在生產女兒，但過程中一點疼痛也沒有，我問醫生為甚麼？女兒正常嗎？醫生沒有回答，只說我可能昏迷了，但我說我完全清醒。醫生又問我女兒要叫甚麼名字？我迷惘。接著我便醒來，哭了。我起床馬上把這個夢記下，怕忘。我相信這是我對女兒沐恩的想念和愧疚，她仍在我生命的深處。」

每一個人都是上帝最獨特、最傑出的作品，包括沐恩，特別是沐恩。在短短三年多的人生中，沐恩雖然不會有過言語，也從未以一己之力坐起，但脆弱中自有力量。她在父母心頭烙上「病人家屬」四個字，那種交織著愛與疚的體會，成為朱耀明後來爭取興建東區醫院的切膚之痛。

一九七八年初，上帝把另一個作品送到朱家：小兒子牧民。這次懷孕和生產都比之前順利，加上生活漸漸穩定，梁吳秀終能享受當媽媽最單純的育兒樂。她觀察孩兒成長，捕捉童言童語，寫下很多文章，猶如翻開了生活的新頁。

離鄉別井、生活不似預期、懷孕的折騰、成為媽媽、失去媽媽、送別親兒……種種人生起跌排著隊似的，趕在梁吳秀移居香港數年內發生。朱耀明心痛妻子：「每次想起，我都佩服她，而且無限歉疚。她用剛毅和信心、堅忍的意志，支持我走過這五十多年。我們相愛，不忘感謝主的憐憫，祂以愛融合我們。」

半世紀後回望，兩口子都看到對方的進步：他從前我行我素，現在喜歡相伴，也更懂得愛護妻子；她對他的表達方式添了新理解，明白束手無策和焦慮的背後，是滿滿的愛。

這也是朱耀明的家庭速成班，在磨難中學習成為真正的親人，互相扶持、彼此滋養。

朱耀明與家人。

附錄　朱耀明：別了，我親愛的老師！

金山，蓬萊陵園的懷恩園是老師骨灰存放之所。手拿一枝玫瑰花，獻給我敬愛的老師。我眼眶滿了淚水，強忍不敢流下，我知道老師不希望看見淚流滿面愁容的我。然而，老師，請原諒！當獻上手中花的時候，淚水還是禁不住湧流出來。

淚，因有不捨之情，但更多的是感激老師過去的關懷、愛護和教導。

猶記得上新約「符類福音」的第一堂，「朱耀明，唸馬太福音第四章。」我當時呆了，初到台灣，連用國語與人溝通都有困難，如何能用國語唸聖經？我用求助的眼神望著老師。「唸！怕甚麼，不會就學，我可教你，唸下去。」「唸下去」，幾十年來，每遇到困難和苦境的時候，這句話給予我無比的勇氣和力量。

一天清晨上希臘文課，我的桌上放了一本類似如何贏取別人友誼的書。

老師一走進課室，看到那本書，很嚴肅地說：「做人，要忠誠、正直、仁愛，才能交得真正的朋友，用不著看這類書。」老師自美國學成回國事奉，就在長老會交上許多朋友，也非常同情「二二八事件」受害人的家屬。這在當時是一個非常敏感的議題，可以被警備司令部拘捕的行為。但為了和平和正義，在一九六四年老師挺身為長老會籌備百年慶典，其中還包括統籌於台南舉行的慶典遊行。不僅如此，老師與天主教教會亦關係密切，當時的浸信會非常反對天主教，並視之為異端。但老師常對我說：「他們也是我們的弟兄姊妹。」

基於上述的關係，當台灣浸信會神學院要委任院長時，老師應順理成章是最合適的人選。惟浸信會一些傳道同工卻發起「倒周運動」，反對老師擔任院長。

當時有一位牧師來和老師說，他非常敬重老師，也希望老師領導浸信會教友。接著那位牧師提出兩項要求：「不要和天主教有來往，也不要跟長老會在一起」，但老師堅定地回答：「天主教和長老會的教友都是我的弟兄姊妹，我不能為了做神學院院長而限制我的交友。如果要我作一個很快的決定，我選擇朋友。」

最終老師放棄院長的席位，選擇了朋友。老師一生重情重義、輕名利。

一天，老師匆匆從外回來，進入課室，給我看了一張程序表，那是殷海光先生的安息禮拜程序表。從表上我看到陳鼓應先生的名字。我很自然地就說：「為甚麼讓一位反基督教的人在安息禮拜上致詞？」老師面色一沉，非常嚴肅地問我：「你研讀過他的書嗎？」我答：「我看過他的一本《存在主義》。」「你認識這人嗎？」「不！」「沒有深研其著作，又不認識人，憑甚麼如此就作判斷？」老師最後嚴肅的教訓我：「為人要寬容、接納，並應尊重人。」

我於一九六九年九月入學。第一年在懷恩堂實習。真是感恩！那一年我每逢主日有機會上老師家與他們一家人共進早餐，吃稀飯或豆漿、油條，體會到老師生活的簡樸，然後返教會。車途上，老師教導了我很多為人、作牧者的道理。每週六早上的同工會，也讓我學習老師如何主持會議。

懷恩堂的主日崇拜，台上只有老師一人主領，既是主席，也是講道者。「老師，為何主日崇拜只有您一人主領，不辛苦嗎？」老師嚴正地教導我，我們是被選召做傳道，是一位祭司，在主日是我們履行祭司的職責，領導會眾朝拜上主，這是我們重要的職分，應盡忠職守。除非到國外，否則每逢主日，老師必在台上。

約半年後，老師安排我在晚堂講道。事前老師告誡我：「站在講台上，切記主要宣講主的道，少提個人的見證，因為人易受情緒影響，有時會描述過於事實。此外，絕不能站在講台攻擊、批評、論斷人或教會，單要傳主道。要有充足的準備，站在台上不要作假謙卑的語句，例如：我今天的講道未有好準備，或時間不足不夠完善等。朱耀明，你要記住：往往因為我們沒有重視講道的重要，在這傳道工作最重要的一環上，我們失敗了，受人蔑視，甚至因之到了不能振作的地步。傳道人若不在講道上努力，就永遠抬不起頭來！」

那次的講道，我兩腳發抖，膝蓋碰膝蓋下完成。自此我每次站於講壇，都想起老師的教誨：「宣講上主的道，我為此而活」。好不容易修畢一年的課，放暑假時，老師給我的暑期功課，就是要讀完四本書：《甘地傳》、《史懷哲自傳》、潘霍華的《獄中書簡》和《貝多芬傳》。

愛是他最大的力量

老師常提及其成長中最受徐寶謙先生的影響，而促成其人格的成長是甘地。綜觀老師一生深受各種的詆蔑、攻擊，默默忍受，從不與別人爭論和分辨。

老師傾向「唯愛主義」(Pacifism)，懷抱和平、非戰、不鬥爭的信念，並堅信愛才是最大的力量。

那年看《甘地傳》，就看出愛、非暴力、真理，勝過世上的任何槍炮，能為苦難困厄的眾人，爭取到正義、尊嚴、和平及自由！

今日再看潘霍華的《獄中書簡》，感受良多，其中幾段感受猶深：「罪惡龐大的假面具蹂躪，踐踏了我們一切的倫理觀念，罪惡披戴著光明、善行、與歷史要求等假面具，完全迷亂了所有受過我們傳統道德薰陶的人。」

「有權力的這一方面，必定需要別人的愚昧」，並「會使用一連串的口號、標語、或諸如此類的東西。因這些已把他拘束住了。他被咒詛所困，瞎了眼，他的人性被汙辱、被利用。愚者一旦意志屈服而變為工具。他進入惡是無遠弗屆的。可是，他卻看不出是罪惡。」這豈不是今日社會的寫照？

自修讀神學課程的第一天，就見老師非常忙碌。有一次我們問了一條無知的問題：「老師，您忙碌得像是將生命如蠟燭般兩頭燒嗎？」老師慨然回答說：「我真的認為，只要能多發點光，四頭燒又何妨呢？」

老師除了教學，同時是兩所教會的牧師，又從事聖經翻譯工作和寫作。此外，還擔任展望會主席、關懷囚犯和原住民、牧養藝人之家。又致力關心「二二八」事件受害者家屬，奔走從事促進和解工作。最後促成了「二二八平安禮拜」，以解怨仇。

「朱耀明，除了做好教會工作外，我還努力促進社會的安定和進步，期望使國家朝向更民主的方向邁進。」如今老師已將生命獻上，雖然曾受盡世人的攻擊、誤解，然而，卻無怨無悔。

一九九六年，香港離中國收回主權只有一年。一日，老師因公事訪港，約我和太太於青年會會面。老師說：「朱耀明，你應為自己的安全作好準備，這也是你可以轉身的時刻，找一所美國長春藤大學研習，可為下一里路作準備。」

自從一九七二年畢業後，老師於我的事奉上不時提醒和給予指導。那次會面後，我便即時行動，向珠海書院和神學院申請成績表，找推薦人寫推薦信，並向教會申請進修年假。我開始時申請了哈佛大學甘迺迪政府學院，修讀MPA，又申請紐約哥倫比亞大學作訪問學人和喬治城大學作中國研究。最後我選擇了哥倫比亞大學作訪問學人，並於一九九七年六月中前離港。可惜，由於思鄉情切，家人又不在身邊，過不了流浪孤獨的生活，以致浪費了一年的時間。每次思之，愧對老師！

今年八月六日老師於祈禱會後駕車回家途中，面帶著美麗的笑容，主懷安息。

二〇一六年八月

II 柴浸拔地而起

天使來自四方八面，有說是上帝恩典，有說得道多助。

回頭看朱耀明在香港浸信會神學院的工作：原以為院長助理一職能做點研究，沒想到他一頭栽進採購枱凳和安排維修等雜務中，日復一日，離自己的蒙召愈來愈遠。

一九七三年中，他重遇昔日教友兼當時浸會書院音樂系講師鄭棣聲，對方當頭棒喝：「你怎麼會在這裏？不是要奉獻傳道、服侍基層嗎？」朱耀明滿腔無奈。那年稍後，機緣終於到來——陳德全牧師游說他加入位於香港東區的柴灣浸信會福音堂（下稱「柴浸」），接任堂主任。

朱耀明很早就與柴灣結緣。一九六五年，陳德全牧師帶青年團契到柴灣徙置區傳福音，朱耀明掌控十六厘米放映機，在街頭播放從美國領事館新聞處借來的紀錄片。光影背後，他觀察到一個貧窮落後、極待支援的社區。

「你去柴灣啦！」是早年的罵人話，因為此地當年嚴重缺乏社區設施，最著名就是火葬場與墳場。從前柴灣居民不多，跟市區隔著一個山頭，只能坐非法經營的「白牌車」，或跑到山上的大潭道攔截往來筲箕灣與石澳的巴士前往。一九五〇年代，大批內地難民湧現，城市一下子吸納不了，最貧最苦的唯有愈走愈遠，最終在這邊陲之地下錨，築起大片寮屋。為了回應新增的人口，政府建造二十七座徙置大廈——位置正是當年青年團契放電影的街頭。

上｜1972年的柴灣。　下｜1970年代柴灣的水上居民。

社區蛻變，教會服務緊隨著到來。一九五二年，天主教海星堂率先進駐柴灣，建造石屋和分發救濟品；一九六三年，循道衛理聯合教會愛華村堂加入服務，在山上蓋起「愛華村」的三百四十二間石屋；一九六五年，浸信會也來了，主力服務兒童和青少年。浸信會在柴灣的服務，起初由鄰近的筲箕灣浸信會代借徙置區第二十四座天台的懷恩幼稚園進行；一九七一年，美南浸信會出資三十二萬元購置連城道三十號和三十二號兩個店面，翌年浸信會終於有了自己的柴灣堂址。

朱耀明不怕當開荒牛，決意回到柴灣的基層服務。他在神學院待至完成工作承諾後，一九七四年舉家遷出。那天宣教士宋織詩（Dr. Jaxie Short）剛巧歸來，看到兩口子忙碌如螞蟻，便主動駕車相送，為離別的日子添了點溫度。兩袖清風的牧者家當不多，車子走一趟便完事。

七月，朱家在柴浸展開「前鋪後居」的生活。福音堂約一千七百平方呎，當中二百平方呎[1]是宿舍，一個電話號碼接通

1 編按：二百平方呎約合台制五．六坪。

柴浸在連城道的舊址，朱耀明一家在這裏展開「前鋪後居」的生活。

教會和住家。福音堂只有兼職文員和兼職堂工各一，起初還有筲箕灣浸信會的陳德全牧師照應，但不久後他舉家移民，由朱耀明扛起柴灣會堂的工作，「每逢遇事徬徨，頓感無門問路」。

上一任傳道人曾因按立牧師問題，與母會鬧出風波，令會堂流失部分會友。朱耀明上任後，約六十多人參加崇拜，多是漁民，有的到近海捕蝦隔日就返，有的到遠水捕紅衫魚一去數天，生活艱難，唯有在天氣不穩時停歇泊岸。這成為朱耀明探訪的最佳時機。那些水上人家很快便發現，新來的傳道人真誠又有幹勁，總是乘著風雨到避風港串門子。但他也有被熱情的漁民考起時：

「……歡歡喜喜上船。依平常聚會一樣，唱詩、讀經、弟兄姊妹分享、祈禱。聚會完主人家一般都會預備茶點，參加者都是喜氣洋洋分享主人家的愛心，茶敍完，以為就可散會，然而卻是開始，還要過艇，舉行另一家庭聚會，那時心裏不免有點慌，因為只預備了一篇講章，同一批人，全體過鄰艇，對著同一聽眾怎可能講同一篇道。只能在唱詩期間從腦海急組講章。那一次探訪了四家人，講了四篇道，自此，便常準備講章多篇，以備家訪的需求。」[2]

工作辛勞，但信任一點一滴累積。朱耀明自覺找對了位置，日子過得朝氣勃勃。

柴灣的教友多來自基層，善良但教育水平不高，那種境況是教育部長不識字，聖樂部長不懂五線譜。朱耀明看到人們一待生活改善就遷出柴灣，到市區尋找機會，遂發動個人網絡發展教會，找來堅道的教友葉恭絣老師、羅峰、[3]招世超和鄭恩浩，在台灣認識的阮潤添、李金強和黎大華，以及筲箕灣母會派來的伍振京和李繼業等，一起培育新一代的教會中堅。這些人與柴浸走過關鍵的頭幾年，功成之後有人移民、有人忙教職、也有人走上傳道人的路。

「若問我，他們何以山長水遠跑到柴灣事奉？我會答是當年的團契情誼。」朱耀明說：「聽到呼召，看見異象，就來奉獻。都成生死之交了。」

一九七〇年代初，港督麥理浩提出「十年建屋計劃」，宣布為一百八十萬居民提供設備齊全、有合理居住環境的公共房屋，成為本港房屋政策的里程碑。一九七六年，政府在柴灣社區中心[4]辦展覽，展示長遠發展研究報告的重點內容，推算區內人口將在十年內躍升到二十萬，並提出拆除七層徙置區，改建較高密度的住宅。

「十年建屋計劃」啟發了朱耀明，起意把柴浸建成「社區教會」(community church)：「世界各地很多教會都位於城鎮中心，既服侍鄰舍，又可以召開大會一起關注區內事務。如何能令柴浸成為那樣的社區教會？我回頭思考很多問題，像是柴浸究竟為誰設立？它對柴灣的意義是甚麼？何以在人群中建立關係，使萬民作主的門徒？怎樣令人明白福音是他們所需、教

2 朱耀明，〈以愛行動（三）〉，《牧聲》，柴灣浸信會，二〇〇九年九月十三日。

3 羅峰曾是懲教處高級官員，一九六〇年代協助安排青少年教導所的福音和球類活動，因此跟佈道團成員朱耀明認識。羅峰退休後，朱耀明主動約見分享異象，後來羅曾擔任柴浸的書記、司數、司庫、擴堂委員和執事等職。

4 後改建為青年廣場。

會關心他們？宣教如何回應社會劇變？」

這些功課跟他下半生對社會議題的取態一脈相承，「很簡單，教會要與民同行，不能脫離社區。」問題是，只佔兩個店面的小小福音堂，如何能拔地而起，成就異象？

那時福音堂甚至未能經濟自立。初來報到時，朱耀明每月都要往香港浸信會聯會支取來自美南差會的薪金。因應教會規模和獻金多寡等因素，神職人員的待遇差異很大，朱耀明本著奉獻精神，上任時連月薪也不問，只知道要接受一項條件：領薪金額將每年遞減一成，餘數由柴浸自行補足，目標是令柴浸在十年內自立自足。

十年之限由成立福音堂算起，待朱耀明上任時剩下八年。但他說：不必八年。

「我知道柴浸必須自立，經濟和人事管理皆然，不能一直依靠外來支援，所以在一九七五年寫計劃書，提出在三年後脫離資助。」[5]脫離資助只是其一，其二是在一九七七年向政府申請撥地，興建一幢擔得起「社區教會」角色的教堂。

在很多人眼裏，提早自立是有志氣，但申請撥地建堂卻是不自量力。母會執事教訓他：福音堂連財政都未能自主，憑甚麼？但朱耀明的思考模式就是不一樣，總是把目標架得很高，縱未看清具體過程，心中已經答應，然後一鼓作氣往前衝。一如當年決志做傳道人。

所以，那時朱耀明環顧福音堂，看到的不是它的簡陋，而是未來的種種可能，包括學前教育、社會服務，以及工友活動中心[6]等。他用信心和傻勁，看一步走一步，幸好身邊不乏同行者——或者更準確的說法是，他總能感召眾人同行。

他買下一張城市規劃署出版的柴灣發展地圖，與教友細細研究，看中萃文道一號標示為「政府、機構或社區用地」（GIC）的空置地皮，然後參照社會福利署的「香港社會福利發展五年計劃」，規劃幼兒院（托兒所）和幼稚園，再因應區內六成的藍領人口，設計健身室、職青中心和閱覽室，吸引工人下班來活動。那份計劃書由朱耀明親撰，英文版則由剛從海外負笈歸來、日後當上聖士提反書院校長的羅懿舒（羅峰之女）協助翻譯。

一九七七年八月，執委會向工務局地政測量署申請撥地。翌年一月一日，柴灣浸信會福音堂正式自立為教會，按立朱耀明為牧師。數月後，城市規劃署啟動批核過程，朱耀明開始向各個政府部門解說和游說，包括地政測量署、民政事務總署、教育署和社會福利署等。

民政署社區聯絡主任問：「政府關心的是撥地後，你們是否有錢把教堂蓋起來？」

朱耀明答：「我們並非單打獨鬥。第一，浸信會是世界性組織；第二，上帝的資源很豐富，難道你見過教會『執笠』（倒閉）？」

---

5 長久以來，教會依賴捐獻支持運作。一九七〇、八〇年代，部分教會機構要求員工自行籌募薪資，甚至連基層職員也不例外，要親自到教會聚會介紹自己的工作來尋求捐獻，幸運的話一次籌足一年，不然或須每月重來。朱耀明反對這種方式，認為是推卸責任，「我對每個來面試的人都說：領導者必須讓同工安心工作，你做好事情，我負責發放薪資。幸好在位時，一直說到做到。」

6 編按：港語稱勞工為工友。

社會福利署官員問：「你是否借社區事務和我們的部門，為教會爭取撥地？」

朱耀明答：「我只是想幫助你們填補漏洞，柴灣尚欠二百個幼兒服務名額。」

對方提醒：「你要緊記，社會福利署不會給予資助。」

朱耀明答：「歷史上從來都是教會幫助社區。」

這些不只是交手姿態而已，朱耀明真心相信：上帝會保守。

一九八四年五月七日，即提出申請七年後，地政總署終於同意批出土地，但夾附條款：十八個月內必須完成提供社會服務的樓層，包括幼兒院和幼稚園等。當年香港正處於中英兩國角力的漩渦當中，前途晦暗未明，籌款充滿變數。教會遂召開會友大會商議，最終一致通過接受條款。[7]

有地了，柴浸上下一片歡騰，無人深究當局批出的，為何不是原先申請的萃文道一號，卻是翡翠道和萃文道之間、地圖沒標示用途的另一塊地？謎底要待十一年後才揭曉，帶來奪命災難，也令柴浸多年心血幾乎毀於一旦。

但那是後話。回到一九八四年，包括柴浸會眾在內的全港市民，心頭要裝載的東西太多。十二月十九日，中英兩國首腦在北京簽訂《中華人民共和國政府和大不列顛及北愛爾蘭聯合王國政府關於香港問題的聯合聲明》（簡稱「中英聯合聲明」），結束經年的香港前途談判，落實主權回歸。在濃墨重彩的大時代背景下，柴浸開展擴堂工作。

柴浸是年輕教會，那時約一百七十人來崇拜，現金僅得三十萬元左右，卻申請在一萬一千平方呎的地皮上建樓，連打樁做地基的錢也不夠。籌款是必要的，但開始之前得為整個計劃建立名聲。朱耀明遂在胸口掛上「勇」字，四出拜訪可能願意協助的人，像是林思顯博士。

那年朱耀明四十歲，性子裏還有某種剛直天真。這位來自香港邊陲地帶小教會的菜鳥牧師，不探聽林思顯的性情，也不打算找中間人，只抓住一些公開資料——林思顯出身顯赫，父親林子豐博士是香港浸會書院、浸信會醫院和嘉華銀行創辦人，曾任香港浸信會聯會主席，他自己則是著名銀行家、教育家，擔任過市政局委任議員和立法局臨時非官守議員——便決定慕名約見。

沒想到林思顯在電話裏一口答應。見面當日，緊張至極的朱耀明，做好「被教訓一頓然後空手而回」的心理準備，跑到對方的辦公室，把教會擴堂計劃和對社區的承擔、政府的批地條款、柴浸現況等絲絲縷縷娓娓道來，最後戰戰兢兢地問：「你可以幫忙嗎？」

「年輕人有大心志，好！」林思顯非常爽快，馬上應允，還當面撥電話給當時的浸會書院校長兼行政立法兩局議員謝志偉，說：「我面前來了一位年輕人，他要擴堂，你也幫幫他。」就這樣搭通天地線，儼然是童話式結局。

---

7 柴浸於一九八四年五月三十一日去信地政總署表示接受批地條款，同年十二月三十一日獲批地契。

如果說，在往見林思顯的路上，朱耀明的心情像亂撞小鹿，那麼離開時，那鹿兒歡躍了。「很鼓舞，他不質疑我的能力，反而看到我的熱誠和抱負。這是上帝恩典。」

後來朱耀明對求助的人常常有求必應，原來種子早已埋下，「我告訴自己，日後要做那樣的長者。人家來敲門，不要隨便打發他走，無論如何多聽幾句，對後輩要有鼓勵的心。」他還記住林思顯的一句話：Lead or follow, otherwise, you get out of the way。要不領頭，要不追隨，否則離場請早；潛台詞是別礙著時代前進。

柴浸成立擴堂委員會，[8]邀得林思顯博士加入，猶如為柴浸背書，向各方捐贈者亮起綠燈。而朱耀明在地區工作中認識的社會名人如王募鳴、許賢發、吳水麗、招顯洸等，也各方出力。王募鳴更寫信給匯豐銀行主席浦偉士（Sir William Purves），促成白普理基金拿出一百萬元捐款；後來呂明才基金和方潤華基金也分別捐出一百萬和三十萬元；美南差會則提供借貸。

然而，朱耀明感受至深的幫助，來自人群。

那時願意向教會貸款的銀行絕無僅有——試想像萬一教會拖欠款項，銀行該怎樣追討才不會影響形象？多虧會眾籌措出五張屋契，把自己的安身之所綑上教會命運，助柴浸成功覓得一百五十萬元貸款來周轉。

第一張屋契來自陳秉忠，這位電燈公司高級工程師原屬旺角浸信會，與朱耀明素昧平生，一天來柴浸崇拜，得悉擴堂計劃，受到感召，不但主動借出碧瑤灣居所來擔保貸款，更呼籲有能力的會友同行。他後來協助草擬柴浸社會服務處和中央行政處的人事章則，並擔任柴浸執事。

會友中有二十多人來自吳姓家族的漁民三代，一直是柴浸堅實的支持者，當中有人悉數捐出將軍澳填海前獲發的賠償金，並鼓勵家族成員拿出屋契抵押，助柴浸貸款。另有會友奉獻儲在保險箱多年的金器。

兩位女將賴少薇和馮玉蘭也同時加入擴堂委員會。賴少薇在一九七七年到柴浸出任導師，一九八五年參與擴堂，朱耀明形容她仁愛善良，為擴堂委員會解決了不少紛爭。馮玉蘭在一九八四年從台灣大學畢業回港，尋覓能夠委身的事奉，偶然找上連城道會堂。朱耀明笑說：「我拉著她分享擴堂大計，一談三個鐘頭。那時我見誰都說（自己的願景），也許真有一種感染力。」

馮玉蘭在二〇一九年這樣寫道：「與他（朱耀明牧師）一同事奉三十五年了，他是我所認識的人中被討論最多的一個，他的一言一行都是被別人定睛在看著，但他的眼睛看的仍是上主的國度。我常常覺得顧城的『一代人』最能形容朱牧師的眼睛：『黑夜給了我黑色的眼

8 擴堂委員會成員除朱耀明和林思顯外，還有謝志偉校長、招顯洸醫生、黎大華執事等。

柴灣浸信會拔地而起。

睛，我卻用它尋找光明。』」

這二人後來擔任柴浸執事多年，一直忠心事奉。

「天使」來自四方八面，有人叫這做上帝恩典，也有人說得道多助。

就這樣，柴浸邊籌款邊擴建，每確定了一筆款項，便立即跟建築師商量：「我們可以如何繼續？」教會大樓一層層的長高，過程驚濤駭浪，但也振奮人心。

最先完成的是A計劃，包括職青中心，以及向政府承諾了的社會服務，包括幼兒院和幼稚園。

建上去是二、三樓的B計劃，包括崇拜禮堂、副堂、圖書館和教會辦公室等。然後是C計劃，有四樓的團契室和主日學課室，以及五樓的傳道同工宿舍。

大樓在一九八七年竣工，整幢八層提供五萬多平方呎的空間，[9]因遇上建築業低潮，最終成本僅八百餘萬元，低於預算，令教會有餘力贖回會友借出的屋契，物歸原主。

「我們興建這禮拜堂，不只是為了自己的教會，而是為社區。一路走來憑的是信心、傳福音的使命和服務社會的心志。」朱耀明說。[10]

他記得驗樓的一幕：弟兄姊妹齊集空蕩蕩的新大樓，人人手握拖把，逐寸逐寸的敲響地板，憑聲音檢查水泥是否鋪設妥當。篤篤篤篤、篤篤篤篤……篤出來的是快樂頌，夢境成真

9 柴浸建在斜坡上，翡翠道一邊高六層，萃文道一邊高八層。五萬平方呎約一千四百坪。

10 補一筆周聯華牧師的提醒。為預備擴堂，朱耀明於一九八四年赴英進修城市宣教課程，修畢後獲邀到香港浸信會神學院兼課，翌年更獲院長委以開辦聖樂系、聖經學士學位課程和建立實習系統等重任，平日在神學院工作，僅週六日返回柴浸。某次周聯華牧師來港相見，得悉學生在建堂的關鍵時刻分心神學院的職務，嚴聲斥責：「回教會去，這地方不適合你！」朱耀明被罵，卻深深感恩：「回想當時接受神學院所託，不理性也不周全；尤其是政府才剛批出土地，我像生兒不養，有愧於弟兄姊妹。恩師喚醒我忠於教會，服侍基層，毋忘上主的召命。」他在一九八七年中結束借調生涯，返回柴浸。

的神奇樂章。

我們已將祢所建的這殿，分別為聖使祢的名永遠在其中，我們的心也必在其中。

柴灣浸信教會立　主曆一九八七年三月二十二日

一九八八年一月一日，柴灣浸信會舉行獻堂崇拜，信守承諾，成為門戶大開的社區服務大樓，天天從早上七時開放到半夜十時半，讓街坊自由出入。

八〇年代中國實施改革開放，吸引香港商人北移生產線到珠江三角洲，本地經濟遂進入結構轉型期，工業低潮，廠房空置，工人失業。幾年後服務藍領的柴浸健身室也因使用率低而停用，那麼，該改作甚麼用途？某次朱耀明探訪老人，聆聽護士解說牙齒脫落導致長者營養不良，而偏偏牙科未受重視，於是興起經營牙科診所的念頭，計劃以自負盈虧模式運作。他一直相信，社區教會最明白當區需要，所以設計服務時也必須守持獨立原則，不能因依賴公帑而忘卻初衷，追著政府的指揮棒暈頭轉向。

然而，就在牙科診所差不多完成裝修之際，災難淹至。

一九九五年八月十三日，朱耀明在柴浸頂樓的宿舍看完晚間新聞，準備就寢。那幾天氣氛有點鬱悶，一來妻兒到河南參加夏令營未返，整幢宿舍只剩他和一位職工，怪冷清的；二來天氣著實壞，颱風海倫帶來的豪雨下了整整一個禮拜，嘩啦嘩啦不斷傾倒窗前，看似未有完結的打算。

大約凌晨一時，外面突然傳來一聲巨響，朱耀明以為是霹雷沒在意，但不一會兒來了敲門聲，竟是職工帶同三位消防員前來。消防員交待翡翠道對面的斜坡塌下，波及柴浸，要求引領下樓檢查是否有人遇難。朱耀明立即到三樓辦公室拿出一串十多把的鎖匙，直奔地下低層。

一行人穿過一道道房門，愈往裏頭走，泥濘氣味愈濃烈，腳下也愈艱難。當咖啡閣的門打開時，地上有泥人掙扎著要爬出來，消防員連忙扶到外面的椅子坐下。那人叫周劍清，是住在附近峰華邨的通渠師傅，接到開工電話後與兒子周偉強聯袂出門。父子在暴雨中走下翡翠道，沒想到遇上狂濤般的山泥，一下子被推送到教會大樓門前掩埋。

「快救我兒子！」那人說。

泥土之下命懸一線，但消防員未確定地底瓦斯管位置，擔心引發爆炸，起初只能用最原始方式，徒手把泥巴一把把的扒走。朱耀明趕緊蹲下加入，不一會兒還添了當年在明報當記者的李月華，據說下班後聽到電台廣播隨即趕來。人人赤手空拳，跟死神爭奪一條年輕性命，無望得令人抓狂。

最後由挖泥車掘出來的，只有遺體。原來泥土來噬時，周偉強剛剛卡在柴浸幼稚園的門和柱位之間——厄運只長一尺，卻足以阻隔生路，令短短十六年的人生戛然而止。

翌日新聞描述，現場塌泥堆到十五公尺高，蓋過兩條車道，埋下一部計程車，把四輛汽車（包括兩部貨櫃車）推到對面籃球場，還殃及地下管道，令四千三百戶居民頓失瓦斯供應，整個柴灣區鹹水[11]供應中斷。據政府後來發表的事件報告，[12]這次山泥傾瀉共塌下一萬四千立方米泥石，埋掩了一段長九十米的路面，導致一死一傷，比過去十年的同類事件都嚴重。

事發後的清晨三時，朱耀明獨站天台邊緣，眺望蒼涼。眼前是崩塌的斜坡，腳下是淹了三層樓的泥沼，他身心俱疲，彷彿自己也一併陷入其中。這裏有他和會眾近二十年的心血，從一九七六年的紙上談兵開始，到大樓終於在一九八七年座落眼前，最近還好不容易還清債務，很多新計劃如火如荼，四百多個幼兒天天快快樂樂來上課，宿舍處處留下牧華和牧民的成長印記，他還想到剛剛在泥濘中哭別兒子的父親……

……但山泥通通不知道。

救援人員要封鎖大樓勘察，朱耀明不從，說著「我怎樣都不會離開我的教會」的話。他帶上手機，在天台致電教會執事，又聯絡社區友好借用場地，一心一意要確保翌日的崇拜如常舉行——因為危難中更需要崇拜。

他的電話響完又響，有剛晉升政務總署署長的李麗娟：「牧師，有甚麼要幫忙？有沒有地方住？我替你安排。」有催促他離開的立法局議員李柱銘：「沒地方住便來我家，走吧！」

可是朱耀明那刻就是死心眼，邏輯大腦縱然明白留下也改變不了甚麼，但情感大腦緊緊抓住一個念頭不放：堅守！這是很多人用心血築成的！

他透過一雙淚眼，靜靜看著晨光灑落天台，太陽如常升起。

翌日是禮拜天，朱耀明抖擻精神，移師到萃文道對面的文理書院，借用禮堂主持崇拜。弟兄姊妹魚貫進場，許許多多的慰問，長夜傷懷，但此刻感到路上不孤。「我們經過水火，你卻使我們到豐富之地」，他在講台上引用《聖經．詩篇》第六十六篇十二節，回到信仰中提取信心和力量。

那天剛巧是妻兒的回程日。崇拜結束，他便到機場迎接，用詼諧的方式宣布：「今晚不回家了，我們豪華一點住酒店去！」梁吳秀已在機上閱報得悉翡翠道塌泥，只是未知柴浸受牽連，一路忐忑，這下才從丈夫口中得到確認。一家人先驅車回柴浸視察，再到「豪華」的灣仔青年會賓館渡宿。

之後的日子，是張羅、張羅、再張羅。除文理書院外，天主教柴灣海星堂也仗義借出剛建好的會堂給柴浸暫作辦公室；[13]立法局議員張文光介入周旋，促使教育署在一週內撥出小

11 編按：香港供水管線分為可供食用的淡水和沖馬桶的鹹水。

12《一九九五年八月十三日柴灣翡翠道山泥傾瀉事件報告（第二冊）山泥傾瀉調查結果》第五頁和第七頁，香港政府土木工程署土力工程處，一九九六年二月。

西灣臨時校舍給柴浸幼稚園，[14]又幫忙游說捐款；會眾奉獻數十萬元，以基層教會來說非常難得；富商郭炳江閱報後主動捐出百萬元，[15]華人永遠墳場管理委員會捐助六十萬……

最令人振奮的，是一隊不請自來的專業人馬。測量師溫文儀帶領建築師、工程師、電機工程師和室內設計師等，一起來義助柴浸，重新規劃損毀最嚴重的三層大樓，於半年內完成翻新幼兒院、幼稚園和社會服務處等各項工程。

「我們以為自己愛社區，這經歷卻讓我們知道，社區也愛護我們。危難中，這種互濟力量叫人喜悅又鼓舞。」朱耀明說。

還有一個奇蹟——低層一樓雖然損毀處處，但開診在即的牙科診所竟然幸保不失，新置的昂貴醫療儀器絲毫未損。

從坡上呼嘯而來的千軍萬馬，彷彿衝到診所門前，就剛剛好洩氣了。

人種的是甚麼，收的也是甚麼。

《聖經．加拉太書》第六章七節

意外後，朱耀明協助喪子的周劍清聯絡律師，向政府追討賠償；與此同時，他也認真考慮溫文儀的建議，以教會名義控告政府。

他約見當時的土木工程署署長白能達（Dr. Edward Brand），對方坦言根據政府地圖，柴浸所在的並非公眾用地（GIC），可能是當局擔心對面山上的海水配水庫斜坡隱藏危機，所以未被規劃用途。換言之，這或屬知情疏忽，而且政府沒做好鞏固工程，兼不曾提出警告。

朱耀明探問：「那麼，我們可以控告政府嗎？」白能達但笑不語。事後半年，港府發表事件報告，把慘劇歸咎於「事發前持續的極大豪雨」，但亦明確指出「削坡以往曾發生多次小規模的山泥傾瀉」，[16]而且「缺乏足夠維修，使斜坡情況衰退，令地面排水渠淤塞而引致雨水集中滲入泥土」。

13 當時有教會中人批評朱耀明「有冇攪錯」，竟借用天主教地方辦公。朱耀明說：「每個年代都有傻人，只看到分歧，看不到弟兄姊妹。」

14 柴灣校舍裝修完畢重啟後，校董會決定保留臨時校舍，申請獨立註冊為柴灣浸信會學前教育中心呂明才幼稚園（小西灣），並開辦福音堂服侍基層家庭。

15 這筆捐款曾經節外生枝。柴浸收款後不久便接到「郭炳江代表」來電，要求把款項轉入指定戶口，以便「郭先生改開一張金額更大的支票」。朱耀明不虞有詐立即照辦，下午還與黎大華和李錦洪一起等候對方派人來送票，順道合照留念，待至傍晚六時始知郭炳江人在北京，退款再捐之說乃子虛烏有，唯有報警。翌日警方成功截回一百萬元，不久更拘捕三名疑犯，可惜主犯逃脫了。這事有驚無險，朱耀明既感謝主恩，也對郭炳江和會眾大感內疚，曾在主日崇拜公開道歉。後來郭炳江來信表示諒解，勸朱耀明釋懷。

16《一九九五年八月十三日柴灣翡翠道山泥傾瀉事件報告第二冊山泥傾瀉調查結果》，香港政府土木工程署土力工程處，一九九六年二月。

但律政署官員堅持那是意外：「牧師，你為何不能相信這災難是God's act（上帝的作為）？」[17]又質疑柴浸既已成功籌款重建，何須索償？朱耀明被惹怒了，強調事件絕非天然災害，而索償為追究責任，跟籌款成功無關。對方則警告不要鬧大事情，因為法庭上「有贏有輸」。

教會控告政府，在香港是未曾有過的事情。過去本地教會遇上涉及政府的爭議，往往順從，遑論與律政署的律師團隊硬碰。但朱耀明腦中有「行公義」三個字，「有教會執事主張放棄訴訟，擔心鬥不過政府。我說我們有何俊仁、李柱銘、溫文儀這樣強大的專業團隊支援，如果這樣也放棄，其他弱勢社群怎樣辦？他們受到的傷害那麼大，如何實踐公義？」

柴浸的決定茲事體大。因為事發當天，當朱耀明心焦如焚地隨著消防員搬石翻泥時，香港仔深灣船廠區有一家人坐上了「黑夜開篷車」[18]——上一刻身在睡房，下一刻滾到山下，幸好性命無礙，但家財盡毀。另一邊廂，鯉魚門寮屋區內千餘名民居也因山泥傾瀉面臨搬遷，一位七旬老婦疑因不捨家園，自縊身亡。在那個暴風雨的晚上，他們的命運跟柴浸相連了。

一九九八年，律政署向柴浸尋求和解，溫文儀說柴浸勝算大，告到底可以成為案例：「既然你（打官司）是為公道不為錢，就不要和解，才對社會有貢獻。」

然而，柴浸還是答應和解，接受了三百萬元的公帑賠償。「教會內外張力很大，執事會和弟兄姊妹覺得已經討回公道，很夠了，不可能一個人告下去。我唯一能拒絕的，是保密條款。我對律政署說，柴浸是開放的教會組織，必須向公眾交代。」朱耀明帶著遺憾說：「所以今日我才可以告訴你這些。」

雖然如此，這場官司起碼為其他受害者確立了正面個案，賠償金額也成為指標。至於喪子的周劍清，在朱耀明聯繫的律師幫忙下，獲得比政府原本提出高一倍的賠償金。而在連串斜坡倒塌意外後，政府不敢怠慢，委託澳洲專家分析全港天然斜坡，整理出可行的風險評估方法，並且重修擋土牆。

重修後的柴浸幼兒院和幼稚園，比之前更美觀、設備更完善。但因出生率下降和二〇〇三年嚴重急性呼吸道症候群（SARS，沙士）肆虐等因素，後來招生人數逐年減少，兩層校舍最終減至一層。騰出的空間，柴浸用來加強健康服務，包括擴建牙科診所，加入中西醫、精神科、物理治療、臨床心理輔導、教育心理學，還有言語治療和職能治療等，既回應區內的醫療服務需求，[19]也成就朱耀明對教會成為社區中心的異象。

---

17 現稱律政司。

18《壹週刊》二八四期，一九九五年八月十八日。

19 二〇〇七年，柴浸與中文大學社會學系陳健民教授合作「柴灣健康社區調查」，發現區內醫療服務不足，不單牙醫與人口比例低於全港平均數，而且市民對中醫、物理治療、精神科或心理輔導服務，也有很大的需求。

附錄——朱耀明：我們心中理想的教會

使命

一九六五年兩位姊妹看到柴灣的福音需要，即時展開了街童工作。經歷了日曬雨淋，沒有固定地方聚會的日子。但各人仍堅定地，無懼環境的限制，全力以赴，昂然踏上征途。所以，我們的教會成立於柴灣，是基於異象，託負。我們所走過的歲月，滿有上帝的恩典。作為一個信仰上帝的群體，崇拜是我們表達對上帝的崇敬和渴慕。

當前人人都懾服於「以我為主」的強權口號，導致人心虛怯，信心出現危機。崇拜上帝是我們向世界宣告，上帝是我們的主，每個都當校正焦點。

基督徒的生命是靠崇拜來支持的。因此，每位信徒必須珍惜和重視崇拜生活。以色列人過往的失敗經歷，不是由於沒有領袖，而是他們的狂妄自大，對上帝失去敬畏的心，崇拜淪為儀式，失卻了生氣。

沒有崇拜和禱告，就不會有基督的生命。亦不會有親密的團契生活。我們一定要緊記，一個教會若沒有真正的崇拜和祈禱的支持，則所有的活動都是外表、虛無，沒有生命、更沒有耶穌基督的成分。我們要在崇拜中得力。若然要達此目的，則在聖殿崇拜（Service）上帝與在世界服事（Service）必須一致，不能分離。因為崇拜的結果應是每位信徒來到上帝面前呈獻自己，獻祭與祂。否則，我們的敬拜生活仍只流於形式、沒有遠象、沒有挑戰，沒有更新生命的動力。「所以弟兄們，我以神的慈悲勸你們，將身體獻上當作活祭，是聖潔的，是神所喜悅的，你們如此事奉乃是理所當然的。」（《聖經．羅馬書》第十二章一節）

我們一直強調基督教是全人的關懷，而教育是全人的教育。可惜至今我們仍未成功。因於我們屬靈生命的膚淺，往往經不起時代的衝擊、世俗生活的壓力而倒下。

當前，一定要校正教育和培訓的工作方向，我們應致力栽培信徒如何在現實生活中切實地愛上帝、愛鄰舍，為此，我們應努力把研經、神學和靈修生活，倫理和社會分析融合貫通，使之落實在信徒生活的各個層面。

傳揚福音一直是福音派教會主要使命，然而不知何時開始，我們以口傳代替了生命服事的見證。

教會自始就是一切受屈、受傷、逃難人們的居所。我們必須具備這樣的心腸，要堅決地站在弱勢人群的一邊，維護和爭取更大的福利。

去年政府成立了「平等機會委員會」，以防止任何遭受歧視或不公平的待遇。可惜，社會上歧視弱能人士的事例不但沒有停止，反而有蔓延之勢。而政府亦沒有真正地增加資源給予需要的弱能人士援助。這些都是會危害我們社會的病毒，我們一定要敢於改正現時社會普遍的自私自利的心態，以促進建立一個人人平等，人人受到尊重，人人被肯定，情同手足，互為肢體的社群生活。

貧窮是沒有人願聽見的名詞，香港一直吹噓為高收入的城市，房地產價升幅令人吃驚，而商家更火上加油的托高股市，使人有一個假象，以為香港經濟日益壯大。不幸，在種種吹噓的把戲下，掩蓋不了香港社會有六十多萬以上的人生活在貧窮線下。過去一年，有人因為失業而自殺，偷糧食而被捕，有些更慘的是家散人亡。貧窮明顯地不是少數人的困難，而是社會結構性的問題。

我們必須敦促政府關注生活在貧窮線下的人群，也應盡一切力量關心和牧養他們。

獨居老人的生活是坎坷艱難的。過去一年因寒流而死了不少體弱缺乏照顧的老人，至今翻開報刊新聞仍使人流淚不已。我們的社區就有不少這樣的老人家，去年我們做了些派發毛毯和定期家訪的工作，是非常有見證的事奉。

新移民的工作是我們一直想開拓的事工，但由於沒有足夠的人力，進展稍為緩慢。就整體社會而言，這是一個很大問題，需要我們關注。據一些有經驗的自願團體工作人員說，一個新移民來港需要兩年的適應期，在適應期間要處理的事計有：居住房屋、語言隔膜、子女入學、尋找工作、生兒育女、文化衝擊等。

每個人都是上帝看為重要的，我們除了督促政府注入資源的同時，也應付出力量愛心關懷他們。

工人失業愈來愈嚴重，再培訓局成立了幾年，但解決失業問題效果絕不明顯。由於香港沒有社會保障制度，故此造成一個人手停口停（一沒有工作就沒飯吃）的悲慘情況。據九五年死因研究庭的報告，共有四百二十九名的自殺者是無職業人士。我們過往兩年曾構想成立一個互助組織，協助失業人士解決就業問題，這方面的工作應落實執行。

教會應是弱勢人士的庇護所，「主的靈在我身上，因為他用膏膏我，叫我傳福音給貧窮的人；差遣我宣告：被擄的得釋放，失明的得看見，受壓迫的得自由，宣告神悅納人的禧年。」（《聖經．路加福音》第四章十八至十九節）

挑戰

德國漢堡研究戰爭原因的工作小組報告指出，一九九六年全球發生了二十八次戰爭及二十一次軍事衝突，導致有六百七十多萬人死於戰禍。因為戰爭及軍事衝突而被迫離棄家園變成難民者共有約四千萬人之多。

戰爭是人類最大的罪惡，發動戰爭者應受譴責。當前殘害人類生命的各種政治活動，是我們的挑戰，這種活動必須停止，我們應以堅定的信心，祈求上帝止息干戈，也應以此目標在世生活。

九六年香港也發生了二件災難性的事件，一是年初八仙嶺的火災，許多學生及其家庭受到嚴重傷害。二是年尾嘉利大廈的火災，也是燒傷、燒死了數十人命，然而在災難中，卻見到我們社會人性光輝一面。有老師學生犧牲了，少年學生也能互相照顧而保存了性命。教協更為受傷者成立了基金，以保各受傷者以後可能需要長期醫療及升學費用。嘉利大廈的火災使人觸目驚心，消防員不顧性命地晝夜撲救，最終一位消防隊員犧牲以身殉職了。

這些壯烈犧牲自己的人，完全實踐和履行職守。他們的死是燃點了自己，將光和熱發出，見證生命的璀燦。

香港面臨回歸，政治上出現了重大的變動，一所大學校長不主持畢業禮而去推委會投票，基督教一聯合組織的主席罔顧執委會和大會議決（不投臨立會的票）而自主地投了票，候任特首認為現時正在裝修的辦公室「風水不好」而要政府另覓辦公地方。

政治壓力如山般壓下來，各行各業，各式人等在這股勢力之下都曲意逢迎，沒有了骨氣，失了儀態。

特首獲選出來的頭一天，就被捧成為一個新時代的開創者，更有專欄作者喻之為：「『長官』氣色益濃，加上佢天庭飽滿，法令深長，五嶽分明，聲如洪鐘。香港有如此的特首必然興旺。」而特首卻將管理權力交給「風水」。治理一個社會是要法令嚴明，政府廉潔、公平公正、賞善罰惡，竭力維護人民的生命財產才是重要。我們要為特首及一群執政者禱告，以免受罪惡迷惑，以迷信迷惑眾民。

「我聽見這聲音，身體戰兢，嘴唇發顫，骨中朽爛，在所立之處戰兢；但我安靜等候災難之日臨到那上來侵犯我們的民。雖然無花果樹不發旺，葡萄樹不結果，橄欖樹也不收成，田地不出糧食，圈中絕了羊，棚內也沒有牛；然而，我要因耶和華歡欣，因救我的神喜樂。主耶和華是我的力量；祂使我的腳快如母鹿，又使我穩行在高處。」（《聖經・哈巴谷書》第三章十六至十九節）

教會是具有一個歷史延續性，源自聖經不變的宣教使命，其使命絕不會因政權的更迭或任何的歷史條件改變，因為就教會的本質與使命而言，教會並不是由一群避世者所組成，而是一群由耶穌基督更新了生命的精兵，在祂的率領下征服罪惡，建立公義與和平。

在基本法草擬期間，辛維思會撰文批評教會對社會事務的參與。行文幼稚無知，且語帶恐嚇。事實上，教會對政權絕無野心，政治權力非教會關心和爭取的要務。我們的使命在於傳達上帝對人、對世界的旨意和倫理之秩序。因此，教會永遠不會屬於任何一個政治權力架構，也絕不會受任何政權的控制。

堅守真理，伸正公義、宣揚和平、實施慈愛是教會永遠會做，也是必須要做的工作。教會歷世歷代都是變亂時的橋頭堡，是一股穩定社會的力量，也是所有弱勢人的庇護地。昔日如是，今日也應該是。

使徒時代也不時接受各勢力的挑戰，甚至要禁止他們宣揚基督的福音。使徒彼得卻道出順從上帝的必要揀選，保羅是經歷了各樣苦難仍堅持說：以基督為至寶，萬事如糞土。耶穌基督和使徒們留下了美好的足跡和榜樣，為的是我們學效而行。

面對全能政治的政權，我們要提高警惕，慎防統戰分化，也要徹底避免權力的誘惑，以防墜入陷阱而不自危。

彼此相愛，團結一心，互相扶持是我們邁向前途的力量。更不要忘記我們都是上帝的僕人，要向世人宣揚和見證福音，亦要以謙恭仁慈的心去服事我們周圍的鄰舍。「你們是被揀選的一族，是君尊的祭司，是神聖的國度，是屬上帝的子民，要使你們宣揚那召你們出黑暗入奇妙光明者的美德。」(《聖經．彼得前書》第二章九節)

一個願望、二件掛心事、一句感謝話

自擴堂至今，一直忙於教會內外的工作，使柴浸實現藉服務見證基督的「社區教會」，去年更經歷了山泥傾瀉和壹百萬元的事件，身心都感極度疲乏，是暫休的時候了。原報讀了一個課程，學費也都交了。可惜，由於山泥傾瀉而不能成行。當然，那時正值百廢待興，讀書進修是顯不到的小事。今日，我的願望是能夠暫離職務，以求康復和更新。願上帝的旨意成就，也請眾弟兄姊妹代禱。

然而，有關修章的事在進行中，這件事非常重要。我們希望不但將原有的錯誤糾正，重要的是能符合本會治會原則。另一就是向政府追討賠償事。我們已於去年十二月首次去信律政署要求賠償，但仍未有具體結果。

九六年已過去了。煎熬了我一年多的事也過去了，然而在過往的日子我深深體會上帝的恩典，因祂的保守，我們完全沒有損失。而我也充分享受到弟兄姊妹的愛和支持。若不是你們的同心支持，或許我早已倒下了。

九七年元旦我獲得港督頒發榮譽獎章，我欣然接受，因為這不是我個人榮譽，也是我們教會全體會友的榮譽。

最後，我要感謝上帝，也要感謝每位弟兄姊妹，你們的愛建立了我。

一九九六年至九七年柴灣浸信會年報

III 開創用的人、危機時用的人

我們這些奉獻了的人，只要上帝用得著自己，蠟燭兩頭燒也願意。

周聯華牧師有一句話，朱耀明始終銘記心中。那時他在台灣學習，旁觀老師為教職、教會和社會事務早出晚歸，忙得不可開交，一天他忍不住問老師，何以把自己弄得那麼忙？

周聯華牧師笑笑回答：「我們這些奉獻了的人啊，只要上帝用得著自己，蠟燭兩頭燒也願意。」

老師後來把它寫成詩歌「蠟燭」，其中一段這樣說：假如蠟燭分兩段，兩段蠟燭四頭燒；如果世界能多些光，早些燒盡又何妨。

輕描淡寫背後，是深刻的奉獻精神。

後來朱耀明也當上那樣的牧者，只要能為黑暗中帶來更大的亮光，不介意加速燃點自己的生命。自爭取東區醫院後，這位隅居柴灣的牧者彷彿添了一種名聲：他是開創用的人、危機時用的人。面對上帝派來的差事，他努力回應，創立了一個個社會服務團體，也為不少機構的發展出謀獻策。服侍過的，有戒毒者、更生人士、露宿者，喪親的傷心人……

回頭看，那些事奉原來也側寫了時代。

若有人在基督裏，他就是新造的人，舊事已過，都變成新的了。

《聖經．哥林多後書》第五章十七節

一九七〇年代是香港反吸毒政策的關鍵十年，政府對吸毒的態度逐漸從「零容忍」轉向「緩害」，主導思維也從「司法懲治」導向「公共衛生」。吸毒者不再被視作罪犯，而是需要幫助的藥物倚賴者。一九七二年，醫務衞生處試營第一間美沙酮診所，以替代治療協助戒除毒癮，到一九七七年已有二十一間進駐市區。這些改變移除了不少求助障礙，為戒毒治療和康復服務帶來新需求。

基督教互愛中心就是在這個背景下誕生的。一九七三年，美籍傳教士宋和樂牧師（Harold Schock）帶領外號「金星」的前黑社會老大倪翰生等人創立互愛中心。翌年他到訪柴灣浸信會，與其時在區內落腳不久的朱耀明分享異象，希望藉基督之力，拯救更多被毒品操控的靈魂。「一日聽到門鈴聲，開門見是外國人，有點詫異。坐下對談，才知道宋牧師從事福音戒毒，到處尋找地方開設福音戒毒中心。」朱耀明說。

無論當年抑或今日，戒毒服務都不是熱門的慈善項目。畢竟，如果可以投資在看起來較「高尚」的項目如教育和護老等，誰願意跟「癮君子」扯上關係？但朱耀明不那樣想。年輕時他到徙置區佈道，對那些隱身城市暗角的齷齪身影留下深刻印象。「我另外有羊，不屬這圈裏的，我必須領牠們來。」《聖經·約翰福音》第十章十六節這句話，從那時起烙上他的心頭。

一九八一年，朱耀明答應宋牧師的邀請，加入互愛成為董事成員，主力推動機構發展。

那年大埔沙螺洞村被財團收購，互愛的戒毒所不得不從村內撤出，受訓中的弟兄無處落腳，經天主教會同意，臨時安置到西貢的浪茄天主教堂。可是那兒日久失修，附近只剩下破破爛爛的房子，不蔽風雨。幾經爭取，[1]西貢理民府[2]終於答應以一元象徵式年租撥出鄰近教堂的土地，讓互愛興建全新的戒毒中心。

1 禁毒專員利尚志（Ernest Irfon Lee）和西貢民政專員陳瑞璋欣賞互愛在當地的工作，曾經協助斡旋，出力最大；另外，鄉事委員會也支持互愛的爭取。

2 編按：理民府是英國接收香港新界租借地後，最早設立的新界管治中心，除了行政事務之外，還綜理土地、教育、社福等大小事務。

浪茄沙灘是出了名的好風光，細沙白皚皚的，海水是碧綠、銅綠、湖藍、清水藍的……集合了所有美好的藍和綠。互愛獲批的土地，柳暗花明，正正隱身在沙灘背後的山谷裏。大夥兒知道能在那樣的山明水秀中建屋，一片歡騰，上上下下動員起來——有建築背景的教友繪製藍圖，設計禮堂和四座建築物；弟兄們赤膊上陣，分擔粗活；朱耀明則負責監工。浪茄偏僻，從柴灣出發，要轉車幾回，再繞山路徒步一兩個小時才能到達，但朱耀明每週起碼長途跋涉一次，絲毫不以為苦。

因為那兒根本是個朝氣勃勃的夢工場。

每有貨船來，都是熱鬧時。貨船駛不進沙灘，停泊深水處，由小艇接力運送物資。烈日下，三、四十個弟兄早在沙灘上守候了，當中有住在臨時宿舍受訓的弟兄，也有從市區來幫忙的義工，人人各就各位，組成長長的人鏈。他們或踏著沁涼的海水，或踩上熱

1982年在浪茄沙灘
傳遞物資和蓋屋的弟兄。

辣辣的白沙，合力把一袋袋水泥傳送上岸。很多人身上都半濕了，分不清是汗水，還是拍上來的浪。朱耀明記得，第一間屋竣工時，弟兄興奮得大喊：「有屋企（家）啦！」大家想到很快便可以遷出上漏下濕的臨時住處，住進親手搭建的房子，歡快得像孩童。禮堂是整個計劃的最後一座建設，得到英軍支援運送物資。當登陸艇抵達沙灘那時，氣勢如虹，像極一場慶典。

弟兄們使盡洪荒之力，把荒地從零開始建成有板有眼的戒毒中心，也把自己曬成一身銅黑結實。

今日聊起那片地基、那些建設，朱耀明依然眼神閃亮：「我們放了那麼多水泥，就是地震也震不垮！」無論是弟兄或牧師，都感染到開荒者的自豪。

浪茄「男成人訓練中心」啟用後，互愛獲得房屋委員會撥出位於順天邨的單位，朱耀明再次參與其中，把它改建為總辦公室和中途宿舍。順天中途宿舍專為在浪茄完成訓練的弟兄而設，讓他們重新適應急促的社會。這些建設組成一個系統，助互愛發展出規範化的戒毒程序。

一九八九年，創立互愛的宋和樂牧師離開服務二十載的香

落成的宿舍。

港，退休返回美國的老家，臨行前在家邀請朱氏夫婦作客，游說朱耀明接棒兼任互愛團牧。那時朱耀明已經積極參與社會事務，肩上不輕鬆，但還是答允了，「我敬重宋牧師，既得他信任，便得盡力。」

那時香港的吸毒問題愈趨嚴峻，也愈見年輕，報載連十一歲的小童也染上毒癮，惹來各方關注。政府遂在一九九四年召開青少年吸毒高峰會議集思廣益，席間戒毒機構紛紛要求當局加碼投入資源反毒，而與朱耀明一起代表互愛的過來人李輝平，則詢問當局對於福音戒毒的看法？翌年，末代港督彭定康到訪浪茄中心，聽朱耀明細數福音戒毒發展的一步一腳印。這彷彿為互愛打開了一道門，後來產業署署長胡德品（Ian Wotherspoon）主動找朱耀明和李輝平，答應批出前工程師宿舍，它成為後來的大美督女性訓練中心。

一九九六年，政府委託香港中文大學研究福音戒毒的成效，兩年後提出資助方案，十多間福音戒毒機構中共四間接受資助，互愛卻婉拒了。「在互愛的董事會上，我請大家想清楚，福音戒毒該信靠教會支持，還是依賴政府資助？最後大家同意靠向基督，維持服務的獨立性，不用追隨政府的政策更迭。」朱耀明說。

1995年4月，港督彭定康(左二)參訪浪茄中心。

可是到了二〇〇二年，改弦易轍的特區政府還是決定把福音戒毒納入監管，與相關團體商討核發牌照的細節。大家在一點上爭持不下：有案底（刑事犯罪紀錄）能否擔當機構執照持有人？

回溯香港歷史，戒毒過來人一直是福音戒毒發展起來的關鍵；這對互愛尤甚，因為它本來就由牧師和過來人携手創立。過來人雖有難堪的個人歷史，但是那些過去有多糟糕，他們走出深淵的歷練便有多珍貴，若凝成心燈，能照亮同路人的出路。

朱耀明深深明白，如果有案底就不能擔任要職，無異於澆熄他們帶給同路人的希望。曾經就不同社會議題與政府交手的朱耀明，再次臨危受命，代表互愛坐上談判桌。他堅定地闡述基督教對「新造的人」的信念，強調犯人既刑滿出獄，便值得真正的更新機會。經過反反覆覆的討論，政府最終同意加入「更生期」概念，而非一刀切向所有犯過事的人關上大門。修訂後的註冊條款於二〇〇二年在立法會通過。

有意思的是，當年隨朱耀明一起游說政府的過來人李輝平，後來不單成為互愛總幹事，還在二〇一二年於禮賓府獲頒榮譽勳章，成為香港第一個可在名字後添上"M.H."（Medal of Honour）的戒毒過來人。

我實在告訴你們，這些事你們做在我弟兄中一個最小的身上，就是做在我身上了。

《聖經．馬太福音》第二十五章四十節

互愛創辦人之一倪翰生曾經向朱耀明分享一個小故事：某次他好不容易邀得街上認識的露宿者來聽道，對方鼓起勇氣走進禮堂，悄悄坐到最後一排座位，可是坐下不久，會眾便紛紛回頭張望，搜尋那股陌生的酸臭。聚會結束前，倪翰生如常以上帝博愛之名鼓勵大家互相擁抱，打破隔膜。很多人響應，整個禮堂都動起來——除卻禮堂後方。圍繞著露宿者身旁的空氣彷彿一下子變得濃稠，幾近靜止；人們愣在原地不知所措，尷尬地面面相覷。

這件小事，喚起了朱耀明的初心。

他想起一九六一年的夏令營獻心會。那天晚上，年輕的朱耀明聽到傳道人的呼召，腦海像被啟動了走馬花燈，不斷回播昔日與擦鞋夥伴露宿街頭的種種，終於他按捺不住內心洶湧，站出來決志，答應用餘生傳遞上主福音，關心人的靈魂，過簡樸的生活。時光荏苒，二十多年轉眼過去了，傻小子排除萬難當上牧師，始終心無旁騖地行公義，卻因為離開街頭討活的日子太久，把露宿者的感召擱下了。

一九八〇年代，香港經濟急速起飛，各行各業機會騰達，甚至興起「遍地黃金」的說法，彷彿只要有手有腳肯努力就會發達。然而，城市表面愈光彩奪人，陽光照不進的角落便愈黝黯森冷。相較於自己露宿的一九五〇年代，朱耀明看到更多被精神疾患折騰的面容，以及被荒謬樓價迫得野宿街頭的無家者。

而公權力的回應繼續落後於時代，當局勤於在天橋底和街頭暗角鋪設三角磚，連小片平坦也不讓；又曾經趁露宿者不在時充公家當，沖刷行人隧道內卑微的紙皮屋。這些跟朱耀明少時睡梯間被潑水的經歷何其相似，只是驅趕者不再是欠惻隱心的街坊。這回他們都穿上制服，但潛台詞始終如一：眼不見為淨。

一九八七年是聯合國的「國際露宿者年」，福音歌手鄧惠欣與過來人出身的牧師鄧保羅起意成立慈善組織來服侍無家者，找朱耀明幫忙。他爽快答應，帶頭籌組基督教關懷無家者協會，還得到立法局非官守委任議員王葛鳴幫助，叩開了公益金資助之門。

公益金面試那日，他與王葛鳴和吳水麗一起出席，被問及協會跟其他社服機構有何區別時，朱耀明信心滿滿地回答：「我們不單要改善露宿者的生活，還要以信仰改變生命，重建破碎的家庭和人生。」他相信生命除了生存，還應該承載更大的意義。協會成功加入公益金的資助名單，確保服務長遠立足。

他擔任第一屆董事會主席，安排協會最初的員工借用柴浸的社會服務中心辦公。一九八九年，全港第一部服務露宿者的流動服務車正式啟用，車上有影音器材放電影，有牙科病床做簡單診治，也有可以安全地傾談的接見室。社工、醫療義工和過來人在車上輪流當值，遊走各區，尋覓那些無家的身影。

這構思來自朱耀明的過來人經歷，「我們必須懷著謙卑的心來了解露宿者的需要，才能提供真正方便有用的幫忙。不能丟下名片便走，不能要求人家來找我們。若他們願意主動求助，就不會露宿街頭了。」

後來協會擴展服務，關顧籠屋和板間房[3]居民，又成立短期宿舍讓他們過渡人生難關，背後的信念依然是：「重建破損的形象，重修破碎的家庭，重燃破滅的盼望。」

朱耀明在協會創刊號通訊上寫道：「我嘗過露宿街頭的辛酸，也遭受別人歧視的痛楚……不錯，我是有福氣的。目前不用露宿，不再受到歧視。但這一切不是我個人能改變的。我個人生命之獲得改變，是由於我認識和接受了耶穌基督的緣故。」

我來了，是要叫羊（人）得生命，並且得的更豐盛。

《聖經・約翰福音》第十章十節

一九八七年，突破機構創辦人之一蔡元雲醫生和篤信基督的資深演員喬宏，相約朱耀明到佐敦吳松街的突破中心開會。他們需要一個人來建立全新的職業訓練中心，協助更生人士

掌握技能，重投社會。朱耀明是他們的游說對象。

朱耀明本想推卻，但還是硬著頭皮答應了。那是互愛埋下的種子。其時他服務戒毒者已多年，接觸愈深，愈能看真他們的處境：戒毒者大多喪失了原本的家庭和社會網絡，即使脫離毒癮，也容易因孤立而軟弱，常常顧盼深淵。朱耀明深信，一份穩定的工作有助他們立錐，尋回自己位置和價值，真真切切的翻越毒海。

互愛早年為戒毒者提供農耕訓練，後來在朱耀明的推動下，加入了較貼近現代社會需求的電腦和設計課程。可是戒毒中心畢竟難以兼顧職業培訓，而依賴捐獻的運作形式也限制了服務規模。朱耀明一直耿耿於懷：我們能否走出自負盈虧的另一條路？

為更生人士設立職業訓練機構，正好實現這個心願。

一九八六年，香港上映後來成為經典的黑道電影《英雄本色》，當中有這幕：黑幫老大豪哥決意退出江湖，到獄中朋友介紹的車房求職，詭稱自己之前在台灣做生意，卻遭老闆堅叔直斥：「坐牢便是坐牢，說甚麼做生意？」豪哥沮喪間，堅叔卻在一眾工人前朗朗說道：「坐過牢的人很難找事做，誰願意聘請囚犯？但你不用垂頭喪氣，這裏每個手足都坐過牢！有人收養孤兒，我喜歡收留囚犯，因為我也吃過『皇家飯』（坐過牢）！」

3 編按：籠屋是香港的特殊居住型式，居住者住在以鐵籠包圍的床位，故稱為籠屋。板間房是以木板隔出的小出租空間。

無獨有偶，影片奪得票房冠軍翌年，基督教豐盛職業訓練中心成立，第一個計劃就是開設車房。車房打開門做生意，同時招募青少年釋囚、戒毒康復者和邊緣青少年等，既在實戰中傳授修車技能，也支持他們報讀政府認可的汽車維修及技術員課程。畢業後，學員可以轉職到別的車房當師傅，或用聯營分店方式創業，以技能養活自己。

要開車房，必先有物業；要買物業，便得申請借貸。豐盛的始創團隊中，不少人長袖善舞，但是註冊公司和向銀行借貸的責任，卻還是落在「開創的人」身上。不諳生意經的牧師，想起擴堂期間結識的銀行分行經理，於是巴巴地拿著新公司的簡陋章程和計劃書去找，沒想到水到渠成，銀行爽快答應。

「順利得令人詫異，真是一個可以發夢的年代。」朱耀明說。從此豐盛擁有自己的物業，毋須受制於不斷上漲的市場租金，免去最重要的營運風險。車房營運十年後，豐盛以同一模式成立髮廊，在職培訓有志成為髮型師的邊緣年輕人。

這種自負盈虧的服務形式在二〇〇〇年代中期添了一個新鮮的名字：「社會企業」，意謂用企業手段和商業創新來解決社會問題，達致財務自主。政府大力推動，既成立扶貧委員會，又開展「夥伴倡自強」計劃，令社會企業一時如雨後春筍。二〇〇八年，商界和社服界籌備第一屆香港社企民間高峰會，擬把豐盛列作成功個案來展示官方推動的成果，朱耀明反對。

他快意地說：「別人可以來請教經驗，但不要視我們為追隨者，因為未有『社會企業』

四個字時，我們已經在實踐了。」

那以後，他把自負盈虧的經營模式帶回柴浸社區健康中心實踐，提供收費服務之餘，也希望讓使用者知道：到這裏來，除了會獲得優良的醫療照顧，還能幫助教會取得資源，繼續服務其他弱勢社群。

後來，朱耀明一一離開了那些自己參與創立的、在危難中加入同行的機構。

有些由他主動退出。一九九七年主權回歸在即，朱耀明暫別香港到美國做學術研究。他辭退了豐盛職業訓練中心和無家者協會兩個主席崗位，只留下董事職務，以看守未完的責任（如豐盛的車房物業貸款）和機構大方向。

有些是被勸退的。二〇一四年和平佔中之後，朱耀明陸續卸下主席、董事、顧問的角色。眾多機構中，他對基督教互愛中心感情最深。雖然它並非由朱耀明創立，卻有宋和樂牧師託付的重量——那是宋牧師投入大半輩子哺育的組織，是他心頭的一塊肉。何況，朱耀明曾與弟兄們一起在浪茄揮汗興建，也代表機構為更生人士權益在談判桌上與港府爭持。

結局令人神傷，但朱耀明既唏噓也理解：「他們能撐到那時，已經不容易。」

二〇二〇年六月三十日，中共人大常委會通過香港《國安法》。翌年，財經事務及庫務局局長許正宇在網誌宣布，稅務局已修訂稅務指引，任何支持、推廣或從事不利於國家安全活動的團體，將不再被認定為慈善團體，其豁免繳稅資格也會被撤銷，即時生效。至於「不利於國家安全」的具體是甚麼，那條紅線一直在飄移。

香港進入一個陌生的新時代。

IV

三場安息禮拜，三個榮耀回歸

眼前的老人，曾以最珍貴的信任，改寫他的一生……
那條年輕生命的殞落觸動了他……
能為恩人盡心，心裏只有感恩……

往喪家去，強如往宴樂的家，
因為死是眾人的結局，活人必將這事放在心上。

《聖經．傳道書》第七章二節

牧師對死亡不會陌生，因為主持安息禮本來就是神職工作的一部分；而朱耀明主持過的安息禮拜又特別多，不少更由陌生人冒昧委託。他曾經向求助者好奇探問：「你是怎樣找到我的？」對方直言：「查電話簿。」事實是，不管逝者的身分地位、是否教會會友、無親無故抑或大奸大惡，只要能抽出時間，朱耀明來者不拒，懇懇地與苦難同行，背後的信念是：每個人離開世界時，都值得一場有尊嚴的告別。

某次柴灣道發生嚴重交通意外，貧困的四口之家死去了媽媽。安息禮當天，靈堂上除了鰥夫和兩個孩子，就是朱耀明和教會同事，怪冷清的。殯儀館員工趨前問：「你是死者親屬嗎？」「不。」「朋友？」「也不。」「那麼，你們是甚麼關係……？」

朱耀明答：「人的關係。有人需要，我便來。」

他如此在意人生的最後一程，源於兩個不能磨滅的印象。一九六〇、七〇年代，病人在醫院死去後，有些欠操守的病房人員會立即通報相熟的殯儀業者，讓他們在病榻前奪去文件代辦死亡證等後事，把六神無主的遺屬當作待宰羔羊。待至一九八〇、九〇年代，愛滋病被宣傳為「世紀絕症」，不少殯儀業者拒絕辦理這些死者的後事，猶如在遺屬的大痛上再狠狠踹一腳。

朱耀明常常想，如果人們有不一樣的選擇……

二〇一〇年，朱耀明退休在即，曾任《突破》青少年宗教雜誌總編輯的吳思源邀他一起策劃完美句號基金會，為有需要的人提供「一條龍」（整合）的殯葬服務。

朱耀明非常支持：「就像基金會的英文名字 Glory Return，死亡本身就是一次榮耀的回歸，回歸到生命的根源、聖經的『原處』。」

他對完美句號這樣期許：其一，殯葬手續繁複，對傷心人是重擔，同工既要幫助辦理後事，也要抓住時機輔導和陪伴；其二，要把殯葬費用減到最低，讓領綜援[1]的人用綜援金來付，沒領綜援又沒能力的，就由基金會的慈善捐款代支；其三，家屬可在基本服務外添加實報實銷的項目，但即使簡單儀式也要有尊嚴，不能草率；其四，不把任何人拒諸門外，無論對方是流產胎兒的父母、無以為葬的窮人、還是愛滋病死者。

只是朱耀明沒想到，完美句號辦的第一場安息禮拜，竟是送別亦師亦友的司徒華。

二〇一一年一月二日，香港民主派元老司徒華死於肺癌，享年七十九歲。他在臨終前一個月留下遺書，交待由朱耀明擔任治喪委員會主席，並指定在兩間心儀教堂之一舉辦安息禮，不願意遺體進入殯儀館。

司徒華叮嚀：「在那受浸，就從那歸回安息。」氣息是虛弱的，意志卻是堅定的。

朱耀明耳在聽，心在記，淚在流。

為達成前輩心願，朱耀明得克服兩個困難，兩個都有違當時的殯葬慣例：人還在生，如何預先商借教堂？教堂沒冷藏設備，如何能跳過殯儀館冷藏遺體這個環節？

1 編按：綜援全稱為「綜合社會保障援助計劃」，是香港社會福利中的一項補助，為經濟上無法自給自足的市民的社會福利安全網，由香港社會福利署統籌。

幸而新成立的團隊有更大自由度迎上挑戰。朱耀明與醫院磋商：化妝師在出殯當日進醫院停屍間為遺體準備儀容，完成後靈柩會立即送上靈車載往教堂，而安息禮程序也要把遺體停留的條件和時間考慮在內。

至於哪一間教堂？朱耀明先接觸能坐千餘人的一間，以應付司徒華廣闊的人脈。可是求借後兩個星期依然杳無音訊，他遂撤回申請，免得事情發酵為政治風波。有趣的是，有人視政治為渾水，有人卻樂於蹚進來。期間有殯儀館主動提出協助，以一場「大龍鳳」來彰顯司徒華的政經地位，歌功頌德，朱耀明一口回絕：「先生一生廉潔，水清無魚，那不是他的心願。」

最後幸得行將退休的西九龍教區主教蘇以葆幫忙，借出司徒華心儀的另一間——位於尖沙咀彌敦道上的聖安德烈堂。[2]

二〇一一年第一個星期日，柴浸如常舉行崇拜。朱耀明一向習慣放下手機才進禮堂，但那天心有所感，破例把它交託給一位同事。崇拜中途，電話果然來了，他與太太立即趕到醫院，在病榻前為老人唱最後的詩歌、誦最後的經文——

那美好的仗我已經打過了，當跑的路我已經跑盡了，該信的道我已經守住了。從此以後，有公義的冠冕為我存留，就是按著公義審判的主到了那日要賜給我的；不但賜給我，也賜給凡愛慕他顯現的人。

《聖經．提摩太後書》第四章七至八節

他牽著老人枯槁的手，腦海飄出一幕幕往事：一九八九年夏，北京響起槍聲後，大夥兒義憤填膺，司徒華悄悄拉他到一旁交託不能說的任務；一九九七年冬，他抵不住思鄉從美國返回香港，到尖沙咀海畔與司徒華重聚，千言萬語不知從何說起，只能深深擁抱；每逢六月四日傷懷日，他與司徒華一同站上維多利亞公園的司令台疾呼公義，但年復一年，公義遲遲未到；病榻上的最後一個聖誕，朱耀明為他施主餐；一日司徒華說完「主賜我以力量」，便轉向戰友們說：「我愛你們，你們要彼此相愛呀。」幾個男人始料不及，全部低下頭來，眼眶都熱了……

「人人以為華叔（司徒華）冷漠，其實他是個充滿溫情的長者，有堅實的人道精神信念。我最佩服他學術修養高，政治觸覺強，很多決定都是好決定。他的信心很強，第一次上北京爭取民主，初時無人接待，人人都以為食白果（沒成果），但他只管領我們到天安門廣場拉起『訪京民主對話團』的橫幅。果然，抵達飯店時已有新華社人員相迎，安排會面訪問行程。

2 安息禮在聖安德烈堂舉行，追思會則安排在司徒華當年接受浸禮的尖沙咀浸信會。他是尖沙咀浸信會的教友。

華叔的膽色和對中共思維判斷之精準，無人能及。我從他的信仰、為人，以及運動策略，都學到很多，像是不可能一下子贏晒（大獲全勝），不能只顧著自己頂上的光環，必須在某個階段先取下一部分，再繼續談判。這才是社會運動的生路。」

眼前親愛的老人，曾經以最珍貴的信任，改寫了自己的一生。

尖沙咀海畔重遇的抱擁；那天支聯會在鐘樓下舉辦「聖誕民主頌愛心遍中華」活動。

安息禮拜於一月二十九日舉行。哥德式建築的禮堂，從紅磚牆滲出跨越一整個世紀的濃濃歷史感，這回將送別一個即將載入香港歷史的靈魂。靈堂布置莊嚴簡約，只有百合花和寫上司徒華六字心聲的橫幡：主賜我以力量。

「他說掛這句就好，還生怕我用錯字，一再確認。」朱耀明說：「作為牧師，也作為民主路上的戰友，看到老人家一直守持信仰，我深感鼓舞。」

聖安德烈堂習慣在儀式開始前敲響鐘聲，有人問他該敲幾下？朱耀明想一想，回答六長四短。消息很快便在記者間傳開了，之後他才知道，聖公會的慣例是以鐘聲代表享年。[3]但他對蘇主教說，此時不能收回決定啊，否則變成意外的政治審查。果然，香港主流媒體的頭條新聞都以「敲響六四鐘聲」起題。

朱耀明回憶時，笑得有點頑皮：「我覺得他（司徒華）也感到欣慰。沒想到錯有錯著，竟能如此代前輩昭示遺志。」

但六長四短的鐘聲，帶來一個小小的連鎖反應：正商討出席安排的港府官員，突然決定全體缺席，報章詮釋那是要跟「平反六四」的訊息劃清界線，免得惹怒中央。事情的轉機，是行政長官辦公室提出由特首曾蔭權帶同警力來上午的公祭，但朱耀明斷然拒絕，「我表明教堂不能有武裝，但會確保特首有尊嚴地出席」。最後警員沒進來，只有特首在公祭環節向司徒華的遺像鞠躬。朱耀明說：「他簽完名，默坐片刻再離開，總算有情有義。」

3 聖安德烈堂屬於聖公會轄下，跟朱耀明所屬的浸信會不同，浸信會的安息禮拜沒有敲鐘習慣。

行政長官曾蔭權（中）抵達公祭現場，由朱耀明接待。

司徒華先生一生熱愛中華、熱愛香港，致力推動民主發展。他為人剛直不阿，一直堅持理想，從不言休。崢崢風骨，深受各界尊敬。

〈行政長官哀悼司徒華逝世〉，二〇一一年一月二日新聞公報

到了下午的安息禮拜，小小禮堂坐滿三百人，除司徒華的親屬，還有多年並肩的戰友們和教育界人士，以及來自不同政治陣營的政經名人等。但有人想來卻來不了。六四學運領袖吾爾開希公開表明：「華叔對我有救命之恩，不能見最後一面，至少要送最後一程。」可是他和另一位前學運領袖王丹最終未獲港府批准入境，只能找人代送花圈，遙遙悼念。[4]

我感到驕傲，不但因為我是一個中國人，而且是一個勇敢的中國人，是一個不做奴隸的中國人。

我感到驕傲，是因為我堅定不移，在滄海橫流中無所恐懼，而支聯會和民主黨的弟兄姊妹，繼續站在鬥爭的前線，高舉民主、自由、人權、法治的旗幟。

我感到驕傲，是因為我有一個中國夢，一個結束一黨專政及建設民主的中國夢。

我感到驕傲，是因為我堅信最後勝利必屬於我們，任何困難都阻嚇不到我們。阻擋不了我們以歷史的洪流前進。一個民主的香港，一個民主的中國必定實現。

我感到驕傲，是因為我仍然保持著在少年時已植根的信念，一個人的活著，是使到別人因你的活著而得到幸福和快樂。

司徒華，〈我才感到驕傲〉，一九九七年七月十二日

朱耀明在講台上朗讀完司徒華的這段話後，續說：「我們的先生說，他感到一生裏面的驕傲是不畏強權……『所信的道我已經守住了』，先生一生信守承諾，凡事規矩，我們跟隨他和作他夥伴的人，都能了解他的心……我是非常幸福的牧師，能陪伴前輩走最後一段路。」

火化後的骨灰，按司徒華生前的意願，一半撒海上，希望飄返大陸，看顧因政治立場多年無法踏足的故鄉；另一半撒在香港，融入他下半生努力守護的土壤。碑文有六個字：「建設民主中國」，既是他的遺願，也是支聯會五大綱領的終極一項。

老人終於走完七十九年的人生，跨越滄海橫流，榮耀回歸天家。

……………………

4 民主黨和支聯會曾到政府總部請願，爭取海外民運人士來港悼念。其時身在台灣的王丹表示願意承諾「三不」，即入境後不見記者、不辦公開活動、不召開新聞發布會，甚至願意即日往返，以「表達對華叔的微薄心意」。申請被正式拒絕後，他和吾爾開希聯袂召開記者會，批評港府對司徒華不敬，更直指香港的「一國兩制」已死。

那以後，完美句號服侍了數百個喪親家庭。他們送別過流產胎兒，也把百歲老人送上天家；有些離別被淚水淹沒，有些無親無故無淚，但所有告別都是有尊嚴的；有告別式掛滿彩色氣球，媽媽期待與孩子日後天上重逢；有兒子和媳婦在母親的靈柩前合跳一支社交舞，彌補來不及答應她到長者中心表演的遺憾；有人因摯愛猝死而惱怒神明，他們陪伴著，直至她與神和好，以神的話語支援同路人……

在送別路上溫柔沉穩地同行，一如朱耀明的期許。

大時代惡浪滔天，面對離別，特別需要溫柔和沉穩。

二〇一九年是香港命運逆轉的一年。二月十二日，政府保安局向立法會提出《逃犯條例》修訂草案，容許當局將疑犯引渡到中國內地受審，被質疑損害香港司法獨立。反對聲音得不到積極回應，不斷累積，終於在四個月後發酵成為二百萬人參與的大遊行。[5]

借馬嶽教授在《反抗的共同體》的論述：「二〇一九年的《逃犯條例》是最後一根稻草，把潛藏的政治不滿引爆，帶來不甘心的香港人的一場絕地反抗。多月的激烈抗爭引發了政權回應，一年下來，打破了這個自由專制體制的基本賽局。」

政權的回應包括警棍、胡椒噴霧、催淚彈和橡膠子彈，以及疑似由黑社會和警方協作的無差別毆打；[6]而民間抗爭則升級為掘磚、堵路，以及投擲燃燒彈等。曾被喻為「經濟動物」的香港人，很多都為自由民主這些沒掛上標價的非物質價值動員起來，衝突場面如水漫開，堵路和發放催淚彈變成各區街景。

十一月四日，將軍澳尚德邨也成為攻防現場，但這次結局不一樣。凌晨，科技大學學生周梓樂被發現倒臥在屋邨的停車場平台重傷昏迷，延至十一月八日離世。他是為了逃避警方追捕而失足墮樓嗎？還是被人加害？可曾有人阻礙救護車到場……？真相在迷霧裏，但悲憤已經撼動整個社會。[7]

此前的四月，朱耀明才因「和平佔中」的公民抗命被判緩刑，得避免現身抗爭現場，沒參與二〇一九年的風風火火。可是在周梓樂去世當日，他還是義無反顧地答應學生會和學生基督徒團契的邀請，進入大學校園主持追悼會。

讓逝者有尊嚴地告別，一直是朱耀明自許的職責，更何況那條年輕生命的殞落也觸動了他。

科大的老師們哀痛又擔心：社會氣氛如此，悼念會出岔子嗎？在集體躁動中期望平安的

5 六月十六日是「譴責鎮壓，撤回惡法」大遊行，主辦的香港民間人權陣線公布有兩百萬零一人參與，多出一人，是為悼念前一日墜樓身亡的示威者梁凌杰。警方則宣稱遊行人數僅三十三．八萬人。

6 二〇一九年七月二十一日晚上八時半，大批手持棍子的白衣人結集元朗，在街上和西鐵站內無差別追打市民。當時任職網路媒體《立場新聞》的記者何桂藍被毆期間堅持直播，傳出的畫面引發集體恐慌和憤怒，大批市民致電九九九緊急求助熱線，也有人親身到警署報案，但都不得要領。警方最後在白衣人差不多都散去後方才抵達。

7 二〇二一年，死因裁判法庭的陪審團裁定周梓樂「死因存疑」，裁判官指距離真相仍差一點。

告別，是否太天真？「我回答老師：有我在便不會出岔子，因為學生當知道這是追悼會。我雖不認識他們，但很有信心，因為莊嚴的宗教儀式本來就是要引領人們得到內在平安。」朱耀明說。

傍晚，朱耀明一身黑衣，與太太走進科大校園。眼前黑壓壓都是年輕人，有五、六百個之多，當中沒半張熟悉的面孔。這是他主持過的追悼會中，最簡陋卻又最多人參與的一次。沒有管風琴或鋼琴，只有了拖著長長電線的電子琴。台中央直立的告示版上，便利貼拼砌出黃色十字架。背景大木板噴上了「周梓樂同學never forget, never forgive」幾個紅漆大字，台邊的「黑警殺人」寫得龍飛鳳舞，還有人用A4紙歪歪斜斜地排列出這句話：「沒有畢業禮只有葬禮」。

當天早上是科技大學的畢業禮，但有一位同學永遠無法在母校穿上畢業袍。

同學獻唱聖詩後，朱耀明上台說：「我們將永遠

朱牧師在周梓樂追悼會現場，照片取自《立場新聞》。

懷念親愛的同學，他以生命見證了他持守的公義，見證了可愛的自由，發出了無限的光輝。求慈愛的天父也賜給我們這份勇氣和堅定，讓我們來繼承他執著的信念。因為祢是我們的主，我們仰望祢……」

簡短的儀式過後，人們走到大學廣場安靜地排隊，輪流到大學地標「時間之輪」獻上白菊。朱耀明跟一些學生擁抱安慰，心中隱隱作痛：這一代善良優秀的香港學生，將會被政權逼迫到甚麼地步？世界顛倒了，但在科大校園裏，那至少是聖詩的一夜、白菊的一夜，燭光的一夜。

到了月底，突然傳出消息，指殯葬業者雖已接收周梓樂的遺體，但見事態敏感，拒絕續辦後事，據說還對家屬表明：「我哋全行都唔做你生意」（我們整個行業都不會接你的生意）。眾譁然，有人乾脆在網上公開呼籲「專業清算」作為懲罰，號召網民搜集該業者的違規證據，譬如可曾違反土地契約和發牌要求等，逐一向相關部門申訴。

行動如箭在弦，此時朱耀明收到一則電話訊息，來自素未謀面的抗爭者：「牧師，我們去馬（行動）？」對方輾轉知道朱耀明在跟進周梓樂的後事，但朱耀明不認識他，只聽過名字。

「我趕緊喝住他：千祈唔好郁（勿輕舉妄動）！我們正在處理。」朱耀明說。

確實，自殯儀業者反悔拒絕委託後，已有傳道人代家屬找上朱耀明求助。朱耀明說不怕，可以交由完美句號承辦，但他自忖身分敏感，只在背後幫忙向將軍澳聖公會施洗聖約翰堂商借場地；至於聯繫家屬的工作，則交由一同創立完美句號的夥伴吳思源負責。差不多一切就緒，殯儀業者竟又回頭，游說周梓樂家人讓他們重新接手。

「想來他們終於知道這宗新聞有多負面，態度一百八十度轉變，幾乎甚麼都肯應允。」朱耀明莞爾笑了，續說：「周梓樂的父母仁慈，為免對方陷入危機，最終答應在殯儀館辦追思會，我們則負責翌日在教堂的安息禮拜和出殯安排。」之後兩年，周家再委託完美句號辦理兩位家族長輩的後事，送回天家跟年輕人團聚。

一場差點出征的清算行動，一次對死者家屬的二度傷害，終於平靜落幕。

「沒想到完美句號還可以這樣幫人，感受很深。」朱耀明說。

二〇一九年發生的事，在每個香港人心上割開一道深深的傷口；二〇二〇年，傷口尚在淌血，人們卻必須挺起迎接另一重擊。新冠肺炎病毒突然淹至，奪去全球很多性命，由於尚未研發出有效的醫藥和疫苗，各地政府慌亂地頭痛醫頭、腳痛醫腳，恐懼瀰漫。

香港政府面對抗爭和疫症，快速收緊社會控制。一月，疫情被訂為「緊急事件」，學校停課；二月，香港記錄了第一宗相關死亡個案；三月，確診病例增至一百宗，非香港居民被禁入境，抵港居民則接受強制檢測和隔離，之後更實施「限聚令」，禁止四人以上聚會；四月，卡拉OK、美容院和酒吧等場所必須暫停營業……

風聲鶴唳中，資深大律師麥高義（Gerard John Xavier McCoy）在四月二十八日因心臟病離世，享年六十三歲。

原籍紐西蘭的麥高義來港三十二年，早年在律政署工作，後來私人執業，成名作包括在一九九〇年為百餘名越南船民申請人身保護令，以及在二〇〇七年代表「無味神探」陳思祺[8]向警務處索償。他在庭上以機智冷靜見稱，偶爾用半鹹淡的廣東話「爆肚」[9]陳詞，叫人忍俊不禁。麥高義在一九九七年獲委任為資深大律師，二〇〇五年因改革香港案例匯編制度的貢獻，獲頒銀紫荊星章。

朱耀明、陳健民和戴耀廷三人在中環夏慤道的律師事務所初見麥高義。三子因「佔領中環」公民抗命面臨起訴，希望邀得通曉刑事法和公共法的麥高義擔任辯護律師。

陳健民曾在《明報》撰文憶述麥高義那次的快人快語：「不要怪我沒禮貌，我認為你們佔中三子沒能力號召那麼多人佔領。九月二十八日，我正在這個辦公室工作，從落地玻璃窗

---

8 編按：陳思祺（一九六四－二〇一五），已故香港警務處前督察，一九九二年追捕疑犯時爆發警匪槍戰，被子彈射入眉心傷及腦部，喪失味覺與嗅覺，康復後於重案組破獲多起重大案件，遂有「無味神探」之稱。後來健康惡化，二〇〇三年開始控告警務處疏失造成其創傷。

9 編按：「爆肚」粵語中指稱演員在舞台上的即興演出。

外望，目睹警察發射催淚彈後，數以萬計的市民湧到夏愨道抗議。」[10]

在座的朱耀明聽著，知道找對人了。因為這切身體會，麥高義認定針對三子的起訴並不公義，甚至提出免費擔任辯護律師，只為幾名大律師助手收取費用。

朱耀明記憶中的麥高義仁慈、幽默，有俠義精神，最深刻是用人精明，「他很會盤算，知道我無法勝任第一盤問對象，也看穿戴耀廷一開口便會掉進法律的專門知識，鑽不出來與人溝通，於是選上陳健民。而陳健民在庭上花了四天，便把整個故事的來龍去脈說得清清楚楚。」

麥高義始終樂觀而務實，一直為三子尋求樂觀的理由——雖然無法如願把案子提上高等法院接受陪審團洗禮，但留在地區法院也有意外好處，因為判詞較有可能出現漏洞；即使被判刑，在獄中以言論自由之名進行的上訴，會變得更鏗鏘……

無奈是，形勢一直逆風。

後來三子得悉麥高義患上血癌，並在病榻為佔中案準備上訴，甚是心痛。陳健民回憶：「我在獄中寫信給他，感謝他多年來不眠不休以法律捍衛公義，抱歉我們的案件有份把他身子弄壞。我勸他專心休養，我們會另找律師上訴，他卻堅持有始有終，在治療期間仍打算出庭為我們申辯，最終卻被疫情所阻……如此正直慷慨的人蒙難，誰不戚戚然？」

然而，上帝對義人另有安排。

麥高義的後事，由家屬透過完美句號同工找朱耀明幫忙辦理。「我們蒙其家屬信任，能為恩人盡心，心裏只有感恩。」朱耀明說。

那是在疫症陰影下的告別。葬禮雖然豁免「限聚令」，但家屬決定閉門進行，出席的只有遺孀和子女等數人，以及朱耀明夫婦和兩位「完美句號」的人員。靈車在瑪麗醫院迎接遺體，之後直出柴灣歌連臣角火葬場。換作平常，那是繁忙的火葬場，殯葬隊伍常常走一隊來一隊，但是在麥高義出殯那天，整個過程都沒遇上別人。

大家靜靜地唱詩和祈禱，默默地在口罩上掉淚，竟有一種奇妙的感動，謐靜而溫馨。

神的應許，不論有多少，在基督都是「是」的。
所以，我們藉著他說「阿們」，使神因我們得榮耀。

《聖經．哥林多後書》第一章二十節

10 陳健民，〈悼：麥高義至死方休〉，《明報》，二〇二〇年五月三日。

附錄一　朱耀明：悼司徒華——期待相聚之日

二〇一〇年一月二十一日，那天是我的生日，也是我首次踏足舞台參演辛亥革命歷史話劇《斜路黃花》。不論在排練時、或演出中，無不被那些獻身革命的先賢們的行為所感動。他們犧牲自己生命，為的是推翻腐敗的滿清獨裁政權，使中國走向共和，建立一個民主富強的中國。演出前，先生欣然允諾出席；可惜，後來先生病了，未能觀看當日的演出。

病榻中，先生念念不忘二〇一一年是辛亥革命的一百周年。可是，我們現在仍面對一個更腐敗、更獨裁、更殘暴的政權。故此，先生勉勵我們，要繼承先賢的遺志，繼續為建設民主的中國而奮鬥。

先生喜歡誦讀《聖經》的主禱文（《聖經．馬太福音》第六章九至十三節），先生尤其喜歡唸誦其中二節：「願你的國降臨；願你的旨意行在地上，如同行在天上」。先生常說，很少為自己祈禱，反而多為那些病患者和弱勢的人禱告。自己就竭盡全力「行公義、好憐憫」。因為先生祈願的是上帝的公義、仁愛、和平能在地上彰顯和實現。先生一生的工作，就是為上帝的國度降臨而奮鬥。

「你們是世上的光」——這是耶穌給門徒最好的稱譽。光明磊落，裏外如一，先生的正直和仁愛在日常生活中顯露。不僅如此，先生奉獻一生，燃燒自己，驅走黑暗，照亮道路，溫暖人心。上帝引領先生的生命如《聖經》舊約詩人所說：「他要使你的公義如光發出，使你的公平明如正午。」（《聖經．詩篇》三十七篇六節）我們都看見了先生生命之光。

「愛是恆久忍耐，又有恩慈」。去年，在《我的香港夢》音樂會，司儀問先生：請以一個字來形容先生心中的「中國」，先生用了一個「愛」字，會場二千多人無不深受感動。先生生於國難時期，親歷中國被外國侵凌之苦，眼見人民過顛沛流離的生活。愛——生出希望，激發生命。先生一生愛國、愛人，在彌留之際不忘囑咐我們——要對支聯會的義工、教協的同工、民主路上的戰友說：「我愛他們」，又說：「你們要彼此相愛」。那時站在床邊的我不能自已，眼淚奪眶而出。

死，是一種割裂，因為死是切斷了現世的親情，與世界種種分離，故此，特別令人傷痛。使徒保羅在面對各種困難，甚或死亡時，他高喊說：「誰能使我們與基督的愛隔絕呢？難道是患難嗎？是困苦嗎？是迫害嗎？是飢餓嗎？是赤身露體嗎？是危險嗎？是刀劍嗎？如經上所記：我們為你的緣故終日被殺；人看我們如將宰的羊。然而，靠著愛我們的主，在這一切的事上，我們已經得勝有餘了。因為我深信，無論是死，是活，是天使，是掌權的，是有權能的，是現在的事，是將來的事，是高處的，是深處的，是別的受造之物，都不能使我們與神的愛隔絕；這愛是在我們的主基督耶穌裏的。」（《聖經・羅馬書》第八章三十五至三十九節）

愛——既然戰勝了各種困難和超越死亡，也絕不能將愛隔絕。先生的愛和我們的愛仍會長久地凝聚一起，還要一代傳一代傳承下去。因為「愛是永不止息」的。

去年十一月初，先生身體的癌細胞已不受控制地擴散。一天，先生嚴肅囑咐我要為先生安排身後事，並主理安息禮拜等事宜。耳在聽，心在記，淚在流。「在那受浸，就從那歸回安息」先生叮嚀。是的，先生一生辛勞，生命已為正義、和平燒盡，是「回家」的時候了。

然而，先生的「回家」並不是出於無奈。先生也曾要我讀出耶穌在客西馬尼祈禱的經文：「我父啊，

繼承先生的志願，堅守先生的囑咐。

如果可能，求你使這杯離開我。然而，不是照我所願的，而是照你所願的。」（《聖經・馬太福音》第二十六章三十九節）先生一生願主旨得成，最後無悔無愧、安然地在主懷安息。那日，我們還唸：「一粒麥子不落在地裏死了，仍舊是一粒；若是死了，就結出許多子粒來。」（《聖經・約翰福音》第十二章二十四節）先生一生為國、為民貢獻了一切，結果纍纍，我們都是見證人。有言「人可以在世上存在得更久些，但並未曾活在世上。」先生雖然與我們暫別，卻仍「活」在世上。

最後的時刻，我與先生同聲唸誦使徒保羅凱旋之歌：「那美好的仗我已經打過了，當跑的路我已經跑盡了，所信的道我已經守住了。從此以後，有公義的冠冕為我存留，就是按著公義審判的主到了那日要賜給我的；不但賜給我，也賜給凡愛慕他顯現的人。」（《聖經・提摩太後書》第四章七至八節）先生一生堅執信念，以愛行動，我們必會繼承先生的志願，堅守先生的囑咐。

期待相聚之日！

二〇一一年一月

Ｖ　上帝給的答覆

那是對三十多年來的事奉，最完美的回答。

話劇《斜路黃花》的編劇白耀燦，在《演出場刊》中回溯創作歷程：拿港島中上環的斜路作舞台，以晚清的「大明順天國」革命為切入點，把求變的革命者與求仁的儒商編綴其中，斜路相逢，「激進與溫和，改良或革命，究竟誰領風騷？」他邊寫邊調查，在史料中愈鑽愈深，赫然驚覺自己竟然遺漏了一條重要線索——當代基督徒在革命中的身影。

他寫道：「關景良的父親是關元昌，有份參與成立香港第一間華人自理教會道濟會堂，祖父關允善更應是中國第一位牧師梁發施浸的中國首批十位基督信徒之一。焦點找到了，再發掘下去，原來除孫中山外，楊衢雲、謝贊泰、陳少白、陸皓東、鄭士良、區鳳墀、史堅如、黃詠商、徐善亨、溫宗堯、李紀堂、鄧蔭南、宋居仁、宋耀如等等革命者，以至王韜、何啟、容閎、王煜初等進步知識分子，全數都是基督徒，甚或是長老、傳道人，以至牧師！我不禁為自己忝為歷史教師數十年而忽略了如此重要的歷史結緣而汗顏！」

這也是朱耀明一直放在心上的研究課題：基督徒與公民社會的密切關係。回溯歷史，宗教與政權之間一直維持著微妙的關係，有時激出連綿戰火，有時彼此認受。然而，在近代全球民主浪潮下、一些逆轉軌跡的歷史時刻，常常有神職人員的身影。他們心無所懼，堅定地站在弱勢一方，甚至投入洶湧的民主洪流，把教會推往最激烈的政治化模式。在二十世紀初的中國，基督徒便曾積極投入推翻帝制，宗教的人道精神和革命歌頌的犧牲互為引證，一如當代日知會領袖劉靜庵所言：「我們要想做真革命黨，就要做真基督徒。因為革命黨就是要本著基督的博愛主義，為大多數人謀最大幸福。」[1]

「不論是百年前的革命抑或現今，基督徒對社會的發展一樣貢獻良多，既是穩定社會的力量，也在不穩定的時刻作鹽作光，發揮影響力。」朱耀明說：「香港教會甚少說那段歷史，這令我有點憂心，因為那是光榮的歷史。」

二〇〇八年，朱耀明突然大病，一度住進加護病房。那以後，關心他的人紛紛勸說退休，他也決定兩年後從柴浸的職務退下來，只保留義務工作，多留時間與家人相聚，特別是陪伴孫兒成長。然後，在二〇〇九年發生了一件奇妙的事。致群劇社的白耀燦來電，邀請朱耀明參與演出。「我呆了，說不知道自己還能不能。一來年紀大擔心記不下台詞，二來手術後身體還在康復。但白老師說，事情很有意思，請讓我們來見你。」

白耀燦和致群劇社主席余世騰帶著《斜路黃花》的劇本來到柴浸，邀請朱耀明客串演出當中的牧師一角。角色以王煜初牧師為原型，是中國近代史上的改革派，曾經上萬言書力陳中國積弊，也啟發了不少影響中國政局的重量級人物——創立中華民國的孫中山，以及孫在西醫書院的恩師何啟教授等，當年都愛聽他講道。革命家楊衢雲一九〇一年在香港遭清政府暗算，遇刺身亡，主持安息禮拜的正是王煜初牧師。

前奏，鼠疫猖獗。舞台上，仵工用草蓆捲走屍體，牧師在道濟堂向會眾讀經：「凡事都有定期，天下萬務都有定時。生有時，死有時，栽種有時，拔出所栽種的也有時……」

第二場決志。牧師在黃泥涌香港基督教墳場六三四八號的無名碑前，為一對革命兒女決志，「一切都要看上帝的旨意，上帝會有祂的時間表……」無名碑下葬著殉難的楊衢雲。

第十場斜路。革命黨不小心打翻偷運炸藥的水果箱，眼看要被揭穿了，牧師趕緊幫

1 曾慶豹選編，《基督徒與革命：劉靜庵獄中書簡及其他》，新北：台灣基督教文藝出版社，二〇二〇年。

忙掩飾。「我撒了謊……（不過）上帝會明白的。」

第十五場見證。舞台一邊是安息禮拜，牧師祈求上主撫慰在革命中遇害的英靈；另一邊是刑場，當日在碑前決志的男女留下最後的信——

「死，不過是一瞬間，不足以論成敗；生，不只是生存，還是生活，更是生命氣息的流傳，這才是漫長的考驗和堅持……這條路將會歸向何處，只有神才會知道，不過，這條路，我和小紅都有份開拓，我們已經好滿足了。期望將來在天家……」

最後是兩記槍聲。[2]

牧師角色出場不多，但看完劇本，朱耀明深深地觸動了：「它彷彿回溯了教會在百年前留下的見證。當歷史來到關鍵時刻，只有改革制度才能救人民於水深火熱的時候，基督徒不負使命。在中國辛亥革命前的十次起義中，

《斜路黃花》綵排與劇照：歷史的、現世的、與苦難同行的基督徒。

有五次都是由教徒發動的。」

每次排演到派聖餐一幕，朱耀明在台上唸出《聖經．哥林多前書》，「這是我的身體，為你們捨的，你們要如此行，為的是記念我。……這杯是用我的血所立的新約；你們每逢喝的時候，要如此行，來記念我。」他都彷彿再次獲得鼓舞。耶穌的犧牲精神，救贖人類脫離不義壓制的託付；先賢不懼於回應社會，在國難中堅守基督同情悲憫的心懷。這些都不只是聖經裏的、歷史裏的、戲劇裏的；它們更是現世的、當下的，就在他的生命當中。

「後來導演羅靜雯對我說：『這戲愈排下來，愈發現這角色好像為你而寫。』」其時，朱耀明在上世紀九〇年代參與幫助民運人士的事蹟，已經成為半公開的祕密。

二〇一〇年一月二十一日《斜路黃花》公演，朱耀明首次踏上舞台朗讀《聖經．傳道書》第三章，莊嚴沉重。這天剛巧是朱耀明的生日，也是他正式退休的第一天。事奉柴灣浸信會三十六年後，僕人終於退下堂主任的職事，準備開展人生另一章。

對朱耀明來說，這些都不是巧合。

他朗然笑說：「那是上帝肯定我一生的事奉，是最完美的句號，也紓解了我面對退休的迷惘。」

2 劇本對白原為廣東話，這裏翻譯作書面語。

後來朱耀明在社會愈走愈前：因為他相信自己一直在做上帝應許的事，即使冒著在人間世被定罪的風險。

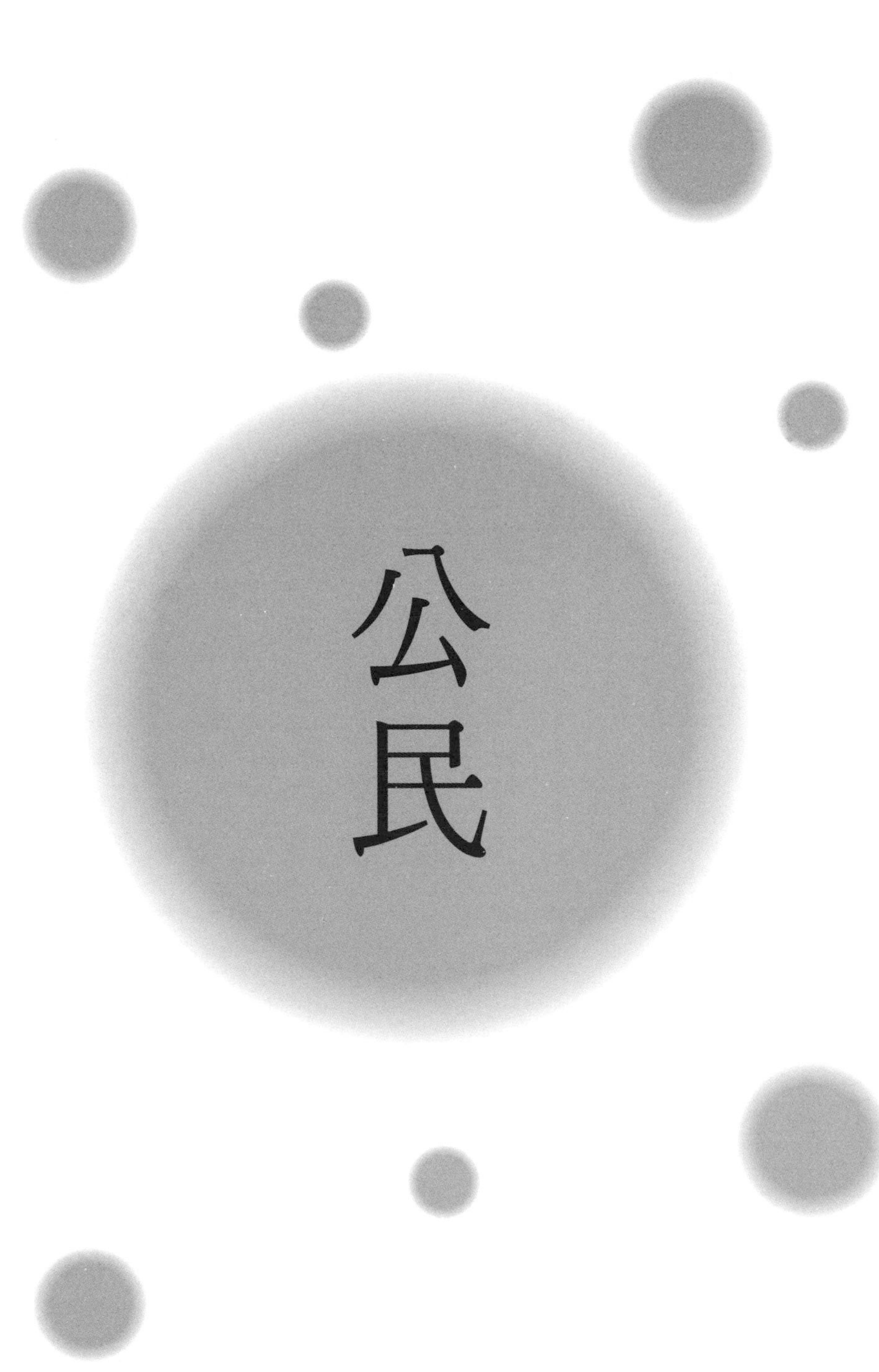

公民

I 起初，他爭取一間醫院

有說爭取民生比民主容易，但在當時也不然。譬如在茶餐廳，有人罵我：「你真是搗亂社會的牧師！」

朱耀明後來回想，申請興建柴灣浸信會社區服務大樓，竟然意外地為自己參與社會鋪路。

那段日子，他與不同政府部門交手，跟柴灣民政署社區聯絡主任聊得特別投契；對方不獨透過他了解基層，還引薦他加入政府公務圈。從那時起，朱耀明履歷上的「公共服務」欄愈來愈長。

他活躍於政府諮詢網絡，也在社區事務中愈走愈前，譬如反對東區實施二十四小時電車專線計劃、反對巴士加價、爭取興建東區走廊等。牧師從教堂走上前線，與居民站在鎂光燈下一起抗爭，需要放得開。有一個只長三十秒的記憶球，記錄了他的心路轉折：

一九八二年，朱耀明加入爭取興建東區醫院，與社區人士在中國佈道會萬善堂召開記者會。會後，電視台記者何潔貞邀他到街上接受錄影訪問，他突然緊張起來，腦海冒出三個問題：一、倘若現身電視新聞，柴浸可會被視作壓力團體而影響批地申請？這非憑空想像，當年胡紅玉等人成立「香港觀察社」[1]被權力當局祕密關注；二、教牧同工怎樣看他？三、會友會認同嗎？

不安感不斷膨脹，但是已經沒退路了——記者正拿著麥克風在門前守候，實事求事地要求：「請用三十秒講述這次爭取目的。」朱耀明惟有硬著頭皮頂上，在鏡頭前侃侃而談，內心卻久久不寧，之後甚至不敢看新聞，怕在電視上遇到自己。

主的靈在我身上，因為他用膏膏我，叫我傳福音給貧窮的人；
差遣我宣告：被擄的得釋放，失明的得看見，受壓迫的得自由，
宣告神悅納人的禧年。

《聖經．路加福音》第四章十八至十九節

朱耀明回歸《聖經》尋求指引，重思耶穌的一言一行，忽然清明。那三個像蒼蠅般盤旋

不去的自問——第一個，說穿了是懼怕權威；第二和第三個，只關乎他人的看法。身為牧師，他不該懼怕權威，也不該活在別人的評價當中，只要實踐信仰，「那以後，我知道自己只須按著耶穌基督的教導，堅定地與弱勢社群同行。」

究竟朱耀明在那三十秒的電視訪問說了甚麼，連他也記不清了。重要的是，他突破心理關口，開啟了一道門，從此走出社區，甚至走進家國議題裏。

爭取興建東區醫院的那場仗，最叫人回味。

「在我的經驗中，那是百分百成功的社會運動，結合不同階層，為同一目標協力奮鬥。」朱耀明說。

一九八〇年代初，工人階級佔柴灣人口六成。一九八二年六月，柴浸等四間教會機構聯合進行「柴灣工友生活實況」調查，[2]發現勞工社會地位低落、工作條件惡劣、不認識勞工法例的保障、不少更在密閉空間下長時間工作。他們還提出一項具體關注：區內醫療服務不足。

當年柴灣居民若得了急症，得送往灣仔鄧肇堅醫院接受初步檢查，再轉介到西半山的瑪

1 港英政府曾經成立「壓力團體常務委員會」監察壓力團體，但相關檔案已在八〇年代銷毀。一九九五年五月十日，立法會議員胡紅玉公開自己取得的壓力團體常務委員會第四號報告（一九七八年）。該段報告引文如下：「壓力團體常務委員會所肩負的工作，便是要更嚴謹調查有關壓力團體，因此不能寬大看待這些團體，壓力團體有潛在的能力，可以發展成為更加偏激的團體，或者可能發動力量，對整個社會造成損害。」https://www.legco.gov.hk/yr94-95/chinese/lc_sitg/hansard/h950510.pdf。

麗醫院住院。路遙加上筲箕灣道經常擠塞，往往要花個多小時才把病人送抵醫院。曾有工人被地盤剪草機割斷大動脈，送院時遇塞車，最終因失血過多死在路上。

採訪「柴灣工友生活實況」發布會的，包括《快報》記者殷美玲。她回報社後繼續挖掘資料，翌日帶著官方文件回來，找主持調查的柴灣循道衛理勞工中心社工梁應安，指出早在一九五九年，政府已計劃在同屬港島東區的筲箕灣興建醫院，還兩度預告落成日期——第一次是一九七三年，第二次是一九八二年。問題是，這間傳說中的醫院連一份較詳細的建築圖也沒有，而指定為醫院的地段木屋林立。期間香港人口東移，東區居民人數已急劇增長至五十四萬。

文件揭示了一場延綿二十年的討論：當東區居民為早該存在的醫院等了又等、受盡折騰的時候，幾個政府委員會卻反覆爭拗"to build or not to build"：

一九五九至六〇年工務小組委員會報告提出把筲箕灣醫院計劃列入丙類工程，待進一步研究……

一九六四至六五年醫務發展計劃委員會報告，預計筲箕灣醫院在一九七三年前落成……

一九七二至七三年工務小組委員會報告指出，筲箕灣醫院計劃提供一千一百張病床，但醫務發展計劃委員會稱港島區人口增長較預期慢，傳染病亦顯著減少，加上紅磡海底隧道啟用將減少在維港兩岸同時設立醫療設施之需要，建議取消建院計劃……

一九七三至七四年工務小組委員會報告指東區缺少一四三九張病床，但位於灣仔區的東華東院擴建後，可覆蓋其醫療需要，決定取消建院計劃。但同年的「香港醫務衞生處服務的進一步發展白皮書」提及興建「筲箕灣精神病院」……

一九七九年醫務發展諮詢委員會發表「檢討醫務發展計劃報告」，指政府必須於一九八八年前興建筲箕灣醫院，提供一二五〇張病床……

一九八〇至八一年工務小組委員會報告，指東區人口在一九六七至一九七九年間增加二十六%至五十四萬人，估計會持續增長，建議把筲箕灣醫院計劃重新列入公共工程項目……

一九八二年四月，筲箕灣（柴灣）醫院列入乙類工程，估算成本八億多元，提供病床一二五〇張。從丙類跳升到乙類，意謂可以開始詳細計劃，但要待升級到甲類才能動工。政務署署長班禮士明言反對後者……

如此反反覆覆，沸沸揚揚，翻轉再翻轉……

曾是病人家屬也是陪伴居民跑醫院的牧師，朱耀明親歷醫療服務不足的痛苦。送院路上，有時是他最揪心的親兒、有時是命懸一線的工人、有時是無依長者、有時是臨盆婦女，

2 此前的一九八一年，循道愛華村服務中心率先進行「柴灣區居民健康狀況及對醫療服務意見」調查，發現區內急需急症服務。翌年四間教會機構（柴灣浸信會、柴灣萬善堂、循道愛華村服務中心、柴灣勞工教育中心）協力跟進，調查「柴灣工友生活實況」，並舉行記者會發布結果。

朱耀明跟他們一起瞪著蠕動中的車龍，明明心焦如焚，卻要裝作平靜，以擔當風暴中安穩的錨。

一對七旬姊妹與九旬母親同住，某次母親休克，三個婆婆在送院路上暈頭轉向。長途跋涉到達醫院，輾轉辦妥入院手續後，姊妹回家稍息，誰知警察又來拍門，通知她們趕快回去。

朱耀明在晚飯時分接到電話求助，丟下飯碗便飛奔出去，與婆婆們同往。計程車跑了很久，一路上女兒擔心媽媽的病情，難過得要哭。趕到了，醫生卻問得輕描淡寫：「你們先前為甚麼不等問話便離開？」女兒答她們是聽從護士建議。醫生又問：「為甚麼病人不搭理我？」女兒答因為病人半聾，僅一邊耳朵中用。問完，醫生便打發她們回家。旁觀的朱耀明感到胸口像被塞進炮仗，在內裏燒得霹靂啪啦——婆婆花掉儉吃儉用的生活費搭計程車趕來，擔驚受怕，掉下許多惶恐的眼淚，只為這兩個問題？醫者不是要濟世為懷嗎？何以反過來增添人們的痛苦？

起初他沒把自己在柴灣目睹的種種不幸，算到醫療資源分配不公那筆帳上。畢竟，傷逝本是大城小景，而牧者的職責是慰藉心靈、燃點希望。然而，一位初信者的話深深刺痛了他：「牧師，為甚麼我每星期只有一日在天堂，其餘六日都彷彿活在地獄？」週日聚首唱詩是美事，但詩歌唱完，大家還是回去過苦日子。對於那七分之六的艱難人生，該當如何回應？

殷美玲搜集的資料啟發了朱耀明：除了伴陪求診，他可以為社區多走一步，「面對苦難和不公，基督徒倘若只會無奈認命，不單消極，更有違耶穌幫助在疾病和綑綁中人之精神。」

此時，循道衛理愛華邨堂主任牧師盧龍光決定開展東區健康社區研究計劃，找仍在香港中文大學讀三年級的實習生陳健民負責，包括安排人手二十四小時駐守鄧肇堅醫院急症室，調查病人的居住地，又從人口密度、工廠數目和交通意外等多方面，統計東區的醫療服務需求。陳健民做事拼搏，嚴謹地用數據說話，在爭取運動中發揮關鍵作用。自此，他跟朱耀明結成一輩子的戰友，遙遙種下三十多年後「佔中三子」的緣分。朱耀明笑說：「健民會告訴你，每逢朱耀明來電，生活就不安穩。」

調查人員走訪醫務衛生處、勞工處、消防處和統計處等部門，又邀請政府醫生闡釋政策，最後寫成《港島東區醫療問題報告書》〔3〕從探討醫院分區制度的原意開始，比較

上｜爭取興建東區醫院的記者會，後方背板的黑點為醫療院所的位址，可見港島當時的醫療設施全偏向西區。

下｜1982年8月於天主教海星堂舉行居民大會。

港島區人口分布和幾間醫院的規模，重溯政府決策過程的反覆，申明建院的急切需要。報告這樣寫：「二十多年來的教訓告訴我們，一個迫切的計劃仍然可在無理之耽誤下被取消。故此政府必須對東區居民有一確切之承諾，清楚表明興建東區醫院之決心。」[3]

一九八二年八月二十九日，教會機構再次打破宗派藩籬，聯合召開居民大會，通過成立「爭取興建東區醫院聯合委員會」（下稱「聯委會」），[4] 出席的有朱耀明牧師、盧龍光牧師和關俊棠神父等。後來朱耀明撰文回顧：「主政當局的不合理和沒有計劃地運用資源措施，促使一個爭取興建東區醫院運動的產生——事實上，居民並非無理爭取興建醫院，而是積極地要求政府應依醫務發展諮詢委員的建議實現建院的計劃。」

政務署署長班禮士反對興建，他指出落成在即的東區海底隧道將進一步打通維港兩岸交通，讓港島東的救護車直達聯合醫院，紓緩區內的醫療需要。但聯委會不接受。他們在港島東多處設街站，一週內得到三萬五千名居民簽名支持，又約見行政立法兩局成員和去信英國國會香港事務小組主席賴恩爵士游說；東區民政務專員祈德理和兩局議員羅德承都表示同情。但是在一九八二年誕生的第一屆區議會，竟有建制派議員反對建院，朱耀明氣煞：「他們只針對東區醫院的精神科，不斷追問為何要在柴灣興建『神經病醫院』？」

猶幸公立醫療系統中也有建院支持者，如東華三院醫生協會、香港醫學會、醫療關注組等。朱耀明特別感激陳紀德醫生，「倘若沒他，我們沒那麼快確立研究方向。」陳醫生當年三十多歲，任職雅麗氏何妙齡那打素醫院外科。他不是基督徒，卻有感於這場運動從愛民出發，默默支援，包括協助解讀醫療制度的邏輯、提供圈內人資訊、幫忙籌組醫生關注組等。

他以「陳醫生」之名接受《突破》雜誌訪問：「我很信任朱耀明牧師等人……對他們的愛心及關懷窮苦大眾很感動，在道義上要幫助他們。」「我在香港出生、長大，得政府和市民資助而獲得高深醫學教育，擁有這些知識便要用於社會。在大學時有許多老師教導我做一獨立成熟的醫生，今天我眼見此問題豈能袖手？」「我之參與是建基於一個信念之上，便是每個人應該是快樂的，並且有辦法享受人生，即使窮人亦然。」[5]

然而，在記者筆下淡淡然的、說話緩緩的「陳醫生」，後來還是被同僚發現了身分。他感到受排斥，黯然離開公立醫院，轉為私人執業。

困擾中，陳紀德醫生曾與朱耀明有一席話。「他問，我們在社會運動中承受壓力，很多努力終歸枉然，你是如何堅持下去的？我答，作為牧師，我們堅信上主不會放棄我們，會在困難中引領，有些事情雖然不能成就於一時，但不等於永遠不會成功。只要正確，就該堅持。」

3《港島東區醫療問題報告書》，循道愛華村服務中心社區健康小組，一九八二年八月。

4 參與的教會機構，包括柴灣浸信會、循道衛理聯合教會愛華村堂、天主教柴灣海星堂、柴灣勞工教育中心和基督教中國佈道會柴灣萬善堂。

5〈一位資深醫生談參與東區醫療事件〉，《突破雜誌》，作者及時間不詳。

那回，朱耀明送他一本基督信仰的書作為互勉。

二〇〇〇年，陷入憂鬱症的陳紀德醫生逝世，朱耀明到殯儀館送別故人，「他也知道一靠近社會運動，便要承受壓力。他是個很好的醫生。」

「至於我，若非經歷了一九八二年，也未必能夠承受之後的一九八九年。牧師幫助苦難中人是順理成章的事，這一關必須要過，不能猶疑。」

居民大會後一年，政府態度軟化。一直對建院持保留意見的班禮士，公開評價運動：「爭取者均是理性地、有組織地在一起認真搜集民意，及向當局反映目前該區真實情況，這批人士並非譁眾取寵，而是以事論事。」

一九八三年，政府把興建東區醫院的計劃提升至甲乙類工程，預計十年內竣工。過渡期間，柴灣健康院開設急症服務，可直接分流病人到瑪麗醫院，省卻灣仔一程；柴灣和西灣河區會開辦門診，同時擴建鄧肇堅醫院和律敦治療養院，覆蓋東區的醫療需求。

一九八四年四月二十日東區醫院舉行動土禮，朱耀明以聯委會成員身分獲邀參與，昔日的抗爭者搖身一變，成為典禮嘉賓。[6]

「還可以有甚麼不滿？政府認真回應民間批評，也吸納了異見團體，這本該是政治的一部分。」今日回首，朱耀明的笑意中帶戲謔：「現任政府肯定不會這樣做，難以想像！我們不是留戀殖民地統治，但那時確實更有人情味。」

雖然還要多捱十年苦日子，但東區一片成功爭取的氣氛，非常鼓舞。「只要有希望，人們就安樂。」

聯委會重新定位，專注監察醫院的籌備工作，曾經就醫院是否提供二十四小時急症服務，與院方意見分歧，但朱耀明力陳間歇服務只會混淆街坊，最終成功游說。此外，聯委會也擔起溝通橋樑，召開居民大會解說計劃，又游說樂民道一帶的木屋區居民搬遷。

一九九三年，東區醫院竣工，但時代為它預備了另一個挑戰。

香港主權回歸和天安門事件，把港人的焦慮情緒推至頂峰。在一九八五至一九九七年間，香港共有五十七．六萬人移居外地，[7]大部分是專業人士，包括醫護人員。而一所備有一千七百張病床的全新醫院，需要大量人手。

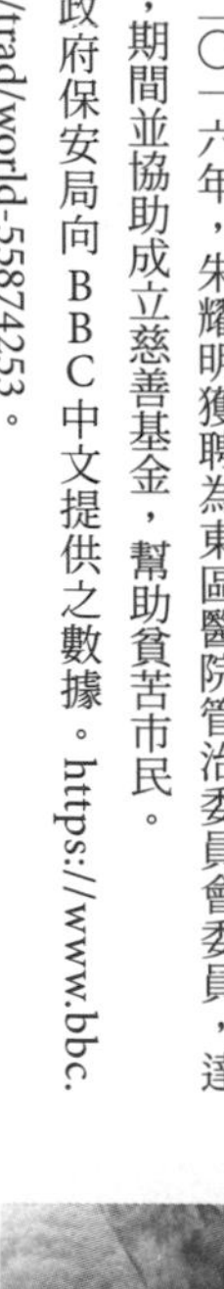

6 一九九四年至二〇一六年，朱耀明獲聘為東區醫院管治委員會委員，達二十二年之久；期間並協助成立慈善基金，幫助貧苦市民。

7 根據香港特區政府保安局向ＢＢＣ中文提供之數據。https://www.bbc.com/zhongwen/trad/world-55874253。

以抗爭者之姿獲邀參加東區醫院動土禮。

湊巧是，港島半山區的那打素醫院面臨清拆，政府在大埔區批出的新院舍卻未及啟用。換句話說，一間醫院有院無人，另一間卻有人無院。在醫管局協調下，有基督教背景的那打素醫院答允讓七百多人的團隊進駐東區，待大埔院舍竣工再調遷。他們成為東區醫院的「開荒牛」，不單紓解區內燃眉的醫療需求，還為新醫院帶來「矜憫為懷」[8]的基督價值。不少醫療人員後來乾脆扎根柴灣，沒隨隊搬去大埔。

醫院正式營運前，於一九九三年九月二十五日舉行開放日，讓東區市民參觀院內各種設備。整場爭取建醫院的民間運動歷時十年，終於完滿結束。從資料搜集和社區調查開始，到宣傳教育、組織居民、聯絡傳媒等動員行動，乃至後來的監察工作，參與組織多達三十多個，還未算上以獨立身分加入的民眾。

它把六個字深深刻印在朱耀明心上——「同區人，相守望」。

原來，一個地區之所以能成為家園，不單要共享資源，更要共患難。

東區醫院開放日，以「監察東區醫院聯席委員會」身分獲贈「熱心公益」錦旗。

成為病人

二〇〇八年，朱耀明終於在有份推動建成的醫院裏當上病人，還在那兒走過死蔭幽谷。

八月八日晚上，奧運會在北京開幕，朱耀明和教會執事在兒子家中吃飯，席間發燒出汗，得躺下休息。有執事的太太剛巧是護士，建議他馬上到急症室求診。到了東區醫院，醫生從電腦掃描看到他的腹腔有氣泡，疑是輕度急性腹膜炎，送到外科病房留醫四日。一個月後，朱耀明按時回診接受大腸造影檢查，誰知檢查期間突然劇痛，原來穿了腸，還惡化為化學性急性腹膜炎。

這是東區醫院開院十五年來的首例。

現場氣氛急轉直下，人人突然變得忙碌，在X光房門外守候的妻子不知就裏，提心在口。主管醫生李家驊教授趕來主持大局，進檢查室說：「牧師，你難逃一刀了。」朱耀明隨即被推進手術室，接受據說只得一半成功機會的手術。麻醉科醫生也抓緊時機預告：「嚴重的話，會昏迷幾天。」

朱耀明在加護病房住了五天，轉往普通病房後，護士叮囑他好好照顧自己的腸，

8 雅麗氏何妙齡那打素醫院徽章由十字架、愛心和活水三部分構成，寓意以十字架精神和基督的愛，為有需要的人士提供兼顧身、心、社、靈的整全關懷與醫治。

他才赫然想起：「我的腸在哪裏？」他的腹部打開了一個人工造口，猶幸只屬臨時。

鋇劑灌腸造影導致穿腸，可是醫療錯誤？朱耀明笑得意味深長，彷彿一直等著這個提問。然而，失誤與否，他並沒有追究，只要記住醫護人員親切的日常。某回，三位護士合力替他抹身，他不禁掉下眼淚，護士問：「牧師痛嗎？擔心嗎？」朱耀明說不痛也不擔心。「我是感恩。素不相識，但他們一起來替我抹身。」出院後回去洗傷口時，人工造口倏地噴出汙穢物，連朱耀明自己也不敢面對，護士卻連說：「沒事、沒事」，繼續專心做事，不流露半點異色。

「所以我總是說：不知道這是否醫療事故，但我對醫院有情，見證它從無到有，倒覺得是它把我的命救回來了。後來，我回去時依然能逐一喊出曾經幫忙的護士的名字。」

朱耀明昔日有份推動東區醫院成立，長年參與醫院的管治委員會，後來一度成為它的病人。多年過去了，他依然是滿滿的感恩，「我特別感謝梁明娟醫生，她上任行政總監後便與我們一群『異見分子』會面，也讓我參與服侍醫院。東區醫院一直秉承先賢創院宗旨，以『矜憫為懷』之服務精神，力求對人身、心、靈健康作出貢獻，醫治和豐富了許多人生命，已顯揚了基督馨香之氣。」

「當我們感到接納，對事情的看法就不一樣。」朱耀明說：「愛與關懷能消解隔膜和仇怨，只在一念間。如果社會也是這樣，多好？」。

朱耀明與醫療政策，還有一段緣。

一九九七年，朱耀明獲醫院管理局委任，加入轄下的公眾投訴委員會，處理醫療投訴及醫療疏忽申訴個案；一九九八年他從美國回到香港後，正式參與會議。

「回歸後民主政制倒退，不少教會機構也對政治妥協；我意興闌珊，同時深覺民生和醫療將是回歸後最大的問題。特別是爭取興建東區醫院那些年，對醫療政策熟習了不少，有了研究的心思。」他也遇上伯樂，是在醫療界備受尊重的林鉅成醫生。「林醫生知道我正直、敢言，曾向醫管局主張邀我進投訴委員會，與他並肩作戰，但官方反應冷淡。幾年後醫管局有事找他幫忙，他重提舊事，終於成功推薦。林醫生是我關注醫療事務的師父，教曉我很多醫療知識。」

朱耀明處理的首宗個案，涉及一位接受肺部抽組織檢查後死亡的老人。那時投訴委員會已經準備結案，下了「已知併發症」（known complication）和「罕見併發症」（rare complication）兩個死因——這兩個名詞常見於個案的論斷中，是為很多醫療事故的「擋箭牌」——沒想到死者的同房病友後來現身傳媒，指摘院方疏忽照顧。

朱耀明與林鉅成遂到醫院了解現場佈局，發現出事的病房根本不在巡房路線上，而房間裏的求助鈴更接錯了線路，身在其中，堪稱叫天不應，叫地不靈。另外，這間醫院沒化驗室，也沒有配備血庫，必須向其他醫院配血，待要配血時，卻竟丟失了單子……重重失誤，顯示老人之死不能以「併發症」草草了事。委員會也邀得胸腔科專家檢視個案，指出醫護必須不時巡查病房，以防病情變化。

「我們一路追究，醫管局終於承認錯誤，同意和解。那以後他們知道我無論如何也要找出答案，非常緊張。」朱耀明說。

自此朱耀明深感責任重大，也了解到必須裝備自己，以面對來自專業團體的巨大壓力，於是開始每週到醫管局翻閱檔案。「此前醫管局祕書處接到投訴，會經高級醫生和局方顧問檢視後才轉交給投訴委員會。我們要求主動篩選，林醫生希望由我把關。」那些週五下午，朱耀明被安排在閒置的會議室裏翻文件，彷彿能嗅到門外醫管局員工的惶恐——因為他常常追問專家報告，偶爾還要求巡視醫院或安排會見病人家屬；這些都是其他委員從來不幹的。如此，受理個案增加，會議開得更密，員工的工作也就更多了。

「但我也對他們有貢獻，像是鼓勵醫管局安排委員出訪英國和新加坡，了解當地的病人投訴機制，以增強委員的工作能力。」朱耀明笑說。他也協助局方拍攝《投訴管理課程》影片，講解如何有效處理投訴。一次，立法會要求醫管局出席解釋醫療事故，局方乾脆邀朱耀明代表上陣，協助回答議員的質詢。

那些文件充斥著外行人無法理解的醫學名詞和邏輯，朱耀明為此購置了三本醫學經典：解剖學、藥物學，以及一本醫學辭典，並常閱讀醫學期刊。他有不懂便向林醫生請教，不斷學習，收獲了很多醫療知識，也對醫院內部運作增添了解。

投訴各式各樣，朱耀明發現當中大部分是溝通問題，很多病人和家屬其實只欠一個說法，若有人用心解說，更會非常感激。少數屬無理取鬧，有投訴人甚至出言要脅：「你唔幫，我斬你！」（你不幫忙，我便砍你！）至於呈上委員會會議討論的，許多都無關醫療行為本身，包括被傳媒戲謔為「電話醫生」的個案：的士（計程車）司機接受大腸鏡檢查期間，聽到醫生邊動手邊聊電話討論買車。這類關乎醫德的個案，雖不涉傷亡，卻也轟動。

朱耀明對這些醫護乃至背後的管理階層，從來都直話直說。「為著一個盲腸病人的死亡個案，我曾經寫信嚴肅質詢醫院行政總監，又傳召他出席設訴委員會。他到場後立即質問：『朱耀明，你為甚麼罵得我那樣凶？』我說：『你身為總監不好好處理事故，不應負責任嗎？』」

後來，他輾轉聽到醫管局高層一說：邀朱耀明進投訴委員會，等於把老鼠抓進米缸。待至二〇〇一年，當局果然以重組之名把他剔出委員會。他只在當中待了四年半，其他成員則留任至六年期滿，甚至更長。

為此，立法會衛生事務委員會何秀蘭批評：「醫管局今次做法是『黑箱作業』」。「她稱，現時市民對醫療投訴十分不滿，而公眾投訴委員會一直被認為是最公平的投訴機制，但醫管局卻令它蒙汙點，亦令新一屆委員備感壓力。」另一位議員陳婉嫻亦批評醫管局「假到出面」（非常虛偽）。[9]

「我的感覺是，關注民生也好，在任何一個位置也好，不乖乖聽話便會被剔除。馬嶽寫過一篇文章解說獨裁者的進化，指出統治者最厲害的是營造恐懼，人們因為擔心失去職位、財富、自由、生命，乃至牽連家人，而被迫滅聲。你以為不管政治便成嗎？即使關顧民生，政治還是會找上門。」朱耀明說：「回歸後我常跟華叔說，情況令人乏力。若我們扎好馬步，即使前進不了，起碼能免於後退。」

朱耀明並沒虛耗自己在投訴委員會的參與，他寫成〈必須檢討局內投訴機制〉一文，向醫管局主席嚴肅建言，祈為病人盡心。[10]「我的宗旨是，人會犯錯，錯了就認。看慣生死的醫護，必須嘗試理解家屬失去親人的心情，才能安撫他們接受死亡的現實。」

9《明報》，二〇〇一年十一月二十二日，A8版。

10 二〇〇一年六月二十二日，應政府中央政策組邀請講述投訴機制，朱耀明又寫了一篇長達萬言的講稿，題目是：〈與時並進，敢創新機〉，詳述當前投訴機制之不足，使投訴者和被投訴者均為受害人，並介紹各地之醫療機制。此講稿被收進立法會紀錄〔CB(2)1868/00-01(15)號文件〕，後又被香港大學醫學院翻譯為英文，收入出版的專著中。*Hong Kong's Health System: Reflections, Perspectives and Visions*, ed. by Gabriel M. Leung & John Bacon-Shone, Hong Kong University Press, 2006.

附錄一　朱耀明：必須檢討局內投訴機制

醫院管理局於一九九一年倡議設立公眾投訴委員會，並於一九九二年一月十六日舉行首次會議，迄今幾近十年。隨著社會開放，病人權益組織相繼成立，另一方面公眾對於醫療知識增加，因而對醫生的服務質素便同樣地有所要求，這充分顯示社會在進步。

（一）自律與監察機制

1. 尋覓理想

章心言君曾於周刊上說：「在專業精神的諸多傳統和操守之中，最重要的一項是以病人為福祉為專業生涯的最大前提。」現任衛生福利局局長楊永強醫生於其文章〈轉變中的醫療服務〉一文引述柏拉圖名言說：「希臘的醫生對很多疾病的治療一籌莫展，因為他們缺乏全人的觀念，因為身體部分的痊癒並不代表整個人都健康……今日的醫生在治理病人時，把病人的軀體和靈魂分開，是大錯特錯的。」接著又說：「我們心目中的醫生是一名科學家、教育家和社會工作者，樂於和人合作，關懷和無私地為病人服務，他是一位朋友，一位導師……，一位維護市民，帶領市民體現健康和快樂生活的社會醫生。」

2. 哈佛報告書

香港醫療文化根深蒂固，醫生高高在上的形象早為人詬病。「哈佛報告書」[1]對此有強烈的批判：「香港醫療制度分裂隔離」，「服務質素參差不齊」，「醫學界地位優越，純粹靠自我監察，缺乏外界有效的監察」。

哈佛報告書一出，醫療界正面受衝擊，醫生意見沸騰。真真假假，公眾不易辨別，唯「醫醫相衛」的指控經常出現在傳媒報導，卻是鐵一般的事實。

3. 公眾投訴委員會局內的機制

據醫院管理局條例第一一三章第五段m項，醫管局可設立一個制度「以妥善考慮使用醫院服務的人或公眾就醫院服務提出投訴」。委員會主席陳清霞小姐於一九九九年十二月二十六日也曾就有關職權去信公共醫療醫生協會黎鏡堯醫生，說明委員會不重覆法院或醫務委員會的機制。投訴人或被投訴者均可按個人決定採取何種方式解決投訴，故此委員會不審議以下範圍：①死亡原因；②法律訴訟；③紀律處分。

通常備受誤解是關於委員會是否集調查、裁決於一身。據衛生福利局局長於一九九九年七月十四日回答立法會提問時如此說：「醫院管理局有指派特定的人員去協助轄下的公眾投訴委員會，處理投訴工作，其中包括一名副執行總監和五名行政人員。他們負責向有關醫院索取資料，為投訴進行分析及評估，及在有需要時向個別醫療專家徵詢專業意見。此外，八名本身是醫生的醫管局分區聯網經理，亦從旁協助，提供意見。」很明顯醫管局是負責「調查」和做「分析評估」，委員會只是據分析和評估資料而作決議。

（二）投訴機制究竟出了甚麼問題？為甚麼落得如此下場？

委員會據職權辦事，每月差不多開兩次會，每次超過六小時。當值委員每星期二至三天中午審閱文件、會見投訴人和被投訴者、往醫院實地探訪、與醫院行政總監及主管醫生交流等，另外調查時若需要邀請專家又是醫院和醫管局負責，為何醫生不滿？投訴人不滿？病人組織不滿？公眾投訴委員會委員不滿？良好願望的制度竟然落得如此下場，令人費解！

（三）人手不足，制度改革猶如蝸牛行路，誤會叢生皆因缺乏透明

據外國專家統計所得，醫療事故之發生，有八成是制度問題，兩成是人的錯誤。公立醫院資源不足，醫護人員工作量大。例如，一個兒科病房五十張病床，但晚間只有一位註

1 編按：香港政府委託以蕭慶倫教授為首的哈佛大學專家小組，針對香港醫療制度與狀況撰寫醫療改革報告，於一九九九年四月公布結果，俗稱「哈佛報告書」。

冊護士，一位登記護士，一位學護當值，如何照顧？

政府高唱資源增值，對醫院而言就是減經費、削人手。醫生工作時間長，人手不足，假期或深夜凌晨缺乏高級醫生的診視和督導。「高危時段」因而產生，兩級制名存實亡。醫生不滿、病人不滿、投訴不絕，原因在此。政府要正視，醫管局不應妥協，輕下承諾。

透明度低。投訴委員會職權明言「委員會須定期向醫院管理局及公眾人士作出報告」，但現時透明度並不如理想。故應從速提高透明度，使公眾和醫生明白處理過程、結果和論據，令醫生明白投訴成立的理由，亦可讓公眾知道投訴無理的原因。委員曾多次提出從速執行，唯醫管局如蝸牛行路，難得寸進。

（四）「公共事務部」公關手法低劣

1. 處事被動，作風官僚

傳媒查詢往往不獲回應，因而報導片面不全，結果對醫院不利，對被投訴人不公。例如，投訴人向傳媒申訴，為求報導全面，記者會向醫管局求證，可惜記者從不得要領。最後不利醫管局報導出現時局方才急急出面解釋，不是遲了點嗎？為甚麼被查詢時不主動多作說明，避免誤會，多做點對醫院好，對傳媒好，對公眾具教育意義的工作？

2. 傳送不正確資料

例如：一九九九年十月二十七日的公共事務部發出的新聞稿，關於一位醫生於進行內窺鏡程序中使用無線電話談非公事的個案時說：「會轉介公眾投訴委員會調查和考慮紀律處分」，「調查和考慮紀律處分」不是委員會的職權。此類新聞稿誤導了公眾，更令醫生誤會以為委員會集調查和裁決於一身，導致醫生工會極為憤怒和疑慮。最終委員會成員亦表達了極度不滿。

3. 栽誣委員，誤導總裁

二〇〇〇年七月十四日當值委員接見投訴人，投訴人恐怕有所偏袒，堅持要求記者在場作見證人，委員會辦事持不欺於暗室、事無不可對人言的原則，最終達致三方面同意，確立記者的角色為旁觀，不能發言。會面順利進行，翌日的報導全面而公正，證明開放是有效的處理投訴方法。不幸，「公共事務部」卻暗箭傷人，向行政總裁誣指當值委員自帶記者進場，公共事務部言行極不負責任。

4. 分裂分化

二〇〇〇年九月十五日，公共事務部以行政總裁何兆煒醫生名義發表的新聞稿說：「近日有公眾投訴委員會委員單方面向外透露委員會內部討論結果和過程，引起公立醫院醫生的關注。」為何醫院行政總監可以單方面評論個案？而委員被查詢時說出事實真相而受到「公共事務部」批評為「單方面向外透露」？

5. **護主心切**

二〇〇〇年三月二十七日，投訴委員會委員指出一九九九年十二月分議決的個案，二〇〇〇年三月還未覆信給投訴人，極之不妥。委員會曾多次討論均認為，應從速回覆投訴人個案調查的結果，不應受制於局內法律顧問，避免拖延。但同日「公共事務部」卻向傳媒否認其事。護主心切，可以諒解，但言者必須顧及事實更是必要。一九九九年十二月三十日議決的個案，延至二〇〇〇年五月才覆信，一封回信要半年，原因何在？

（五）醫管局行政總裁毋須負責？

1. 醫護人員不了解公眾投訴委員會的運作。例如：一九九九年十一月公共醫療醫生協會已表達對公眾投訴委員會的疑慮，投訴委員會主席於同年十一月二十六日回信闡明立場。為何事隔一年，來自醫護人員的誤解越趨嚴重？

2. 投訴委員會一直期望能與醫院行政總監和主管醫生溝通交流，以解疑慮，但醫管局不積極安排。行政總裁不應採取化解誤會行動嗎？為何讓結愈結愈死？

3. 公眾投訴委員會蒙冤受辱，為甚麼袖手旁觀，而不作澄清。例如，二〇〇〇年三月十一日「壹大夫」在信報發表〈小醫生醫事日誌〉，其中一節「好心沒有好報」，內容極為煽情，虛擬杜撰的情況嚴重。醜化委員會的文章刊登後，醫管局不吭聲，是默認？是息事寧人？公眾投訴委員會蒙受不白之冤，行政總裁是否有責任澄清不公平的指控？

4. 一九九八年十二月十二日《明報週刊》曾作調查，八位委員中有七位表示支持委員會應開放會議，為何遲遲不作決定？不向外公布其不公開原因？

結語：當前醫管局行政總裁應激發溝通和好元素，建築橋樑，領導醫管局走出是非地，化解爭議，促進互相了解，攜手建立良好的醫生與病人關係和高質素的醫療服務。總而言之，醫院行政總裁仍欠醫生工會一個答案、欠公眾一個交待、欠委員會一個公道。際多事之秋，主席上場，各方期待。俗語說：「新官上場三把火」似是貶意，但亦可積極視之。火，能燒毀垃圾、能照亮道路、能融解冰雪。

朱耀明，醫管局公眾投訴委員會委員

二〇〇〇年十月四日

II 繫上紅絲帶的牧者

與其陷入無法平息的紛爭，我更願意以僕人的方式服侍他們。

「香港和愛滋病之間的歷史，從一九八四年第一宗愛滋病感染個案確診開始。當時，相關醫學仍在萌芽階段，政府宣傳短片開始發放資訊，卻同時觸動了大眾的恐懼神經，緊隨而至的，是歧視。一如在很多國家發生的那樣，香港愛滋病故事的第一章玷上了一件件汙聞，醫院拒收病人、學校拒絕學生、家務助理拒絕為感染者工作、殯儀館不肯為死者服務等。」[1]

這段來自紅絲帶中心的文字，有助我們一窺愛滋病在香港的最初——錯愕、恐慌、人人自危。那十年間，有六十三名血友病患者因為輸血感染病毒，對朱耀明帶來很大衝擊，尤其

1 譯自“AIDS in Hong Kong, where Science Partners with Community”, Red Ribbon Centre, http://www.rrc.gov.hk/res/booklet/bk11.pdf〔二〇一七年六月二十四日瀏覽〕。

是被拒諸校門外的小學生。他不斷思考：我們為甚麼連一個病童也容不下？

基督信念包括對所有人抱持悲憫心，特別是被社會排拒的人。歷史上對痲瘋病人和胸肺科病人親力親為的關顧，最早多來自教會。但是愛滋病呢？「作為牧師，我當然有主張，譬如怎麼可能鼓吹多重性伴侶？但，無論那人做過甚麼，求助時都是病人，我們對病人最該做的是關懷。」朱耀明說：「對於這一點，我沒有掙扎。」

香港愛滋病顧問局是港府委任的非法定組織，就愛滋病相關的公共政策建言。當年的主席林鉅成醫生邀請朱耀明加入局方小組，率先帶他進入議題，但是把他推上前台的，卻是李瑞山醫生。在朱耀明眼中，李瑞山醫生聰明、視野宏觀、對危機敏感，又能務實應對。二人結緣於朱耀明的自薦。

李瑞山醫生笑說：「最初我不認識朱牧，也忘了他託誰打電話來。你知道，他想到就做……」一九九〇年代是愛滋病的小高峰，因為第一批發現的受感染者或早或遲，差不多都病發了，而且陸續有人身故，偏偏全球醫學界苦無對策。

「朱耀明不是第一個來找我的宗教人士。我接觸較早、聊得較多的是狄恆神父（the Reverend Father Alfred J. Deignan），[2]他跟我們很多病人見過面，無論是不是教徒，都帶來心靈安慰。有人問，在愛滋病議題上跟天主教交手，不麻煩嗎？譬如他們對安全套的保守態度？但是與神父的相處啟發了我——哪有兩個人的想法完全一致？要做的事那麼多，為何偏要找矛盾出來阻礙自己？那些可以遲一步處理。」

李瑞山醫生坦言原本沒打算邀朱耀明幫忙，「九〇年代，人人都知道朱耀明牧師和柴浸，但是病人不需要高姿態的人來握手或者飲茶。我要對病人負責，所以每有人來，都有戒心。」

但他還是找上朱耀明。當時開始有非政府組織關注愛滋病議題，但資源匱缺，連辦公室也沒著落。李瑞山醫生希望推動衛生署支援民間工作，把空置的橫頭磡留產所[3]改建為愛滋病教育及研究資源中心。可是如何化解民間反應？他想到朱耀明在社會——特別是草根階層——得到的認受，便請他出謀獻策，後來還邀他擔任紅絲帶中心第一屆管理諮詢委員會主席。

「這是旨在策動改變、實實在在的繁重工作，並非甚麼『名譽』崗位。他努力令更多人關注愛滋病和反歧視事務，包括不少基督徒。我對他的智慧、爽快而平靜的處事方式，以及謙卑而同理的態度，留下深刻印象。」

「朱牧特別之處，是他把事情想得很遠，細水長流，像是：『下一步如何？這樣做好嗎？我可以找誰誰誰來幫忙……』而他真的把提及的人都邀來了。後來還在這個議題上出力的

2 生於愛爾蘭的狄恆神父在一九五三年抵港，曾花兩年在長洲修讀廣東話，一九六二年成為香港華仁書院教務主任，六年後擢升校長。他於二〇一八年在香港逝世，享年九十一歲。

3 編按：留產所為港語，無產科醫師但有助產士接生的地方，比在家生產安全，價格又較醫院便宜。

人，有幾位都是他當年找的。」這些接觸刷新了李瑞山醫生對朱耀明的認知：「我們沒請朱牧探訪病人，一個都沒有，但他反而更宏觀地思考如何幫助這個社群，看得挺通透。」

紅絲帶中心趕及在一九九七年五月成立，剛好是主權移交前兩個月。開幕禮雖由港督彭定康主持，但官方色彩不濃，甚至曾被誤為民間組織。這正合李瑞山醫生和朱耀明的心意。因為「不像官辦」，方便支援本地的非政府組織，也方便進中國內地交流防治愛滋病的經驗。

一九九〇年代，內地愛滋病個案急速增長，社會汙名化、資訊封閉，加上官方態度含糊，很多事情不能說也不能做，專家們束手無策。感染無分邊界，羅湖橋[4]的另一邊同樣心焦如焚。李瑞山醫生說：「我們在香港做愛滋病工作的，很想上去看看有甚麼可以幫忙，卻苦無正式渠道。我曾私下到訪大陸，但與內地官員一提及輸血，[5]話題就轉。」

紅絲帶中心半官半私的定位，很快便成為內地獲取愛滋病資訊的窗口。它有意識地演好橋樑角色，譬如與獅子會合辦「紅絲帶學人計劃」，邀請內地人員到香港學習防治愛滋病；

紅絲帶中心啟用典禮，左三為李瑞山醫生。

又與聯合國愛滋病規劃署達成協議，成立愛滋病規劃署合作中心，[6]加強香港的地區角色。

昔日爭取成為愛滋病規劃署合作中心，原來殊不容易，李瑞山醫生說：「對政府來說，怎麼可能把公帑用在本港以外的事情？於是我們引入其他機構，好作交待，獅子會是其一，也有部分工作算作朱牧的個人參與，難得他不介意，願意在傳媒焦點以外，承擔很多非正式的工作。」後來他們與香港電台合作，帶本港明星到北京開演唱會，也是希望打開缺口，讓愛滋病在北方土地上大聲講、公開講、坦蕩蕩地講。

弔詭的是，朱耀明本人倒上不了大陸。

朱耀明說：「李醫生叫我代表機構發邀請信給大陸的『紅絲帶學人』，方便他們申請簽證。我說：『我個名皇咗！[7]自己不能進大陸，可以邀請別人來嗎？』李醫生答得若無其事：『簽吧！』沒想到那個簽名居然有用，哈！」這成為他們之間的一則小笑話。

回想起來，李瑞山醫生依然有恃無恐：「他怕影響我們，但我從來沒驚過。有些事情，正式便是正式，不正式便由得它不正式。正式來說，他是管治諮詢委員會主席，他不簽誰簽？

---

4 連接香港和中國內地的鐵路橋。

5 內地以賣血為產業的血漿經濟，曾在一九九〇年代導致被稱為「河南血禍」的大型愛滋病傳播事件。

6 紅絲帶中心在一九九八年獲聯合國愛滋病規劃署指定為技術支援合作中心，以加強在地的預防工作，並向中國大陸等地傳揚香港經驗，包括促進對愛滋病的認識及接納、針對性預防，以及能力培訓等。

7「皇咗」是廣東話，意謂事情已曝光；朱耀明在六四以後，早已是中共政權眼中的黑名單了。

何況，你能假設內地的專業人士完全不明白嗎？」

朱耀明在紅絲帶中心一做十年，李瑞山醫生說：「同事聚舊，常念記朱牧在的日子。官方委員給人『橡皮圖章』的印象，但朱牧不是。大家會把事情攤出來談，不限於官樣文件，討論也較具前瞻性。他見解多，但不會令同事左右為難。簡單來說，合得來。」

所以當九龍灣健康中心爭議愈來愈棘手之際，李瑞山醫生找上的，也是朱耀明。

政府在一九九三年計劃在九龍灣開設健康中心，以應付區內激增的人口。設計之初只是一間普通科門診診所，後來擴大規模，加入X光診所、護養院和學生保健中心等設施，成為綜合健康中心。一九九五年，基地施工在即，區內居民赫然發現它還有一項意外的添加：專門治療性病、皮膚病，和愛滋病患者及愛滋病病毒感染者的診所。

這個消息激起千重浪。政府宣傳片[8]曾以黑色金字塔形象，把愛滋病打造成恐怖傳染病，深入民心。毗鄰健康中心選址的麗晶花園居民批評政府從未為這項「隱藏版」服務進行諮詢，感到猶如在家中被藏進一顆定時炸彈，於是組織起來取得萬多個簽名，要求重新選址。

汙名化的傳染病，錯失了的溝通時機，互不信任，錯判的形勢，傳媒聚焦升溫……這些那些通通加起來，令反對訴求在數年間發酵為激烈的抗爭行動。

李瑞山醫生當時在衛生署的職稱是「特別預防計劃顧問醫生」，主管愛滋病計劃。衛生署在一九九四年開始計劃愛滋病治療診所，李瑞山醫生說，這在當時算「前衛」，因為愛滋病還在藥石無靈的階段，但他深信藥物以外還有許多工作——病人需要照顧、併發症要預防、帶病毒者要學習保護家人免受感染、大家也需要討論身後事的空間。他還有一個盼望：建立照顧模式，待日後醫學界發展出有效的療法時，便可及時實施。果然，美籍台灣科學家何大一在一九九五年提出「雞尾酒療法」，[9]逆轉了很多患者的生命。

可是一個被形容為「前衛」的計劃，何以選中九龍灣，還以這個方式曝光？衛生署開設專科服務的選址機制，與病者人口比例掛鈎。那時李瑞山醫生心心念念推動愛滋病治療，遂查找下一個設立性病及皮膚病診所的計劃地點，然後在體制內倡議擴大規模，加入治療愛滋病的服務。

他原以為暗渡陳倉便能避過爭議，低調地開展新服務，卻沒想到本來用作內部倡議、幫助說明的暫定名稱「性病與愛滋病綜合治療中心」(Integrated treatment centre for STD and HIV)，竟在一九九五年以白紙黑字出現在觀塘區議會的討論文件上。會上，官方沒作特別說明，議員顯然也錯過了，一致通過新計劃；但不久後事情還是曝光了。

那時李瑞山醫生剛從美國參與愛滋病會議返港，甫下飛機便接到太太來電，說很多人抗議。

8「黑色金字塔」的政府宣傳片，https://www.rrc.gov.hk/chinese/z01.html。

9 何大一把當時兩大類抗愛滋病藥物組合使用，稱為「高效抗逆轉錄病毒治療方法」，因配置過程和雞尾酒類似，故又稱「雞尾酒療法」。

「我很錯愕，連說不可能，因為外間根本不知道這個計劃。」李瑞山醫生說：「我連發夢也從沒想過診所的正式名稱會包含『愛滋病』三個字。若由我命名，定會挑一個奇奇怪怪的，或乾脆沿用『社會衛生科診所』。」為免求診者被負面標籤，衛生署一直把性病及皮膚病診所冠名「社會衛生科診所」，一般性病如是，更何況是被潑得一身汗水的愛滋病患者？

可是潑出去的水哪裏收得回？更複雜的是，一九九五年剛巧是立法會選舉年，司徒華和葉錫恩兩位重量級政壇人物都選在觀塘區出戰，正是九龍灣健康中心所在。愛滋病診所成為二人較勁的爭議焦點，社會情緒迅速升溫。

一九九五年年底，衛生署宣布將健康中心位置南移二十五米，但小修小改平息不了民憤。翌年一月，居民在啟仁街近麗晶花園入口處用木頭搭建「司令台」，組織抗議，包括環繞屋苑遊行、到基地示威、在政府總部門外通宵靜坐等，更釀成警民衝突。十月，申訴專員公署確認民間組織投訴成立，指官方的決策過程並沒有充分諮詢當地區民，但同一時間，建築工程正式開展。一九九八年，政府設立溝通機制「診所工程跨部門聯席會議」，由民政事務處統籌各部門與居民定期開會，但只為憤怒的居民帶來辱罵官方代表的機會……

群情洶湧，被民間冠名「愛滋病醫生」的李瑞山醫生自然成為狙擊目標，曾被包圍致無法下車，也陷入失焦的爭拗中，「你解釋愛滋病，他們說沒諮詢公眾；你說日常接觸沒有傳播風險，他們說中心招惹妓女；你說歧視，他們說X光中心放『死光』……總之甚麼都不對。」

後來衞生署乾脆建議他別跑到現場，希望淡化事情，但事與願違——抗爭司令台架上健康中心啟用日期的倒數牌，饒有宣戰意味。

於是，李瑞山醫生想到請朱耀明出手，以獨立身分領導社區聯絡小組，協助調停各方爭議。那是一九九九年，健康中心已經落成並且準備啟用，沒有比「燙手山芋」更貼切的形容詞了，他以為朱耀明一定拒絕，還記得對方的即時反應是：「嘿！你這時來找我?!」

但是他答應了。

朱耀明說，自己確實猶疑過。在社會運動裏，他從來都跟居民在前線並肩，沒想到這次卻必須繞到居民的另一面。資深傳媒人善意提醒，九龍灣居民或許會到教會示威呢！眼前分明是渾水，但朱耀明想一想還是蹚進去：臨危受命，並非為政府的失策背書，而是幫助被社會排拒的人，畢竟這是他當年貿然找上李瑞山醫生的初心。

他立即找來社運戰友加入，包括陳健民、吳錦祥、鄧偉棕等，再透過衞生署把親中政治人物潘進源邀進社區聯絡小組當中——他是麗晶花園居民，也是這次抗議運動的領袖之一。

朱耀明和李瑞山醫生有一共識：小組裏必須有潘進源，方能突破溝通困局。

「潘進源進來，到底會『攪局』還是幫忙？我一直願意相信他能幫上忙。我們要確保訊息暢通，讓他了解情況，帶回反對陣營消解疑義。」朱耀明說：「這步棋一定得那樣走，只有尊重和接納不同意見，才有機會放下分歧。」

一九九九年四月，九龍灣健康中心及護養院社區聯絡小組正式成立，成員有牧師、地區領袖、服務提供者、律師、學者、區議員等。

開會是折騰。好幾次，抗議者衝進會場粗言穢語，主持會議的朱耀明斥喝他們離開。有趣的是，後來被驅離會場的不只抗議者，「健康中心的護養院率先啟用，來籌備的職員被居民攔截和語言騷擾。民政總署派行政主任來開會，我問他能否為健康中心的職員開路？那人總是說要回去討論。我說，你這樣來開會沒意義。」朱耀明說：「下一次，他們換民政事務專員曾慶基來，誰知他更滑頭。我火滾（大怒），叫『你走！立即走！』」

朱耀明不在抗議者的矛頭上，主力在幕後消解矛盾，他約見潘進源，苦口婆心地勸導：「你作為社區領袖要解鈴，畢竟這困局持續經年了。大樓已建好，各部門陸續投入服務，不單有愛滋病診所，還有學童保健、老人院和一般門診。你既不能推倒大樓，也不能鏟除服務，糾纏下去只會令居民受苦。」對方回應：守住司令台的是老人們，他剎不住。

潘進源的處境令朱耀明深刻體會：社會運動領袖不能只帶群眾走進死胡同，必須為大家預留逃生出口。而在李瑞山醫生口中「看似憂國憂民，實質離譜，倘若碰上會調頭走」的潘進源，事件結束後一直與朱耀明保持聯繫，更曾擔當中間人，安排與中聯辦官員（中央人民政府駐香港特別行政區聯絡辦公室）見面溝通，直至「佔領中環」行動開始籌備，方才中斷。

如果說，納入潘進源是九龍灣健康中心事件的第一個突破因素，那麼平等機會委員會的介入是另一個關鍵。

那時中心已經啟用了，外圍被掛上「老人體弱學童嫩，愛滋性病要搬離」等歧視標語，有家屬陪伴長者入住護養院時被攔截，也有職員抵不住群眾壓力請辭。另一邊廂，反歧視大聯盟和香港彩虹（同志運動組織）則到場懸掛看板和派發單張宣傳愛滋病教育，與反對的居民僵持。戰線愈來愈多，朱耀明遂游說平等機會委員會介入。

平等機會委員會成立於一九九六年，剛好是九龍灣健康中心曝光翌年。這個法定機構負責執行反歧視條例，當中《殘疾歧視條例》對「殘疾」的定義，包括「因體內存在有機體（如愛滋病病毒）而引致疾病，或在體內存在可引致疾病的有機體」一項。李瑞山醫生指出，這是法律改革委員會諮詢衛生署後加入的，即是在立法之初，已決定把愛滋病患者和帶病毒者納入保護，可說因健康中心事件而起。[10]

然而，即使條文在手，平機會待至一九九九年才積極回應，在健康中心設立臨時辦事處跟進投訴，又發公開信提醒居民，滋擾中心職員的行為可能觸犯歧視條例。一九九九年九月，新任主席胡紅玉更表示，不排除會協助申訴人向麗晶居民提出控訴，這鮮明的立場帶來嚇阻作用。

10 平等機會委員會出版，《九龍灣健康中心研究報告》，見https://www.eoc.org.hk/zh-hk/policy-advocacy-and-research/investigation-reports/2005-2。

與此同時，由朱耀明領導的社區聯絡小組一邊打傳媒戰，一邊走進社區解答疑慮，做居民教育。成員之一陳健民這樣回憶：「可謂深入虎穴做爛頭卒，遇過很多粗口……」他們不單透過電台和報紙講述診所面對的困難，也到鄰近屋苑挨家挨戶派發傳單，定期匯報進展。小組還邀請獨立專家進行輻射測試，以回應居民對健康中心X光設備釋出「死光」的關注；又發起聯署，支持無辜承受了許多惡意的健康中心員工，希望社會聽到不同的聲音。

直至反對最激烈的幾位老人同意和解，一場持續經年的居民運動，才終告落幕。

二〇〇二年，香港中文大學社會學系進行獨立研究，由陳健民執筆撰寫《鄰近社區對愛滋病治療設施的抗拒——九龍灣健康中心個案研究》，[11]就選址過程、諮詢方式、標籤與保家症候、[12]社區策略、法律問題、與非政府組織及傳媒關係等提出建言，成為日後政府設立同類設施的參考。

朱耀明在當中撰寫後記——

「纏擾了超過六年的糾紛，促使不同的社群、機構和整體社會認識到尊重個人尊嚴的重要性。事件得以解決令人感到欣慰。這亦有賴投訴人和兩被告所表現的勇氣。原告並非為個人利益或增加磨擦而作出投訴，而是基於一個原則——受愛滋病毒感染者可無懼地在一個沒有壓力和歧視的和諧環境中生活。被告勇於作出道歉，堅守同一原則，並表達了對一個建基於互相支持和尊重的和諧社區的信念。雙方以勇氣承擔了社會責任，使我們明瞭平等機會的真正意義，更加謙讓地與人相處。」

今時今日，有效的治療把愛滋病弱化成某種意義上的慢性病，漸漸洗脫「死亡金字塔」的恐怖形象，防治策略亦相應調整。至於當年無法踏足九龍灣綜合健康中心的李瑞山醫生，自從離開衛生署後，反而每週回去應診照顧愛滋病患者。

李瑞山醫生說：「事後我更尊重朱牧。很多備受尊重的社區人士都珍視身分，或者說白點，珍視自己的光環，不是人人都願意在那種對立中站出來。也許連朱牧也不知道，自己發揮了那樣大的作用。那場爭議持續三年多，他以無比毅力在艱險中堅持，之後，不是醫護專業的他，在香港愛滋病議題上成為備受尊重的意見領袖，並且繼續務實地為患者排解困難。」

「朱牧也拉闊了我對宗教的看法。我出身於天主教學校，在學時思想開放，可是出來做事，卻每每看到教會的局限。教會就像一間間房子，愛把人放進去，卻不鼓勵他們出走看看世界究竟需要甚麼。朱牧的入世，教我看到教會原來也可以令社會更適合人們居住。」

李瑞山醫生沒告訴朱耀明的是，一九九七年主權回歸後，他連續三年建議政府向朱耀明

11 陳健民，《鄰近社區對愛滋病治療設施的抗拒—九龍灣健康中心個案研究》，https://www.aids.gov.hk/pdf/g115.pdf（二〇二三年一月十七日瀏覽）。

12 編按：保家症候或稱鄰避效應，因公共設施如垃圾場、殯儀館可能帶來的風險和成本由設施附近居民承受，引發居民「不要建在我家後院」（Not In My Back Yard）的心理和反抗行為。

頒發特區勳章，但不成功，「他們還是喜歡比較『聽話』的人。雖然我知道朱牧不在意這種榮耀。」

有另一種榮耀，肯定更教朱耀明欣慰。

從紅絲帶中心的公職退下來後，有愛滋病病毒感染者主動找他幫忙成立互助組織。朱耀明一口答應出頭辦事，免得感染者身分曝光。

「這是病人對我的接納。而且與其陷入無法平息的紛爭，我更樂意以僕人的方式服侍人們。」朱耀明說：「事實上，每次進入新事情，我都成為受教者。或許這正是我優勝之處：願意接納，甚至改變自己對一些事情的看法。」

朱耀明在1997年獲末代港督彭定康頒發英女王榮譽勳章，既肯定他的社會服務，也肯定他的理性抗爭和人道行動。然而，主權回歸後，權力與行動者的關係再不一樣。

附錄——朱耀明：路

人們不講道理、思想謬誤、自我中心，
不管怎樣，總是愛他們；
如果你做善事，人們說你自私、別有用心，
不管怎樣，總算是做善事；
如果你成功以後，身邊盡是假的朋友和真的敵人，
不管怎樣，總是要成功；
你所做的善事明天就被遺忘，
不管怎樣，總是要做善事；
誠實與坦率使你易受打擊，
不管怎樣，總是要誠實與坦率；
你耗費數年所建設的可能毀於一旦，
不管怎樣，總是要建設；

人們確實需要幫助，然而如果你幫助他們，卻可能遭到攻擊，
不管怎樣，總是要幫助；
將你所擁有最好的東西獻給世界，你可能會被踢掉牙齒，
不管怎樣，總是要將你所擁有最好的東西獻給世界。

《一條簡單的道路：德蕾莎修女的質樸之道》

過往一世紀，科學家想盡了一切辦法克服地區與地區、人與人之空間的距離和障礙，以達天涯若比鄰之境。

科技確實是進步了，超音速噴射飛機可以將人類交通距離縮近。上網似乎顯示人與人之間的交往頻繁，應可增進瞭解，免除誤會，有助建立關係。曾有科學家認為：「只有人人能上網，世界才會和平，人類的前途才有保障，地球才不會毀壞」。

高科技不僅使人迷醉，更是將虛擬世界推至極峰。不論印刷或電子傳媒廣告都充塞著科技的承諾，科技好像具魔術力量，能使人更良善純真、聰明智慧、快樂詳和。

科技日新月異，人足跡無處不達，世界似是縮小了，人的接觸面多且廣，但人與人之間的關係卻反其道而行，疏離、孤立。

香港是沒有戰亂的進步社會，人分化而矛盾。資訊流暢而心裏仍然閉塞，街道走著不同

的人，但都有共通處：煩、悶、怨、恨、這一切猶若流行病毒，傳遍了整個社會。

千禧狂歡，無限的祝願，煙花爆放，耀人眼目。可惜瞬間的光輝照不亮人心。恨，掩蓋了眼睛，人，仍在黑暗中尋路。

九龍灣健康中心及護養院於九九年五月投入服務。期間，仍有少數的居民拒絕接受，作出一些騷擾性的行動。科技及人所能夠作的都作了，傳染病學專家的評估，結論是絕對安全。放射學專家亦測定沒有輻射。環保署量度噪音，沒有超出法定的標準。奈何有些居民還是堅持不接受中心大樓。

擾嚷近一年，麗晶花園居民要求開闢一條新路。我們也認同應該有一條路，可疏導求診者和家屬。政府有關部門官員說：不能開路，因為土地已撥出建學校，沒有多餘地作行人路之用。有些居民則極力認定：現時人來人往的行人大道是私人地方。病人、家屬、及診所工作人員不得經過。路，是有的，但被一小撮居民所封。

有巴士、小巴、的士、更有寬闊的車路和行人路，居民卻高呼：開路，近處一遍荒地，政府說：無地建路，何其荒誕。恨，掩蓋了眼目，閉塞了心靈。實際上，當前我們要的不是一條冷硬水泥路，而是一顆愛心。

有路不容他人走，不是築多一條路可解決。我們生活在同一社會，應該情同手足，守望相顧。嫌窮喜富、排拒弱勢，必然分化和激發社會矛盾。一個社群要扶貧助弱，關愛他人。

「愛人如己」可醫治自私、貪婪、冷漠、暴戾等病症。
愛是「一條簡單的路」。

朱耀明，紅絲帶中心管理諮詢委員會主席
《一九九八至一九九九年紅絲帶中心年報・序言》

III 失落了的民主回歸

現在回想，那時怎會確信能在這股勢力下創出公義的制度？

我們提出這個構想時，人們都覺得這是個新語言，是前人未曾說過的。也有人懷疑這個主張能否行得通，這就要拿事實來回答……再過十三年，再過五十年，會更加證明「一國兩制」是行得通的。人們擔心中國在簽署這個協議後，是否能始終如一地執行。我們不僅要告訴閣下和在座的英國朋友，也要告訴全世界的人：中國是信守自己的諾言的。

鄧小平，一九九四年[1]

1 來自鄧小平對柴契爾夫人說的話，《鄧小平文選》第三卷，北京：人民出版社，二〇〇九年。

八〇年代，人心浮蕩。

連串高山低谷在一九七二年三月埋下伏筆：中國駐聯合國代表黃華表示，香港是「英國當局佔領的中國領土」，中國政府會「在條件成熟時，用適當的方式」解決。話雖如此，經歷了百多年英殖統治的香港人，沒多少人把它放上心頭當真。[2]「借來的地方、借來的時間」[3]這句話，精闢點出小城處境——到處是過客，來逃難的、暫居的、發財的。如果心繫家鄉，那麼腳下的土地何去何從，大概不易撥動心弦？

但是這種樂觀情緒，頂多持續到一九八二年。一月，中國總理趙紫陽說，中國已為一九九七年後的香港制定法規；七月，中共元老彭真提到會以「特別行政區」的方式收回香港；九月，英國首相柴契爾夫人（Margaret Thatcher）訪問北京，與中國最高領導人鄧小平商討保留香港不果，離開人民大會堂時摔倒台階上，飛脫了手提包，也摔破了很多港人對前途的信心。

隨著各種消息起起伏伏，投資氣氛陷入低迷，金融和房市崩壞，港幣匯價持續暴跌，因為據說有商家拒收港幣，焦慮的市民把商場貨架掃光光。為了穩定民心，財政司彭勵治（John Henry Bremridge）公布聯繫匯率制度，承諾從一九八三年十月十七日起，透過金融政策和強大的官方儲備，把港元和美元掛鈎，穩定在七．七五至七．八五港元兌一美元的區間內。然而，老牌英資公司怡和集團翌年宣布遷籍，[4]在港人虛怯的心臟上再補一刀。

形勢急速變化，「政治前途」四字，終於鑄成小島居民心頭的鉛。

然後是歷時兩年的前途談判，期間港人被擯諸門外，只能壁聽從縫隙漏出的風聲。一九八四年十二月十九日，兩國簽署《中英聯合聲明》，終於確認一九九七年七月一日後「中國香港」的命運。政治漫畫家尊子旋即畫成盲婚啞嫁：柴契爾夫人和鄧小平兩位「家長」，把蒙著臉的「新娘子」香港嫁予寫著《中英聯合聲明》的紙卷。此時，移出香港的人口從八〇年代初每年二萬人，躍升到八〇年代末的三至四萬，大

2 根據香港歷史學家高馬可（John M. Carroll）的《香港簡史》（香港：蜂鳥出版，二〇二一年），「葡萄牙在一九七四年建議歸還澳門，被中國政府拒絕，許多香港人視之為吉兆，顯示中國可能也不願意收回香港。」

3 出自英國籍亞歐混血作家作家韓素音一九五九年於《生活》（*Life*）雜誌發表的文章，原文是"Squeezed between giant antagonists crunching huge bones of contention, Hong Kong has achieved within its own narrow territories a co-existence which is baffling, infuriating, incomprehensible, and works splendidly – on borrowed time in a borrowed place."（擠於強敵狗咬狗骨之爭鬥中，只有寸土之香港竟能與之共存，原因令人困惑費解，但香港成功了，就在借來的時間、借來的地方。）澳洲籍記者Richard Hughes在一九六八年借作書名來述說香港。

4 怡和把公司註冊地遷到英國的海外領地百慕達。

尊子的漫畫：拜堂。

部分是受過高等教育的中產專業人士。東方之珠成為新聞雜誌《遠東經濟評論》（*Far Eastern Economic Review*）筆下的「恐慌之城」（Jittery city）。[5]

在浩浩蕩蕩的移民潮中，朱耀明看到不少牧者的身影，以及在他們身上劃下的歷史傷痕。

> 〔美帝國主義〕這種侵略活動方式，主要是通過以巨額款項津貼宗教、教育、文化、醫療、出版、救濟等各項事業加以控制，來進行對中國人民的欺騙、麻醉、和灌輸奴化思想，以圖從精神上來奴役中國人民……
>
> 美帝國主義這些卑鄙的行為，激起了中國人民的巨大憤怒。各地學校教會醫院等的教員學生、醫務人員和職員工友，普遍愛國反美的示威，和對美帝國主義分子的反動破壞活動進行控訴，並迫切要求將這些機關由政府接辦或變爲完全由中國人民自辦。
>
> 中國副總理郭沫若，一九五〇年[6]

歷史上的共產政權和教會常常互相仇視，甚至生死相搏。說穿了，馬克思主義本來就否定宗教。待至共產中國成立，教會被定性為美帝國主義的侵略工具，除非轉型為政權認可的「三自愛國教會」，[7]否則連根拔起。於是，境內的教會及相關的教育和醫療機構匆匆撤走，不少南下到香港和台灣，開闢另一宣教地區。

數十年過去了，南下的教會在殖民地的土壤上蓬勃發展，慢慢脫下過客的簑衣，再深深地扎下根苗。可是驀然回首，從前被沒收資產、被強行接辦、被拘捕、被批鬥的回憶，依然鮮活。那些耶穌在地上的代表，有人再次擇木而棲，有人以安全回流為前提暫別家園，有人成為識時務者親近政權，但也有悲觀又積極的人——既認定教會處境堪虞，甚至不堪一擊，[8]又感到終須一戰，於是熟讀聖經，以防日後即使無書也能以「打游擊」方式進行崇拜，潛隱成為地下教會。

在所有沓雜中，一種聲音愈來愈堅定莊嚴，慢慢形成共識。「面對同一股力量，大家都想頂住（撐住），感到同行找出路的需要，聲音愈來愈一致。」朱耀明說：「那時教會想要傳遞出希望，常常有這句話：一起留下來面對歷史的責任，因為只有上帝才是真正的主宰。」

5《遠東經濟評論》一九八六年五月的報導。這份以香港為基地、主力報導亞洲政經的英文時事雜誌已於二〇〇九年停刊。

6 郭沫若，〈關於處理接受美國津貼的文化教育救濟機關及宗教團體的方針的報告〉，一九五〇年十二月二十九日。

7 三自指「自治、自養、自傳」，即脫離西方教會的管轄，由中國人成立獨立自主的中國教會，並由政府領導。

8 香港人口密度高，不少教會在商業大樓或住宅屋樓上闢堂，稱為「二樓教會」。其時有一種看法，認為當局只須收緊消防條例，便能以安全理由輕易取締「二樓教會」，達到扼殺的效果。

我們認定神是創造、救贖、審判並掌管歷史發展的主宰，所以我們相信香港前途的任何轉變，都在祂照管之下。我們既有這信念就堅定不移，以平安的心努力完成祂在我們身上的旨意。同時，身為香港市民，我們有責任用神所賜的智慧去客觀地分析歷史的變遷，面對現實，積極負起在歷史轉變中基督徒應有的責任。

〈香港基督徒在現今社會及政治變遷中所持的信念獻議〉，一九八四年

一九八四年四月十三日，八十多位來自不同宗派的教牧、神學工作者、機構同工等，簽署〈香港基督徒在現今社會及政治變遷中所持的信念獻議〉（簡稱〈信念書〉），[9]宣講教會的大時代使命，試圖在翻波的大海中拋下船錨。〈信念書〉的十點內容在教會內外廣泛流傳，多少帶來靜定作用。

一直服事柴灣的朱耀明，也感受到區內民眾的焦慮。「早年你若在雙十節來柴灣，會看到很多青天白日滿地紅旗，因為很多避走中共統治的難民都落腳於此。三十年後，他們好不容易安定下來，難道要再跑一次嗎？」更甚者，柴灣屬基層社區，多數居民根本沒有移民的本錢，只有目送別人遠走的惶恐。

也是過來人的朱耀明，對極權同樣心有餘悸，但是作為牧者，他深刻體會到自己的責任——單單堅守崗位並不足夠，還要有意識地跳出舒適圈，從關注民生走上爭取民主的路，並

認定「香港前途自由穩定，教會就會自由穩定」的方向。

「我一直關心『民眾的焦慮』。八〇年代初，民眾擔憂的是醫療、交通和房屋；到了八〇年代後期，大家開始尋求一種不怕專政威脅的保證。」朱耀明說：「前途談判和政治制度於我是新範疇，不容易掌握，可是它們已經成為教會和整個社會的共同憂戚了，不能抽離不理。」

香港基督教協進會由不同教會合組而成，自一九七七年起由關心香港前途和民主公義的郭乃弘牧師擔當總幹事，主張回應社會。他在一九八一年成立公共政策委員會，就大眾關注的議題出謀獻策，研究焦點最初是貧窮問題、教育和醫療政策等，後來逐漸延伸到政制改革、教會角色與香港前途，希望在紛擾世情中尋覓穩定人心的鑰匙。

朱耀明在一九八二年加入公共政策委員會，與盧龍光牧師、林壽康和黃碧雲等搜羅和研究各國憲法，討論理想中的香港民主政制應該長甚麼模樣。那是一趟令人謙遜的過程，他們從頭學起，建立思考未來的知識系統，像是，甚麼是民族主義、社會主義、自由主義、民主思想？別國的政制如何保障民主人權？一國兩制下怎樣實踐這些理想？如何思考中國？哪些是香港人必不可失的價值？……一個個大哉問，引領朱耀明一步步走出柴灣，加入呼喊「還

9〈信念書〉草擬小組成員有錢北斗、趙天恩牧師、余達心牧師、劉少康牧師和梁永泰，執筆的是受過歷史神學與系統神學訓練的余達心牧師。

政於民」的行列。

「宗教界參與政制討論，雖非主流，卻能安心。」——這是司徒華的話，朱耀明多年來牢記於心。他這樣理解：神職人員是爭取民主的同行者，他們沒有政黨牽掛，不涉及利益，更能著眼於制度的公平性，令人信服，是公民社會一股特殊的維繫力量。

然而，當牧者在政制發展中愈走得前，與主流教會的關係也就愈見微妙。〈信念書〉的共識，是基督徒積極負起歷史轉變中的責任，可是怎樣才算積極？如何從這基礎再往前走，推動改變？教會應否高調影響政府制訂政策？傳福音重要，還是社會關懷重要……？

「當時主流教會看來很積極，好像很多話要說，但是最關注的是信仰自由和教會生存空間，即是自保。一旦涉及政制議題，界線就出現，夠膽觸碰的人不多。」當中一位正是基督教協進會總幹事郭乃弘牧師。他引領宗教界參與爭取民主，引發協進會的路線之爭，有人認為「當依附甚至順服政權」，也有人覺得「當與政權保持距離，並在需要時進行批判」。後來協進會改選執委會，把管理模式由「授權」改為「管束」，郭乃弘牧師遂在一九八八年離開，另立香港基督徒學會繼續回應時代。

「說穿了，真正用行動實踐〈信念書〉、對政制發展持批判態度的牧者，來來去去得幾人，一架的士坐晒（一部計程車夠坐）。」說著，朱耀明笑了起來：「我們曾開玩笑：不要坐上同一輛的士，不然一失事便全軍覆沒。」

縱然勢孤力寡，朱耀明還是縱身一躍，投入那個迷惘卻容得下美好想像的大時代——

一九八四年七月十八日，港英政府發表諮詢文件《代議政制綠皮書：代議政制在香港的進一步發展》，[10]倡議建立一個「權力穩固地立根於香港，有充分權威代表港人的意見，同時更能較直接向港人負責」的政制，被視為香港政制改革之端。翌年落實兩大改動：政府官員不再出任區議會議員，並在立法局加入間接選舉元素，增強議會的代表性。

一九八四年九月十六日，數千市民出席在土瓜灣高山劇場舉辦的《代議政制綠皮書》民間團體代表大會，討論香港未來的政制，達致爭取「循序漸進，還政於民」的初步共識。

一九八四年十二月十九日，英國首相柴契爾夫人和中國總理趙紫陽簽署《中英聯合聲明》，奠定香港歸還中國統治後的安排，特別是「一國兩制」、「高度自治」和「五十年不變」的管治模式，具體內容包括：

代議政制社區座談，積極參與香港未來政制的討論。

10 按英協國家或英殖民地政府習慣，《綠皮書》是推行重要政策前徵詢民意的方式，《白皮書》則是收集民意後正式發表的重要文件或報告書。

除外交和國防事務外，香港享有高度自治權，社會經濟制度和現行法律基本不變，言論、出版、集會、宗教信仰等權利和自由不變；自由港地位不變，可自行制訂貿易政策和協定；不必向中央繳稅，駐紮香港的中國人民解放軍部隊不干預特區事務。柴契爾夫人形容一國兩制是「天才的構想」，鄧小平則說「歸功於馬克思主義的辯證唯物主義和歷史唯物主義，用毛澤東主席的話來講就是實事求是」。[11]

一九八五年，中國成立香港特別行政區基本法起草委員會，起草《基本法》，作為回歸後香港特區的憲制文件，確立《聯合聲明》承諾的高度自治，香港立法會、特區政府和司法機構組成辦法、權力和責任，以及與中國政府的關係等。委員會五十九位成員全部由中方委任，香港人佔不足一半的二十三個名額，司徒華和李柱銘是其中僅有的民主派。[12]

一九八六年十月二十七日，香港教育專業人員協會（簡稱「教協」）、太平山學會、滙點、民主公義協會等關注香港前途的團體，延續高山大會集結的力量，合組「民主政制促進聯委會」（簡稱「民促會」），爭取在一九八八年立法局選舉引入直選議席（簡稱「八八直選」）。它由司徒華及李柱銘領導，是為民主派雛型。

一九八六年十一月二日，民促會以「促進政制民主，發揮高度自治，落實港人治港」為題，再次召開高山大會，參與者逾千，除了民間組織和壓力團體代表，還有郭乃弘牧師、余達心牧師、夏其龍神父和朱耀明等宗教界人士。大會宣言由夏其龍神父宣讀，要求建立高度自治的港人治港政府，實踐三權分立。

一九八七年，港英政府重啟政制改革諮詢。一邊廂，民主派收集到二十二萬個聯署支持「八八直選」，另一邊廂，中共動員中資企業及親共工會提交反對意見，而保守陣營的華人菁英則把民主宣傳為「動蕩之源」。面對中共強勢介入，港英政府翌年發表《白皮書：代議政制今後的發展》，把民意定調為「同意加入直選議席，卻對實行時間有歧見」，宣布只會在一九九一年的立法局選舉引進十個直選議席。事件令港英政府陷入不被市民認可的危機，被傳媒戲謔為「跛腳鴨政府」。

一九八七年和一九八八年，司徒華兩度帶領民促會成員前赴北京，會見國務院港澳辦公室副主任李後和魯平等中方官員，討論回歸後香港的政制發展。第二次上

11《鄧小平文選》第三卷，北京：人民出版社，二〇〇九年。

12 一九八九年六四事件後，二人以「不為一個盡失人心的政府做事」為由，聯袂退出基本法起草委員會。

第一次香港訪京民主對話團。

京時，民促會還帶同五千個市民支持的簽名，向中方游說「一九〇方案」：特首候選人由立法會議員提名，再經全港選民一人一票選出；立法會有一半直選議席，餘下的由功能組別和間接選舉產生。「一九〇方案」被視為激進方案，與此同時，坊間還有以羅康瑞為首、工商界保守的「八九人方案」，[13]以及走中間路線的「雙查方案」。[14]不同陣營和意識形態激烈角力，爭取在混沌的歷史時空中，繪畫出符合自己想像（和利益）的未來香港。

民促會兩次訪京，朱耀明都參與其中。

第一次，李後在國際賓館飯店設宴招待民促會成員，席間講述中國人飽受列強欺凌的歷史，說到動容處，深深觸動了朱耀明的家國情懷，感到與大眾的苦難相通。第二回換魯平接見，臨行前一晚，朱耀明提出香港要有宗教自由，不需要像大陸那樣設立「宗教事務局」，沒想到對方翌日立即加插行程，安排朱耀明等與局長面談。「因為時間緊迫，我坐下便單刀直入，說香港不需要宗教事務局。局長不悅，但還是說，在『一國兩制』下，香港的宗教自由跟大陸不會一樣。」

這個專制國家散發出甜美氛圍，帶來詭異的樂觀，彷彿官員有在聆聽、表達是自由的、爭取是有用的、未來是有希望的。兩次交流後，「一九〇方案」的商議沒寸進，可是訪京團各人感覺良好。除卻司徒華。

司徒華出身清貧，少時曾經隨兄長參與左派組織的政治運動，後來雖然拒絕加入共產黨成為地下黨員，卻因為在社運前線發揮了巨大的能量，[15]一直備受拉攏，是故熟悉中共統戰的思路和套路。但見同行者莫名樂觀，他忍不住戲謔：「你們太天真了。」

真是天真嗎？朱耀明也不否認，但他看到的不只是天真，還有「好歹一搏」的勇氣。「我們知道中共的承諾也可能是假的，可是香港人面對的現實是，除了草擬中的《基本法》，甚麼都沒有，唯有齊心協力，即使『假戲』也要當『真做』，希望有天成真。」他猶記得資深大律師張健利的提醒：「我們這樣爭取，不是因為相信這個政權，而是相信我們有上帝作主宰。」

為了迎接香港歷史上第一次有直選議席的立法局，朱耀明懷著滿腔熱誠，與同路人一起鼓勵公民參與，希望實踐基督徒對政制發展的構想，「我覺得教會不能以『聖潔』來劃界，要在社群裏發揮影響力。」早年的社運和壓力團體會有某種政治「潔癖」，抗拒進入建制，可

13「八九人方案」建議：一九九七年後的行政長官由一個六百人選舉團選出，這個選舉團還會選出四分之一立法會議員，而立法會一半議席由功能團體選舉產生，直選則佔四分之一。其主張引用韓國學運示威者投擲汽油彈的例子，警告市民直選的危險性，又指搞民主運動等同無政府主義和暴動。

14「雙查方案」由兩位香港基本法起草委員會委員查良鏞（金庸）與查濟民（企業家）提出，建議立法會分三屆發展到半數直選，而第二及第三屆行政長官由八百人組成的選委會選出，在第三屆行政長官任內，進行一次全體選舉委員投票，以決定第四屆是否普選。

15司徒華自一九六一年起擔任小學校長，至一九九二年退休。他在一九七〇年代爭取中文為法定語文的運動，又發動教師罷工反對薪酬剝削。一九七三年香港教育專業人員協會成立，司徒華成為創會會長，並領導香港教育界抗議日本篡改教科書中的侵華歷史。

是在高山大會發酵出一種新共識：要推動政制開放，先要有人參政，而政黨政治也必須發生。也就是說，政治化無可避免。

小島裏　誰也是繁忙　求進取不惜拼命趕
難有空的目光　可會緊閉如蚌　忘掉看四周境況
願你可不將耳目收藏　願你可與我多聽多望
盡去關心多一些　你從不似蚌　我願與你共創千柱光
攜手可創造光芒　齊心關注定破浪
既在人海中同航　但求齊力幹　將光輝灑遍每一方
照著你　照著我　去共創　更好境況

〈蚌的啟示〉馮添枝作曲，林振強填詞，一九八六年

一九八六年的流行曲〈蚌的啟示〉，正好為那個時代的香港留下一個積極的印記。關正傑、區瑞強和盧冠廷三位形象正面的歌手，齊用歌聲提醒忙碌的香港人：不要迴避社會事務，多聽多看多參與，才能共創美好將來。它是政府委託創作的公民教育宣傳歌，市民卻出奇受用，唱得街知巷聞。

朱耀明也為那個時代的自己，留下了一個積極的印記。舊照片中，他難得地結上領帶，滿目陽光，渾身是勁，在維多利亞公園派發傳單，鼓勵民眾好好運用議會選舉神聖的一票。像很多香港人那樣，他大意地容許自己對未來有太美好的想像，「現在回想，那時怎會確信能在這股勢力下創出公義的制度？」

然後就是一九八九年的春夏之交。那些再也走不出北京天安門廣場的魂兒，也都曾經對未來有過太美好的想像。

香港人遙遙見證中國共產黨對一場學生運動的鎮壓，先是義憤填膺，然後集體被撼動，再駭然回望自己的處境……

民主回歸的幻影破滅了，接下來該怎麼辦？

一九八九年七月，立法會辯論英國國會的香港報告書，議員幾乎都針對英方拒絕向香港人提供居英權作「逃生門」發言。

立法會議員周梁淑怡說：「這恐懼是恐懼香港有天安門事件、恐懼會不擇手段維持至高權威的政府、恐懼我們子女會失去自由、恐懼我們視為當然的價值標準分崩離析。」

立法局議員葉文慶說：「如果你不給我們這保障，儘管我不願意也要忠告港人，現在就要立即找逃生地方。身為立法者，我職責是以港人為先，安定繁榮為次。」

立法會議員司徒華說：「我不會離開香港的立場，永遠不會改變。我在香港出生，但英國即使給予我居留權，我也不會接納。我理解居留權是港人應有的權利，我尊重他們免於恐懼的自由，我不能無視他們的意願，我深信他們不論將來去到甚麼地方，都仍然會以作炎黃子孫而自豪，會為實現一個民主、自由、人權、法治的中國而有一分熱，發一分光。我是因此而參與發起『港人救港運動』的。」

「港人救港運動」由一百一十人聯署發起，除司徒華和李柱銘外，還有工商界和宗教界等不同政見和界別人士，以及日後成為特區首任律政司司長和終審法院首席法官的梁愛詩和李國能等。他們向英國提出三項要求：一、打開「逃生門」，向所有香港人提供居英權；二、加速政制民主化，在一九九七年前以真民主來穩定社會；三、草擬國際認可的人權法案，保障香港人的人權和自由。李柱銘、行政局議員鄧蓮如和李鵬飛等，為爭取居英權多番組團到倫敦游說。

「今天回顧『港人救港』運動，當然不算政治正確，但是這種保障在當時是必要的，因

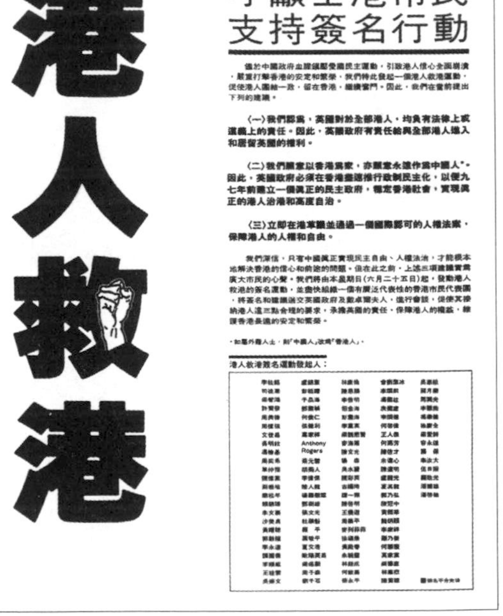

港人救港

呼籲全港市民支持簽名行動

鑑於中國政府血腥鎮壓愛國民主運動，引致港人信心全面崩潰，嚴重打擊香港的安定和繁榮，我們特此發起一個港人救港運動，促使港人團結一致，留在香港，繼續奮鬥。因此，我們在當前提出下列的建議。

（一）我們認為，英國對於全部港人，均負有法律上或道義上的責任。因此，英國政府有責任給與全部港人進入和居留英國的權利。

（二）我們願意以香港為家，亦願意永遠作為中國人*。因此，英國政府必須在香港盡速推行政制民主化，以便九七年前建立一個真正的民主政府，穩定香港社會，實現真正的港人治港和高度自治。

（三）立即在港草擬並通過一個國際認可的人權法案，保障港人的人權和自由。

我們深信，只有中國真正實現民主自由、人權法治，才能根本地解決香港的信心和前途的問題。但在此之前，上述三項建議實為廣大市民的心聲。我們將由本星期日（六月二十五日）起，發動港人救港的簽名運動，並盡快組織一個有廣泛代表性的香港市民代表團，將簽名和建議送交英國政府及戴卓爾夫人，進行會談，促使其接納港人這三點合理的要求，承擔英國的責任，保障港人的權益，維護香港長遠的安定和繁榮。

*如屬外籍人士，則「中國人」改為「香港人」。

港人救港簽名運動發起人：

當年在《明報》刊登的聯署聲明。

為信心已經崩潰。我們為市民爭取護照，強調用作保險，重點是鼓勵大家團結一致、留港奮鬥，因為這才是香港的轉機。」朱耀明說。

但爭取居英權的行動沒有成功。[16]香港總督衛奕信爵士在一九九〇年公布「英國國籍甄選計劃」，只向最多五萬個家庭約二十五萬人提供英國公民身分，其餘絕大部分的香港人可望不可及。香港的移民潮隨後達到頂峰，在一九九〇至一九九四年間總共移出了三十萬人，佔總人口五%。

爭取人權法非常成功。立法局在一九九一年通過具凌駕性的《香港人權法案條例》（簡稱「人權法」），任何有牴觸的香港法例都必須修改，其後還載入《基本法》第三十九條，明訂《公民權利和政治權利國際公約》在香港特區繼續有效。可惜它守不過二〇二〇年《維護國家安全法》（國安法）在香港實施之時——但那是悲涼的後話。

加快民主步伐的爭取有進展。港英政府把一九九一年立法會選舉的直選議席由十個增至十八個，差不多佔總數六十席的三分之一。一九九〇年，民主派成立第一個全港性政黨香港民主同盟（簡稱「港同盟」，即民主黨前身），由李柱銘擔當主席，吸引大批社運菁英加入，並在一九九一年直選中大獲全勝。

16 羅德承於一九八五年二月辭去行政立法兩局議員，並撥出五十萬元作為基金，夥同張人龍之子張振聲創辦「太平門公司」（Hong Kong Freedom of Movement and Rights of Abode Ltd），協助對香港前途沒有信心的人移居海外。

遠在北京天安門發生的事情，彷彿在南方小島一些人身上，植入了全新的東西：他們更認同香港這個共同體、更嚮往自由民主的價值、更習慣走出來遊行示威。而且，那以後很多年的六月四日晚上，數以萬計香港人都會返回維多利亞公園，為北方的魂兒點亮燭光。「爭取民主制度，也是為了抗衡專制政權，為民眾帶來真正的希望。」朱耀明很清楚，這背後的動力，不再是帶來盼望的「民主回歸」，而是夾雜著焦慮的「民主抗共」。

儘管仍持續照顧大陸民運人士，但那時朱耀明的工作重心，已經轉移回教會拓展社會服務，並於小西灣植堂。[17]至於民主路上的爭取，作為牧者，他自覺在港同盟成立後已經階段性完成，於是淡出，把餘下工作留給如雨後春筍般綻放的政黨政治。

> 這些支持民主的傳道人，在眾多壓力的夾縫中撒種，沒有個人的政治利益，只為了「能幫人成為更好的一個人」（夏神父語）。很多種子撒在不同的土地上，都可能沒有茁壯成長。但不用懷疑的是當年這些平和謙卑的參與，擴大了教徒和所有香港人的政治參與空間、提升了教徒和人民的社會和民主意識、拓展了政治空間，更為教會中人對民主運動和社會運動的參與，開啟了重要的道路。用朱牧師的說法，「下一輩走我們路的人，路已經平坦了很多。」
>
> 馬嶽，《香港八〇年代民主運動口述歷史》[18]

「下一輩走我們路的人，路已經平坦了很多。」這是朱耀明在二〇一二年前接受馬嶽教授訪問時說的話，如今回看，說得太早。

17 編按：植堂是基督教會在一個新地點建立信眾的組織團體，類似分堂的概念。
18 馬嶽，《香港八〇年代民主運動口述歷史》，香港：香港城市大學出版社，二〇一二年。

附錄 香港基督徒在現今社會及政治變遷中所持的信念（簡稱〈信念書〉）

引言

「九七」問題的出現，對香港造成很大的震盪，一般市民惶恐不安，作為神的子民，我們覺得有必要在此時刻重新確定教會歷來所持守的信念，並尋求我們在此歷史轉折中獨特的角色和使命，為教會未來尋找見證的方向。我們經過幾次相聚討論後，在神恩典的帶領下，達成下列十點共同的信念，為眾教會的信徒提供參考：

一、我們對社會政治變遷的看法

我們認定神是創造、救贖、審判並掌管歷史發展的主宰，所以我們相信香港前途的任何轉變，都在祂照管之下。我們既有這信念就堅定不移，以平安的心努力完成祂在我們身上的旨意。

同時，身為香港市民，我們有責任用神所賜的智慧去客觀地分析歷史的變遷，面對現實，積極負起在歷史轉變中基督徒應有的責任。

二、教會在社會變遷中不變的原則

我們不論在任何社會政治環境下，都應以聖經為我們信仰、生活、及事奉的最高準則。在社會動蕩期間，我們必然會受到衝擊、誘惑、甚至會經歷軟弱。因此，我們認定在任何情況中，務要忠於基督，不應因環境的改變而妥協，為遷就策略而犧牲聖經真理的原則，而應靠主大能堅守我們與主所立的約，絕對服從祂的命令，在危機中見證主，榮耀祂的名。

三、教會本質與教會使命

我們相信，教會是神在耶穌基督裏，藉著福音所選召出來的有形屬靈群體，是基督的身體，是基督所充滿的。神設立教會在世人中榮耀祂的名，服事人群，見證及擴展神的國，完成祂在基督裏創造及救贖的旨意，特別透過以下三個功能實踐出來：

1. 在本地及向世界各地宣傳神救贖的福音；
2. 藉著崇拜、團契牧養及屬靈紀律建立信徒群體的屬靈生命；
3. 在世上作光作鹽促使社會及文化的更新。

這使命是基督交付教會的，因此教會無論在任何環境變遷中，都應竭力維持這使命的全備性，不可因人的意思或政治影響而有所偏差，或將其分割。

四、基督徒對香港的責任與期望

身為香港市民的一分子，我們肯定基督徒有責任與廣大市民共同塑造香港的前途，使香港成為一個尊重人權、自由平等、安定繁榮的民主法治社會。在這歷史轉折的時刻，我們應肩負向香港人傳福音的責任，使他們享受神的恩典，活出更整全的生命。

我們期望香港於一九九七年後維持高度自治、市民享有神所賦予的人權自由：包括言論、出版、結社、集會、出入境、信仰及傳教等自由，使香港對於中國整體的現代化及民主化，能作出積極的貢獻。

五、香港基督徒對中國的承擔

身為中國人，我們與中國整體人民的歷史命運休戚相關。因此，我們不應單顧香港人的利益，也應在聖經原則下，關懷並參與中國的建設。我們期望中國廣大人民能充分享受神所賦予的人權自由，以致中國成為一個更秉行公義，人民生活豐裕的國家。我們更希望有更多的中國人民認識創造主真神，並享受祂所賜的救贖恩典。為此，我們願意盡最大的努力。

六、香港教會與普世教會的關係

我們相信香港教會是普世教會的一部分，與國內及世界各地的教會有屬靈生命上的關係，所以應保持聯繫溝通，彼此建立，彼此扶助，共同肩負福音的使命。

我們確認香港教會與中國及世界各地教會在屬靈生命上一脈相承；與此同時，我們肯定教會的地區性。因此，在中國文化的背景中香港特殊的處境下，香港教會應努力發揮地區教會的獨特性，保持行政組織上獨立自主，同時積極參與世界各地的宣教工作。

七、我們對政教關係的看法

我們相信，政府的權柄是從神而來的，在政府應有的權力範圍之內，我們應當順服政府。然而當政府的要求與神的旨意有所衝突時，我們應以順從神為我們行事的原則。政府的權柄有它一定的範疇。神給予政府的功能是要它維持法紀，使社會安定，人民生活得以保障，據此原則，在憲法轄管下，政府應向人民負責。基督徒在社會中應扮演先知的角色，並積極策勵政府秉行公義，造福人民。

八、社會變遷與教會內部更新

我們肯定教會過去數十年在傳福音，設立堂會，辦學及社會服務等事工上有一定的成果。然而，我們承認我們對蛻變中的香港社會反應未夠敏銳，教會模式缺乏突破。在這歷史變動的時刻，教會應作深入反省，尋求更新，使危機化為轉機，以下是可以考慮的幾個重點：

1. 加強對過去歷史發展及現今環境的認識；
2. 傳遞適切時代、忠於真理的信息；
3. 在信徒屬靈裝備上注意信心的建立並愛心的實踐；
4. 加強門徒訓練；
5. 發揮傳道人及信徒領袖以身作則的影響力；
6. 建立適切的教會模式及事奉模式；

九、基督徒的合一見證

在時代的變動中，教會會因著外來的壓力，及內在的不協調而面臨分裂的危機。因此在這時候，我們肯定信徒在基督裏的合一，在共同信仰的基礎上彼此接納，互相信任。在不同觀點上，彼此交流，並努力尋找具體合作方案，彼此支持，彼此配搭，站在一起面對挑戰。

十、教會自守與忠心

在主再來的盼望中，我們應該保持教會的貞潔，對主忠心，防備世俗主義滲入及任何權勢的左右，並在主裏彼此相愛，建立主的身體，榮耀主名。

結語

在這社會重大變遷的時刻，我們應格外積極把握機會，努力傳揚福音，見證主名。在確認以上各點的同時，我們深深體會自己的軟弱，深知不能憑自己的力量和決心，在衝擊和挑戰中站立。故此我們仰賴父神的大能與信實，基督的慈愛，聖靈的同在，保守我們的信心，引導我們走前面的道路。

一九八四年四月十六日

IV 讓黃雀飛

呼嚎的人們、奔馳的木板車、車上躺得歪歪斜斜的人，
白襯衫長出鮮艷欲滴的大紅花……

一九八九年四月十五日，被指「縱容學潮」而下台的前中共中央總書記胡耀邦過世，北京民眾聚集到天安門廣場人民英雄紀念碑附近，先是悼念，繼而求平反，再喊出「反貧富懸殊」、「抑官倒」和「新聞自由」等口號，然後直接呼喚民主。參與的民眾與日俱增，至月底已達數十萬，有高等學府走出來的學生和學人，也有街頭巷尾的販夫走卒。這片歷盡滄桑的大地，終於孕育出一場波瀾壯闊的民主運動。

遠在二千公里外的香港人，透過新聞遙遙見證，支持北京民主運動的聲勢愈來愈浩大，連親北京的左派團體也積極動員——工聯會帶頭上街遊行，教育工作者聯會發起捐款救助絕

食學生。而每年十一國慶都在校園掛滿五星紅旗的愛國學校培僑中學，也換上支持學運的標語。校長曾鈺成接受電視台訪問時說：「中國共產黨執政後，過去四十年裏，馬克思主義不但未能成為啟發中國年青人從哲學科學方面追求真理，反而變成思想禁錮，這本身對馬克思主義是很大諷刺。」[1]

此前朱耀明忙於教會工作和民促會的政制研究，未曾投入關注北京，但是從五月二十日凌晨始，他跟全港市民一樣，再也避不開在電視新聞重複播放的這番話：

「今天，黨中央和國務院召開中央和北京市黨政軍幹部大會，要求大家緊急動員起來，採取堅決有力的措施，旗幟鮮明地制止動亂，恢復社會正常秩序，維護安定團結，以保證改革開放和社會主義現代化建設的順利進行……」

時任國務院總理李鵬在黨政軍幹部會議上發言，代表黨中央把運動定性為動亂，並宣布在首都實施戒嚴。「旗幟鮮明地制止動亂」很快便成為人人曉得的緊箍咒，隱伏著某種殘酷的落幕方式。

五月二十日早上，十多個教會團體成立「全港基督徒聲援中國愛國民主運動聯合會」（簡稱「愛民會」），發表號外〈致全港基督徒書〉：「作為基督徒，我們相信，自由、人權，是上帝所賜予的，而民主是體現自由、人權的必要條件，作為中華民族的一分子，我們與中國大陸的人民是一體的，因此，必須具體承擔民族責任，參與促進中國的政制改革，打擊貪汙舞弊，使中國步向更光明的前景……這是我們唯一的選擇。」這份號外印刷了十七萬份，派發到全港七百間堂會。愛民會並呼籲信徒用行動支持在國內以生命爭取民主的同胞，包括馬拉松式祈禱「為中國求平安」和遊行等，並準備響應罷工、罷課、罷市等全港運動。

當日香港高懸著八號風球，但在民促會召集下，還是有四萬名市民冒著風雨到維多利亞公園集會，之後遊行到中國駐香港的准官方機構新華通訊社香港分社（簡稱「新華社」）[2]門外，聲援北京的民主運動。朱耀明記得，人群中有任職左校培僑中學的政治人物程介南，他率先上台大喊「李鵬下台！」這句口號後來在不同遊行隊伍中迴盪，愈喊愈起勁。

□□□□□□□□□□□□□□□□□□□□□□□□□□□朱耀明和戰友們都深深相信，此城的命運跟中國大陸互相綑綁，唯有專制政權改變，香港民主方有生機，所以必須集

香港基督徒愛國民主聯合會聲援中國民主運動。

1 曾鈺成是香港左派陣營的政治人物，民主建港聯盟（民建聯）的創黨主席，在二〇〇八至二〇一六年間擔任立法會主席。電視台訪問文字紀錄，https://medium.com/recall-hk/p64-2d7cc4dda98（二〇二三年九月十八日瀏覽）。

2 回歸後，此角色由中聯辦替代，即中央人民政府駐香港特別行政區聯絡辦公室。

結各界力量，運用本身特殊的政治空間來支援北京民眾。這既是同心，也是自救，衍生出來的口號「中港民主一家」，多年後被千禧世代唾棄，在當年卻是常識一種。

五月二十一日，香港左派報紙《文匯報》在社論「開天窗」，於空白版面刊出「痛心疾首！」四個大字，催化全城悲憤。[3]同日，這個有著五百六十八萬人口的殖民小城，有一百萬人上街，用腳反對北京當局的戒嚴決定，高舉的橫幅有寫著「人民力量萬歲」的、也有直斥「李鵬李鵬，豈容你專橫」的。義憤的香港人沿港島東區走廊行行復行行，擠滿被當作終點的跑馬地馬場。[4]那天李柱銘說了一句話：「香港從此不一樣」，朱耀明非常認同，「我們要告別『馬照跑、舞照跳』[5]那些膚淺論述，因為香港人終於堅定信念，未來會追求民主，把握自己的前途。」

晚上，「全港市民支援愛國民主聯合會」（簡稱「支聯會」）宣布成立，由司徒華擔任創會主席，成員採團體制，朱耀明代表愛民會加入其中。支聯會後來確立五大工作綱領：「釋放民運人士、平反八九民運、追究屠城責任、結束一黨專政、建設民主中國」。[6]

五月二十七日，香港演藝界在馬場發起「民主歌聲獻中華」，當代香港人叫得出名字的華人明星，幾乎都一一現身，共同締造持續十二小時的馬拉松表演，為北京的民主運動籌得一千三百萬元捐款。[7]

五月二十八日，北京、上海、澳門、台北、大阪、洛杉磯、墨爾本、多倫多、巴黎、柏林、倫敦等城市響應「全球華人大遊行」。香港的遊行人數再破紀錄，達一百五十萬人。除民主派外，親中陣營的工聯會和教聯會成員也積極參與，左派喉舌《新晚報》和《大公報》員工更走到遊行龍頭，高舉支持民主運動和人民必勝等橫幅。

一百五十萬香港人上街那天，朱耀明人在北京。

□□□

3 兩個月後中國政府秋後算帳，當時參與開天窗決定的社長李子誦被停職，總編輯金堯如則遠走他鄉。

4 因為預計參與人數眾多，警方安排向馬會借出場地，朱耀明說：「今日看來不可思議，但當時大家同聲同氣，都不接受政權殺人。這種氣氛，也是後來逃亡者衝破那麼多不可能，得以逃生的原因。」

5 一九八七年，鄧小平於北京接見香港基本法起草委員會，以「馬照跑，舞照跳」為喻，強調香港回歸後將維持資本主義制度，五十年不變。

6 五大綱領提出三十二年，爭取的尚未成功，支聯會卻在二〇二一年被迫解散。

7 活動由黃霑、陳欣健、曾志偉和岑建勳主持；參與現場演出的計有羅文、鄧麗君、梅艷芳、沈殿霞、汪明荃、盧冠廷、鍾鎮濤、夏韶聲、張學友、太極、Beyond、達明一派等；至於周潤發、譚詠麟、劉德華、張曼玉、林子祥等，則透過影像支持。

一九九〇年，梅艷芳又在美加地區發起「民主歌聲獻中華」活動，為民運籌款。娛樂圈對天安門事件的關注熱潮，立場堅定且撐到最後的寥寥無幾，梅艷芳可為代表。

□□

回憶中的首都之旅，朱耀明彷彿從未躺過北京飯店的床。他和同行友人穿梭於人民英雄紀念碑和幾間大學之間，通宵達旦地傾談，既認識了吾爾開希、柴玲、封從德和王丹等學生領袖，又在群眾當中聆聽運動策略的辯論。有關運動核心和組織散渙這說法，他看到的是——不少在廣場堅持了逾月的北京學生，覺得是時候重返校園，換個路徑推進民主；可是從各地湧來聲援的民眾，很多才剛剛扛著大包小包下長途車，無法接受此刻言退。

燠熱空氣中，不單嗅得出煙草和汗水，還交織著各種矛盾的氣息，興奮與疲憊、希望跟頹靡、信任和猜忌……既能孕育出美麗的胚芽，卻也潛伏著危險，充滿未知的能量。

後來在二〇一四年夏的另一場社會運動中，朱耀明偶爾失神，憶起四分一世紀以前那股複雜的味道。

一九八九年六月二日，朱耀明離開北京趕回香港，準備主持摯友羅恩惠的婚禮。臨行前，他對吾爾開希說：「我們無法得知，這次運動最後能否推動中國民主，但運動本身已經成功，因為它喚醒了中國人爭取民主的理想，也喚醒了各地華人的愛國情懷。各界知識分子都走出來了，這是中國民主化強大的開步。」□□

離開天安門廣場時，朱耀明知道軍隊已經重重包圍，只是無法預見在不足四十八小時後，廣場內外將淪為人間煉獄，自然也想像不到，自己在此後至少三十年，都不再踏足這片土地。[8]

至於六月三日那場婚宴上的新娘子羅恩惠，在三十餘年後始終無法把結婚周年看成喜慶，也甚少把婚宴合照掏出來看，生怕回憶會順著溜下去，一路通往悲傷。不想回憶，未敢忘記。

「如果不是我結婚，牧師可能已經死在北京。他會留在廣場與學生共進退。」她說。

羅恩惠當時在香港電台電視部當紀錄片編導，所以婚宴邀請了很多新聞界朋友，不少更剛從北京換班回來，跟朱耀明一樣散發著來自廣場的躁動氣息。大家的心思都在千里之外，家事國事在席間流轉。酒過三巡，賓客們好不亢奮，有人乾脆上台搶麥克風，疾呼「支持北京學生！」、「我是中國人！」……

1989年6月2日在天安門廣場。

8 □□□□□□□□□□□□□□□□□□□□□□□□□□□□□□□

當願望泡進酒精，所有美好彷彿變得觸手可及——直至賓客放上餐桌的收音機，開始廣播軍隊調動的消息。

台上鸞鳳和鳴，台下凜冽肅殺。

朱耀明已忘記婚宴怎樣收場了，他所有思緒都糾纏在「萬一軍隊開進廣場怎麼辦？」但深心處他明白，這一問只能指向一個結局。畢竟，不久前，自己才親睹過廣場上的無遮無擋，以及人們的毫無防範。那是子彈能歡快地橫飛飲血的地方。

回家後，朱耀明一家四口徹夜觀看電視新聞的直播畫面：砰砰的槍聲、呼嚎的人們、奔馳的木板車、躺在木板車上歪歪斜斜的年輕傷者，白襯衫上長出鮮艷欲滴的大紅花……。凌晨四時，廣場上的燈火突然全數熄滅，朱耀明形容是「恐怖時間」，漆黑中他只能祈禱，泣問上主：「為甚麼『人民政府』會殺害自己的人民？我們可以做甚麼？」

少年在大陸生活的痛重新被挖掘出來，鑽心蝕骨。他要自己牢牢記住這個痛徹心扉的體會：只要共產黨性質不變，它作出的任何承諾都是空談。[9]

「如果你說這不是一個邪惡的政權，我也不知該用甚麼形容。」朱耀明恨恨的說。

翌日太陽照常升起，但整個香港猶在餘震中，悲憤，同時難以置信。支聯會舉行「黑色大靜坐」，穿素服的人擠滿跑馬地馬場，抗議「中國最黑暗的一天」，到處都有抽泣聲。朱耀明遇上很多傷心的同路人，包括中文大學社會工作學系副教授馮可立。他摟著朱耀明痛哭，泣問：「牧師，如果有上帝，上帝為何會讓這場屠殺發生？」朱耀明回答：「這麼多人為正義而來，為譴責暴政而來，正正因為上帝臨在。」

六月九日，港人最後一個希望落空——鄧小平終於露面，發表講話：「對在這場鬥爭中英勇犧牲的解放軍指戰員、武警指戰員和公安幹警的同志們表示沉痛的哀悼！……我們永遠也不要忘記，我們的敵人是多麼兇殘，對他們，連百分之一的原諒都不應有。」[10]由「賢君」出來「撥亂反正」這種事情，只屬童話故事裏的美好。

□□□

9 此一體會亦可參閱笑蜀編，《歷史的先聲：中國共產黨曾經的承諾》，汕頭大學出版社，一九九九年；香港大學出版社再版，二〇一三年。

10「在接見首都戒嚴部隊軍以上幹部時的講話」，一九八九年六月九日，人民網，http://cpc.people.com.cn/GB/33839/34943/34944/34947/2617562.html（二〇二一年十一月十六日瀏覽）。

聲　明

一、强烈譴責北京當權者六月四日對學生、群衆的血腥鎮壓暴行！

二、北京當權者必須立刻停止一切鎮壓和搜捕行動！

三、對“六・四”事件中死難的學生、群衆表示沉痛的哀悼！

四、全港工人立刻行動起來，通過各種形式和渠道，把“六・四”事件的真相告知內地親友。

五、呼籲全港工人，根據本行業的實際，以各種形式參加“六・七”哀悼日的活動。

六、全港各階層市民保持冷靜，同心同德，以實際行動穩定香港，並繼續以積極、理智及和平的態度，支持國內的愛國民主運動。

香港工會聯合會

一九八九年六月六日

我們該怎麼辦？

個多月來，我們密切地關注着北京學運的發展，事態的演變使我們感到極度的不安、震慄和痛心。現在北京街頭血跡未乾，全國性的大規模搜捕又已開始。……如果這一局面仍然持續下去，社會經濟必將出現大倒退，國際對華信心亦會盡失，開放改革也將難以繼續。故此，我們緊急呼籲北京當局：

1. 立即停止搜捕不同政見人士；
2. 立即撤消戒嚴令；
3. 立即解除新聞封鎖。

由於中國局勢驟然變化，香港的安定繁榮受到極大威脅，廣大市民的信心受到嚴重打擊。

香港正處於一個十分困難的境地。在這個時刻，我們呼籲全港市民保持冷靜，團結一致——

1. 同舟共濟，緊守崗位，維護安定繁榮，維護整體香港市民利益；
2. 維護"中英聯合聲明"，堅持"一國兩制"，實現港人治港；
3. 維護新聞自由及言論自由；
4. 堅持愛國立場，爭取民主自由。

左｜六四屠殺後兩天，左派工會香港工會聯合會強烈譴責北京，並呼籲市民「積極、理智及和平」地支持國內的愛國民主運動。〔一九八九年六月六日《文匯報》〕

右｜六四屠殺後兩週，來自不同政治光譜的團體及個人聯合登報，叩問「我們該怎麼辦？」，要求北京當局停止搜捕，並緊急呼籲全港市民保持冷靜，以愛國立場爭取民主自由。〔一九八九年六月十六日《信報》、《文匯報》〕

□□□□□□□□□□□□□□□□□□□□□□□□□□□□□□□
□□□□□□□□□

Better fly away, in the sky away……
飛向遠方吧，飛到遠遠的天上去……
Picker coming soon, take from night to noon
果農快來了，從夜裏採摘到午間
Black and yellow you, like a banana too
你身上黃又黑，像根芭蕉
They might pick you someday
也許他們有天把你也摘去

□□□□□□□□□□□□□□□□□□□□□□□□□□□□□

高樹多悲風，海水揚其波。
利劍不在掌，結友何須多？
不見籬間雀，見鷂自投羅。

羅家得雀喜，少年見雀悲。
拔劍捎羅網，黃雀得飛飛。
飛飛摩蒼天，來下謝少年。

——曹植〈野田黃雀行〉

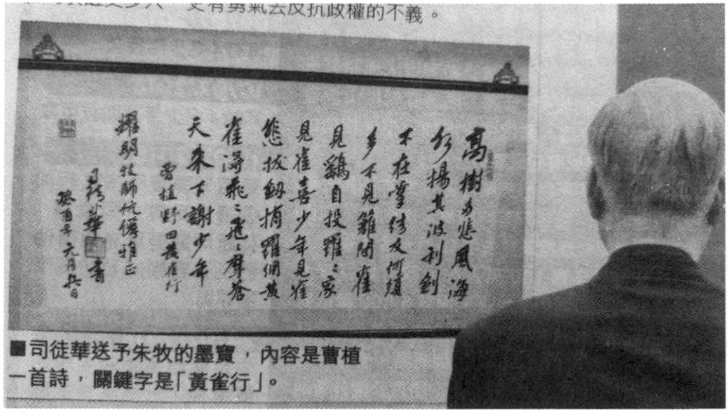

■司徒華送予朱牧的墨寶，內容是曹植
一首詩，關鍵字是「黃雀行」。

朱耀明看著司徒華致贈的〈黃雀行〉墨寶。翻拍自香港《蘋果日報》。

□□

□□□

□□

這個位處中國南方的英殖小城又走進歷史迴路，再次擔起避風港的角色；[11]與此同時，自己得面對更難測的命運。自北京學運演成血腥鎮壓，《基本法》的起草工作亂套了，不單民主派的司徒華和李柱銘退出草委會，連報人查良鏞和聖公會大主教鄺廣傑亦相繼求去。中

11 國共內戰末至中共建政初期，大批難民避走香港。亦可參閱容啟聰，〈綜論一九五〇年代香港的知識難民〉，《台灣人權學刊》第六卷第一期，二〇二一年六月，頁八七至九四。

英關係陷入泥濘，任何動作都可能觸動敏感神經。□□□

□□□□□□□□□□□□□□□□

□□□

□□

□□□□□□□□□□□□□□□□□□□□□□□□□□□□□□□□□□□□□□

□□□

□□

□□

□□□□□□□□□□□□□□□□□□□□□□□□□□□□□□□□□□□□□□
□□
□□
□□
□□
□□
□□
□□□□□□□□□□□□□□□□□□□□□□□□□□□□□□□□□□□□□□

□□□□□□□□□□□□□□□□□□□□□□□□□□□□□□□□□□□□□□
□□
□□
□□
□□
□□
□□□□□□□□□□□□□□

□□□□□□□□□□□□□□□□□□□□□□□□□□□□□□□□□□□□□□

□□□□□□□□□□□□□□□□□□□□□□□□□□□□□□□□□□□□□□□
□□□□□□□□□□□□□□□□□□□□□□□□□□□□□□□□□□□□□□□
□□□□□□□□□□□□□□□□□□□□□□□□□□□□□□□□□□□□□□□
□□□□□□□□□□□□□□□□□□□□□□□□□□□□□□□□□□□□□□□
□□□□□□□□□□□□□□□□□□

　　□□□□□□□□□□□□□□□□□□□□□□□□□□□□□□□□□□□□□
□□□□□□□□□□□□□□□□□□□□□□□□□□□□□□□□□□□□□□□
□□□□□□□□□□□□□□□□□□□□□□□□□□□□□□□□□□□□□□□
□□□□□□□□□□□□□□□□□□□□□□□□□□□□□□□□□□□□□□□
□□□□□□□□□□□□□□□□□□□□□□□□□□□□□□□□□□□□□□□
□□□□□□□□

　　□□□□□□□□□□□□□□□□□□□□□□□□□□□□□□□□□□□□□
□□□□□□□□□□□□□□□□□□□□□□□□□□□□□□□□□□□□□□□
□□□□□□□□□□□□□□□□□□□□□□□□□□□□□□□□□□□□□□□
□□□□□□□□□□□□□□□□

　　□□□□□□□□□□□□□□□□□□□□□□□□□□□□□□□□□□□□□

□□

□□

□□

□□

□□□□□□□□□□□□□□□□□□□□□□□□□□□□□□

□□□□□□□□□□□□□□□□□□□□□□□□□□□□□□□□□□□□□
□□□□□□□□□□□□□□□□□□□□□□□□□□□□□□□□□□□□□□□
□□□□□□□□□□□□□□□□□□□□□□□□□□□□□□□□□□□□□□

□□□□□□□□□□□□□□□□□□□□□□□□□□□□□□□□□□□□□
□□

□□□□□□□□□□□□□□□□□□□□□□□□□□□□□□□□□□□□□
□□□□□□□□□□□□□□□□□□□□□□□□□□□□□□□□□□□□□□□
□□□□□□□□□□□□□□□□□□□□□□□□□□□□□□□□□□□□□□□
□□□□□□□□□□□□□□□□□□□□□□□□□□□□□□□□□□□□□□□
□□□□□□□□□□□□□□□□□□□□□□□□□□□□□□□□□□□□□□□
□□□□□□□□□□□□□□□□□□□□□□□□□□□□□□□□□□□□□□□
□□□□□□□□□□□□

□□□□□□□□□□□□□□□□□□□□□□□□□□□□□□□□□□□□□
□□□□□□□□□□□□□□□□□□□□□□□□□□□□□□□□□□□□□□□
□□□□□□□□□□□□□□□□□□□□□□□□□□□□□□□□□□□□□□□

□□
□□
□□□□□□□□□□□□□□□□□□□□□□□□□□□□□□
　　□□□□□□□□□□□□□□□□□□□□□□□□□□□□□□□□□□□
　　□□□□□□□□□□□□□□□□□□□□□□□□□□□□□□□□□□□□□□
□□
□□
□□□□□□□□□□□□□□□□□□□□□□
　　□□□□□□□□□□□□□□□□□□□□□□□□□□□□□□□□□□□□□□
□□
□□
□□□□□□□□□□□□□□□□□□□□□□□□□□□□□□□□□□□□□
　　□□□□□□□□□□□□□□□□□□□□□□□□□□□□□□□□□□□□□□
□□
□□
□□

□□□□□□□□□□□□□□□□□□□□□□□□□□□□□□□□□□

□□

□□□

□□

□□□□□□□□□□□□□□□□□□
　　□□□□□□□□□□□□□□□□□□□□□□□□□□□□□□□□□□□□□□
□□
□□□□□□□□□□□□□□□□□□□□□
　　□□□□□□□□□□□□□□□□□□□□□□□□□□□□□□□□□□□□□□
□□
□□□□□□□□□□□□□□□□□□□□□□□□□□□□□□
　　□□□□□□□□□□□□□□□□□□□□□□□□□□□□□□□□□□□□□□
□□□□□□□□□□□□□□□□□□□□□□□□□□□□□□□□
　　□□□□□□□□□□□□□□□□□□□□□□□□□□□□□□□□□□□□□□
□□
□□
□□□□□□□□□□□□□□□□□□□□□□
　　□□□□□□□□□□□□□□□□□□□□□□□□□□□□□□□□□□□□□□
□□
□□

□□
□□
□□□□□□□□□□□□

□□□□□□□□□□□□□□□□□□□□□□□□□□□□□□□□□□□□□□
□□
□□
□□
□□□□□□□□□□□□□□□□□□□□□□□□□□□□□□□□□□□□□

□□□□□□□□□□□□□□□□□□□□□□□□□□□□□□□□□□□□□□
□□
□□
□□
□□
□□
□□□□□□□□□□□□□□□□□□

□□□□□□□□□□□□□□□□□□□□□□□□□□□□□□□□□□□□□□

□□
□□
□□
□□
□□□□□□□□□□□□
□□□□□□□□□□□□□□□□□□□□□□□□□□□□□□□□□□□□□□
□□□□□□□□□□□□□□□□□□□□□□□□□□□□□□□□
□□□□□□□□□□□□□□□□□□□□□□□□□□□□□□□□□□□□□□
□□□□□□□□□□□□□□□□□□□□□□□□□□
□□□□□□□□□□□□□□□□□□□□□□□□□□□□□□□□□□□□□□
□□
□□
□□□□□□□□□□□□□□□□□□□□□□
□□□□□□□□□□□□□□□□□□□□□□□□□□□□□□□□□□□□□□
□□□□□□□□□□□□□□□□□□□□□□□□□□□□□□□□
□□□□□□□□□□□□□□□□□□□□□□□□□□□□□□□□□□□□□□

□□
□□
□□
□□□□□□□□□□□□□□□□□□□□□□□□□□□□□□□□□□
□□□□□□□□□□□□□□□□□□□□□□□□□□□□□□□□□□□□□□
□□
□□□□□□□□□□□□□□□□□□□□□□□□□□□□□□□□□□
□□□□□□□□□□□□□□□□□□□□□□□□□□□□□□□□□□□□□□
□□
□□
□□
□□
□□□□□□□
□□□□□□□□□□□□□□□□□□□□□□□□□□□□□□□□□□□□□□
□□
□□

□□

□□

□□

□□□□□□□□□□□□□□□□□□□□□□□□

□□□□□□□□□□□□□□□□□□□□

□□

□□□
□□□
□□□

□□□□□□□□□□□□□□□
□□□
□□□□□□□□□□□□□□□□□□□□□□□□□□□□

□□□
□□□
□□□
□□□
□□□
□□□□□□□□□□□□□□□□□□□□□□□□□□□□□□□□□□□□□

□□□
□□□□□□□□□□□□□□□□□□□□□□□□□□□□□□

□□□
□□□

□□□

□□□

□□□

□□

□□□
□□□
□□□□□□□□□□□□□□

□□□□□□□□□□□□□□□□□□□□□□□□□□□□□□□□□□□□□□□
□□□
□□□
□□□
□□□
□□□□□□□□□□□□□□□□□□□□□□□□□□

□□□□□□□□□□□□□□□□□□□□□□□□□□□□□□□□□□□□□□□
□□□
□□□□□□□□□□□□□□□□□□□□□□□□□□□□□□

□□□□□□□□□□□□□□□□□□□□□□□□□□□□□□□□□□□□□□□
□□□
□□□
□□□□□□□

　　□□□□□□□□□□□□□□□□□□□□□□□□□□□□□□□□□□□□□□

□□

□□

□□

□□

□□□□□□□□□□□□□□□□□□□□□□□□□□

　　□□□□□□□□□□□□□□□□□□□□□□□□□□□□□□□□□□□□□□

□□

□□

□□□□□□□□□□□□□□□□□□□□□□□□□□□□□□□□□□□□□□□

　　□□□□□□□□□□□□□□□□□□□□□□□□□□□□□□□□□□□□□□

□□

□□

□□□□□□□□□□□□□□□□□□□□

　　□□□□□□□□□□□□□□□□□□□□□□□□□□□□□□□□□□□□□□

□□

□□□
□□□□□□
　　□□□□□□□□□□□□□□□□□□□□□□□□□□□□□□□□□□□□□□□
□□□□□□□□□□□□□□□□□□□□□□□□□□□□□□□□□□□□□□□
　　□□□□□□□□□□□□□□□□□□□□□□□□□□□□□□□□□□□□□□□
□□□
□□□
□□□
　　□□□□□□□□□□□□□□□□□□□□□□□□□□□□□□□□□□□□□□□
□□□
□□□□□□□□□□
　　□□□□□□□□□□□□□□□□□□□□□□□□□□□□□□□□□□□□□□□
□□□
□□□
□□□□□□□□□□□□□□□□□□□□□□□□□□□□
　　□□□□□□□□□□□□□□□□□□□□□□□□□□□□□□□□

□□□□□□□□□□□□□□□□□□□□□□□□□□□□□□□□□□□□□□
□□
□□
□□□□□□□□□□□□□□□□□□□□□□□□□□□□□□□□□□□□□□□
□□□□□□□□□□□□□□□

□□□□□□□□□□□□□□□□□□□□□□□□□□□□□□□□□□□□□□
□□
□□
□□
□□
□□
□□□□□□□□□□□□□□□□□□□

□□□□□□□□□□□□□□□□□□□□□□□□□□□

□□□□□□□□□□□□□□□□□□□□□□□□□□□□□□□□□□□□□□
□□
□□

□□□□□□□□□□□□□□□□□□□□□□□□□□
□□□□□□□□□□□□□□□□□□□□□□□□□□□□□□□□□□□□□□
□□
□□
□□□□□□□
□□□□□□□□□□□□□□□□□□□□□□□□□□□□□□□□□□□
□□□□□□□□□□□□□□□□□□□□□□□□□□□□□□□□□□□□□□
□□□□□□□□□□□□□
□□□□□□□□□□□□□□□□□□□□□□□□□□□□□□□□□□□□□□
□□
□□
□□
□□□□□□□□□□□□□□□□□□□□□□□□□□□
□□□□□□□□□□□□□□□□□□□□□□□□□□□□□□□□□□□□□□
□□
□□

□□
□□
□□□□□□□
　　□□□□□□□□□□□□□□□□□□□□□□□□□□□□□□□□□□□□□□
□□
□□
□□□□
　　□□□□□□□□□□
　　□□□□□□□□□□□□□□□□□□□□□□□□
　　□□□□□□□□□□□□□□□□□□□□□□□□□□□□□□□□□□□□□□
□□
□□
□□□□□□□□□□□□
　　□□□□□□□□□□□□□□□□□□□□□□□□□□□□□□□□□□□□□□
□□
□□

□□
□□
□□□□□□□□□□□□□

□□□□□□□□□□□□□□□□□□□□□□□□□□□□□□□□□□□□□□
□□
□□□□□□□□□□□□□□□□□□□□□□□□□□□□□□□□□□□□□

□□□□□□□□□□□□□□□□□□□□□□□□□□□□□□□□□□□□□□
□□
□□
□□□□□□□□□□□□□□□□□□□□□□□□□□□□□□□□□

□□□□□□□□□□□□□□□□□□□□□□□□□□□□□□□□□□□□□□
□□
□□
□□
□□
□□□□□□□□

□□□□□□□□□□□□□□□□□□□□□□□□□□□□□□□□

□□-□□□□□□□□□□□□□□□□

一九九〇年，妻帶兒子到美國升學，剩朱耀明獨對不能為外人道的焦慮。他養成一個新習慣——買保險。意外、傷殘、住院、危疾、人壽保險等，買回來一大堆，雜七雜八，明明是單子，卻當成解憂心藥。一九九一年，他因投保程序接受X光檢查，竟揪出疑是肺癌的徵狀。是身心勞憊的苦果，還是某種自我實現預言？朱耀明不知道，只聽進醫生的話：倘證實是癌，代表他的人生已走進最後半年。

那時朱耀明已準備赴美探望妻兒，他趕在出發前的週末接受電腦掃描，希望發現虛驚一場，當成笑話帶上飛機。可是「劇本」愛在關鍵處安插懸念。到了醫院，他竟碰上底片用完的一天，必須在整個旅程中懸上「等候發落」的牌子。朱耀明無計可施，唯有懷著「可能是最後的家庭旅行」的心情與妻兒團聚，嘴上甚麼都不說，內心卻上演生離死別的小劇場。

三個禮拜後返回香港，掃描結果出來了：肺部確有陰影，得抽活組織檢查。朱耀明回到空蕩蕩的家中，掏出那疊保險單子，在不是寫給人讀的條文中暈頭轉向，感到自己離深谷又近一步——若果我死了，家人怎麼辦？教會的工作怎辦？正在參與的服務怎麼辦……？在特別難過的一天，他感到憂思要失控了，便驅車到清水灣大坳門，凝望開闊的海和天，心中突然蹦出《聖經》裏的一句話：「主的慈愛比生命更好」。是啊，上帝已將最好的賜給他，不會把他的太太和兒子撇下不顧。於是他抖擻精神，決定拿掃描結果徵詢「第二意見」。

第二位胸肺科醫生拿著底片沉吟一會，說不像癌，便安排植菌，證實作怪的是肺結核病。妻收到消息後，縮短美國計劃回來陪伴。朱耀明在醫生監督下服了九個月藥，總算康復了。

大坳門的體悟給朱耀明留下了深刻的警惕：人是奇怪的動物，危機當前，往往只會想到事情的一半，而且總是壞的那一半。雖然認知與實踐，常常是兩回事。

□□
□□
□□
□□
□□
□□
□□□□□□□□□□□□□□□□□□□□□□□□□□□□□□□□□

□□□□□□□□□□□□□□□□□□□□□□□□□□□□□□□□□□□□□□
□□
□□
□□
□□□□□□□□□□□□□□□□□□□□□□□□□□
□□□□□□□□□□□□□□□□□□□□□□□□□□□□□□□□□□□□□□
□□
□□
□□
□□
□□
□□□□□□□□□□□□□□□□
□□□□□□□□□□□□□□□□□□□□□□□□□□□□□□□□□□□□□□
□□
□□□□□□□□□□□□□□□□□□□□□□□□□□□□□□□
□□□□□□□□□□□□□□□□□□□□□□□□□□□□□□□□□□□□□□

□□□

那段日子的經歷一一掠上心頭：理想主義、世代之爭、粗暴的政權、流血的抗爭者、集體亢奮然後集體抑鬱、流亡⋯⋯

「命運自主」這四個字，在人類歷史的某些時刻確實是奢侈品。

「但香港人確實做了一件光榮的事。」朱耀明說。

自六四事件以來，我們已經協助超過一百九十人，大多數人去了美國，也有不少人去了英國，而他們的下一個選項就是法國，而且有些人已抵達了當地。

前港督彭定康，《香港日記》[12]

12 彭定康，《香港日記》，新北：黑體文化，二〇二三年，頁四一四。

附錄一　朱耀明：六四晚會講詞

自一九九〇年，支聯會每年六月四日都在香港維多利亞公園舉行燭光晚會，悼念天安門的死難者。這成為香港重要的年度社會活動，高峰期的參與者數以十萬計。然而，二〇一九年香港爆發反送中運動，加上新冠病毒肆虐全球，警方遂以防疫為由兩度禁止維園集會。待至二〇二〇年，中共在香港實施《國家安全法》，為公民社會戴上緊箍咒。民間團體一下子如骨牌般倒塌，支聯會亦被逼於二〇二一年解散。

堅持了三十年的六四晚會，終成絕響。

以下為朱耀明在集會上的講詞，一九九〇年的第一篇，以及二〇一九年的最後一篇。

一九九〇年，六四周年

今天（六月四日）是中國最苦難悲痛的一天，血和淚仍然湧流著。

天安門廣場、長安大街的清白、無辜純真的學生之魂沉冤待雪。擠在獄中無數的高貴的民主鬥士們受折磨，歷盡痛苦。四處藏匿、被軍警窮打猛追的勇士期待黎明。流亡海外、內心滴血的民運勇將等候重返祖國。教我們怎能忘記呢？

一個活潑天真的小孩竟被射進九粒子彈，無辜啊！無辜啊！怎能忘記呢！

一個手無寸鐵的男子被子母彈轟開了半邊腦袋血流滿地。自己的同胞啊！多麼殘忍啊！多麼殘忍啊！教我們怎能忘記呢？

人連單車被無情的坦克車輾過，地上只餘鐵包肉、肉包鐵的一塊。他是人呀！是我們親愛的同胞呀！怎能如此殘視生命！教我們怎能忘記呢？

有一個躲藏了近十個月的學生領袖說她曾多次想過自殺，也曾多次想過自首，因為她實在忍受不住十個月都困在一個細小的房間，連窗戶也不敢打開，又怕連累他人，更何況她的

1997年六四燭光集會，這年的主題是「戰鬥到底」。

父親病重呀！何等悽酸！後來連父親逝世了也不能盡孝道奔喪。身受巨創慘痛的她，怎能忘記呢？

船在塞納河中慢流，夜景雖美，然而每位流亡海外的民運勇將，話題仍離不開如何建立民主中國。理想被坦克、子母彈壓制和撕裂了。頓時全體擁抱痛苦，為甚麼我們的愛國情懷竟被中國人民子弟兵的坦克子彈壓死射殺。

「毋忘六四」——其意義是對每一個中國人的良知考驗，這種志向不會因歲月消逝而結束，並常是我們的鞭策和反省，使為爭取民主自由而犧牲的烈士並沒有枉送死城。

「毋忘六四」是因為此日我們看見了新中國快要來臨的曙光，一群勇敢的學生工人願意獻上其生命。

不錯！廣場上有血、路上有屍體，然而讓這些血淚沖洗我們中國的一切敗壞，讓我們全體獻出自己的生命，攜手共進，這才是中國得救的途

年年紀念，不敢遺忘。2016年6月4日攝於民主烈士紀念碑前。

徑。

六四周年，我們永遠不會忘記那日屠殺的悲劇已成了我們中國歷史的一部分。即使過一年、十年、五十年……惡人屠夫必要為這屠殺無辜生命付出代價。

作為一個基督徒，我們深信上帝的救贖，我們也堅信惡人必受審判，真理必被高舉。我們立志向上帝獻身，與全中國同胞一起共同掙扎、奮鬥到底、至死不屈。

堅定信念！

惡人必倒！

真理必勝！

悼念亡魂！

戰鬥到底！

爭取勝利！

二〇一九年，六四三十周年

作家黃碧雲說：「請為我的靈魂點一支蠟燭。我很想，有光。」

夜，黑暗，恐怖！

「我永遠不會忘記那天夜晚，即是集中營的第一個夜晚，它把我的一生變成漫漫長夜。」當年十五歲的諾貝爾得獎者維瑟爾（Elie Wiesel）回憶其在納粹集中營目睹的慘劇，永遠不會忘記那些孩子的小臉，他們的軀體被推進火爐，在沉靜的穹蒼下化作一縷青煙。

是的，我們都沒有忘記八九六四的那一夜，夜幕籠罩著大地，北京天安門廣場槍聲不絕，坦克車衝進人群中，壓碎人民的身體，一場慘絕人寰的屠殺在進行中。那是自己的人民啊！

納粹大屠殺的倖存者，一九八六年獲頒「諾貝爾和平獎」的維瑟爾在接受和平獎致詞時，提及一位猶太小孩子知悉大屠殺的歷史後，問他的父親：「這是真的嗎？現在是二十世紀，不是中古時代。誰能容忍這些罪行？世界怎能繼續沉默？」

孩子再追問父親：「請告訴我，你為我的將來作了甚麼？你為自己的一生作了甚麼？」這位父親回答：「我在盡力，我盡力保持活的記憶，我在跟那些想遺忘的人鬥爭。因為如果遺忘了，我們便是犯罪，就成了幫兇。」

「世界知道此事，卻仍然沉默不語。因此我立誓，只要有人受苦受辱，我便要發聲。我們必須選擇站在那一方。中立只會助紂為虐，對受虐者無益。沉默只會鼓勵施暴者，對受暴者無助。有時候，我們必須干預……」

今夜，我們齊集於此，高舉燭光，就是要讓受苦的人知道，他們並不孤單，我們沒有忘記他們。他們的聲音被壓抑，我們就為他們發聲。

面對著一個依然發生許多不公義與苦難的世界，維瑟爾跟這孩子說：只要有一個正直誠實的人起來行動，便可帶來生與死的改變。例如：馬丁．路德．金恩為爭取人權走出來，為同胞成功爭取到平權。

八九六四當年被通緝的民運人士逃亡來港時，時任法國駐港副總領事夢飛龍先生和總統外交顧問燕保羅先生不顧一切，將個人的前途押下，以生命實踐自由、平等、博愛的立國信念，給予逃亡人士簽證避難法國，救回了許多的生命。

今天只要還有一個持不同政見的人入獄，我們就不會有真正的自由。

因此，我們要有信心、勇氣起來行動；以愛、以良善，以公義對抗不義的政權！

2019年六四三十周年報刊。

2019年六四紀念晚會，楊軍攝影。

V 別人的慶典

強迫全港信徒、教會及機構政治表態，將沉默大多數暴露政權面前……

何其不智，何其殘忍！

每個不知所措的日子，朱耀明走進校園附近的河畔教堂，仰望耶穌在客西馬尼園下跪的畫像，心中叩問：

「若這苦杯不能移去，就求祢的旨意成就吧！」

我感到憂慮的，不是香港的自主權會被北京剝奪，而是這項權利會一點一滴地斷送在香港某些人手裏。

末代港督彭定康，一九九六年十月二日

末代港督彭定康在立法局宣讀最後一份施政報告時說的這句話，後來一再應驗。但它其實算不上神預言，因為所有敗壞，在回歸之前已經有跡可尋了。

一九九五年，香港舉行英屬管治下的最後一屆立法局選舉，由於六四鎮壓深深撼動了香港人對回歸的信心，加上選舉制度引入更多直選元素，民主派破天荒奪得三十一個議席成為大多數，民主黨[1]亦一舉產出十九位立法局議員，成為最大黨。至於親中陣營的候選人幾乎都成為「選票毒藥」，連兩位來自民主建港協進聯盟（簡稱「民建聯」）[2]的政治明星曾鈺成和程介南亦不能倖免，雙雙敗北。

這屆立法局雖然「短命」，但民意相當清晰。[3]與此同時，香港親中報章卻展現了另一個平行宇宙。一九九六年七月，回歸進入最後一年倒數，《文匯報》刊登大量公司企業、機構社團，乃至個別人士具名致賀的廣告，並闢出八大版來報導全港各界新近成立的慶祝委員會。它們彷彿雨後春筍，突然從各個地區組織、婦女團體、工商界和各行各業探出頭來，大張旗鼓，高呼愛國。

時事評論月刊《九十年代》八月號的專題為「回歸聲中，忽然愛國」，精準解讀那個光怪陸離的時代：

所謂「愛國」，也同中共所設的「聯會」，所講的「人民」，所提出來的香港「各界」

甚麼甚麼的用字一樣，是一種語言上的「怪圈」，他設下「愛國」的怪圈，你不認同，那你就「不愛國」了；他們講他代表「人民」，你不認同這個政權，那你就「反人民」了；他提出香港「各界」慶祝回歸，你不參與，那你就被排除在「各界」之外。以「愛國」，以「洗雪百年民族恥辱」來號召，於是使人們紛紛在崇高的語言怪圈中，不知不覺地，不得不地，或終於找到理由地，去認同那個政權了。

齊辛，〈忽然愛國，「各界」紛慶回歸〉[4]

被劃出「各界」之外的焦慮，也蔓延到基督教社群了。

一九九六年四月，四十七位教牧向香港六百多間教會負責人發公開信，建議以基督徒身分籌辦國慶聚會，邀請大家出席五月二十四日的座談會討論，信內提到：「我們並無任何隱

---

1 一九九四年港同盟及匯點合併，組成民主黨。

2 民建聯成立於一九九二年七月，骨幹成員是傳統左派背景的香港人，曾鈺成為創黨主席。

3 這屆立法局只得兩年任命，而不是一般的四年。事緣港督彭定康在一九九二年上任後即提出政改方案，在最後一屆立法局選舉中增加直選議席，並新添九個近乎普選的功能組別議席。中方反對，決定取消此屆任期延續到回歸後的「直通車」安排，另起爐灶成立「臨時立法會」。國務院港澳事務辦公室主任魯平更斥彭定康為「香港歷史上的千古罪人」。

4 《九十年代》，一九九六年八月號，齊辛的文章刊於第三十六頁。

藏的議題，唯求彼此坦誠相待，互相建立，彼此補足，同心同行。」發起人中不乏舉足輕重的宗教領袖。

但座談會卻是「說服大會」。大會安排作講者的三位資深牧者，一面倒地為籌辦國慶聚會背書，強調是基督徒的自發行動。而台下的疑慮和反對聲音，在稍後曝光的內部文件中被碾平為「仍有空間來『說服』」。

六月，《明報》根據一份開會文件報導，[5]指發起國慶活動的核心成員早在二月已有共識，包括把活動定名為「基督徒慶祝中華人民共和國國慶茶會及崇拜」，邀請新華社官員作「貴賓」，並列出禱文大綱如「感謝神令我們的國家民族今日有平安有溫飽」、「感謝神賜我們的國家民族步向富足及安定」、「讚美神祂的恩澤親臨我們的大地、保守國家民族的團結」等。記者向余達心牧師求證，他不諱言：「新華社四處叫人慶祝國慶，甚至聯絡一些教會領袖。教牧討論辦國慶是回應新華社的一項舉動。」

如是者，國慶爭議在基督教圈內外發酵，激發不同立場的人在主流報章上連場筆戰。可是教徒辦國慶背後的意涵，卻沒有愈辯愈明，反而充斥著更多的歧義和矛盾。余達心牧師說辦國慶是「以行動贖回原本屬於人民卻長久以來在黨政把持當中的國家紀念日」，[6]可是怎樣才是「贖回」，眾說紛紜。有說必須是對國家感情的自發表達，有說只有參與慶祝才能做「真正的中國人」，有說這只是權宜，有說教徒得搶先從基督觀點定義國慶，也有說國慶的表達也可以是「認罪」和「哀哭」，如在禱文中感謝神讓中國出現王丹等民運人士……

無論是真心相信，抑或用含混語言打擦邊球，結果依然莫衷一是。

由始至終，朱耀明都在反對行列中站得腰板挺直，「雖然反對的人很多，但不是個個都願意站出來辯，所以得罪了很多著名教牧。」

「我相信我愛國比更多人還早，當年為華東水災、四川地震籌款賑災，在苦難中血濃於水，可是政權視教會為敵人。我愛國，但黨、國是要分開的。中國有五千年文化，出現過那麼多不同的政權，而十一只是政權更替，怎會是國慶？如果說推翻帝制，那是十月十日！」朱耀明說。

回歸前數年，中共在香港不遺餘力地發動統戰機器，不少宗教領袖積極進出新華社，特別是作「提示人」的一位回流資深牧師。可是令他最難過的是，倡議自籌國慶者不乏關懷社會和爭取民主的同路人，「我至今依然尊重當中很多人，也不能質疑他們的誠信。可是我很不解，一九八四年香港回歸塵埃落定，教會推出〈信念書〉安撫惶惶人心；一九八九年天安門屠城，教會發〈號外〉鼓勵信徒參與罷工和遊行。可是九七回歸當前，天安門的血也還未乾，教會何以落得如此懦弱？令社會失去盼望。」

5〈教會討論辦國慶活動：余達心說乃『回應』新華社〉，《明報》，一九九六年六月十八日，A4版。
6 余達心，〈不願再作無國之民〉，《明報》，一九九六年六月二十八日。

由郭乃弘牧師當總編輯的香港基督徒學會期刊《思》，以「回歸路上——基督徒的掙扎」策劃專題，向朱耀明邀文。他以洋洋灑灑五千字書寫義憤，忠告宗教領袖懸崖勒馬，「因為這行動本身具有極強的分化力，不但破壞現行教會和多元化的基礎，更強迫信徒要在過渡期間作政治表態，何其不智，何其殘忍！」

教會應與政權分離，不作出任何支持承諾。更不要一統化地籌組任何政治活動。我們要做的是使信徒良心選擇活動空間擴大，鼓勵自由表達個人的意見。百年來，香港教會從未向任何政權表態，亦毋須表態，更沒有組織統一籌備任何國慶活動，因為這是信徒個人的選擇。教會不應在政治上自設立場界限，以防信徒表達良知受到攔阻。教會自籌十一國慶完全沒有照顧信徒的自由選擇和感受。更壞的是強迫全港信徒、教會及機構作政治表態，將沉默的大多數暴露於政權面前。不擁護任何政權，不依附任何的政權，是教會道德純潔、公正公義的標記，也是眾教會在分歧中合一的基石。教會自籌十一國慶，目的是要向政權表態。那麼，分裂分化教會的病毒必然侵蝕基本合一的根基。

朱耀明，〈自籌十一國慶背後動機昭然若揭〉[7]

政教分離，一直是朱耀明的核心信念。「不必仇恨或敵視，但最基本的原則是保持距離。回看歷史，教會走近政權，每每是墮落的開端。近有共產中國建立初期的『三自愛國運動』，教會團體舉辦愛國大遊行，捐獻戰鬥機『抗美援朝』，[8]又擁護土地改革運動，甚至支持對地主的暴力鬥爭。[9]遠看有德國教會之於希特勒，近看有俄羅斯東正教會之於普丁。[10]這也是我反對基督教協進會推舉基督教人士加入選舉委員會的原因。[11]選舉制度最重要是公平，人人有權，政治特權對真正的牧者來說並無意義。如果政策不義不公，教會不該參與其中。」

這場大辯論歷時數月，最終籌辦者把「基督徒慶祝中華人民共和國國慶茶會及崇拜」易

---

7 朱耀明，〈自籌十一國慶背後動機昭然若揭〉，《思》，一九九六年十月。

8 吳耀宗，〈中國基督教信徒為響應「基督教三自革新號」戰鬥機捐獻統計表〉，《天風》第三〇二號（一九五二年二月），頁九。此行動全國基督教捐獻達二十七億八百六十三萬九千五百五十二元人民幣。

9 王梓仲，〈土改工作中的體會〉，《田家》復刊第十七卷第三期（一九五一年十二月），強調支持土改中對地主的暴力鬥爭。

10 納粹時期，德國基督教成為希特勒的傀儡，主張德意志是上帝新揀選的民族，而希特勒則是德國的彌賽亞。二〇二二年，俄羅斯東正教會主教長基里爾表態支持侵略烏克蘭，更奉普丁的統治為「上帝的奇蹟」，指反對俄羅斯軍事行動的烏克蘭群眾是「邪惡勢力」。

11 這裏指一九九六年的「推委事件」。中方成立一個包括宗教界人士的四百人推選委員會（推委會），選出臨時立法會（臨立會）和首屆特區行政長官。由於臨立會備受非議，加上政教分離的考慮，基督教社群陷入分歧。最後基督教協進會要求獲提名的基督教人士以個人身分加入推委會。

名「國家崇拜日」，在渾水中僅有一百二十餘人參與，像有些傳媒的描述：「高調醞釀，低調進行」。

彼時彼刻，一場國慶統戰算是破局，可是一眾基督教領袖之間已生嫌隙，種下分裂的苗頭。朱耀明意興闌珊。

這不是朱耀明第一次在基督教社群中感覺孤立。一九八九年，香港人全城一心支持北京愛國民主運動，基督徒社群也成立「全港基督徒聲援中國愛國民主運動聯合會」（簡稱「愛民會」）出錢出力，並派出朱耀明為代表加入支聯會。可是坦克車駛進天安門廣場後，中共全速開動黨政機器——廣場被清洗、民運人士入獄、整場運動乃至政治改革猝然消失。香港人駭然見證一片「紅色恐怖」，小城的氣氛也不一樣了。

經此一役，朱耀明考慮全面退出政治活動，或許是時候換另一種方式來事奉？「之後有外國記者問我，九七年後打算擔當甚麼角色？我說作為傳道人，並沒有角色。我只是神的僕人，在歷史某一個時空做了該做的事。」

在小島變成「特區」之前，曾經有三個國家主動向朱耀明提供安全門。

積極協助民運人士取得簽證的法國副總領事夢飛龍，是當中最早關心朱耀明人身安全的。他得悉自己將於主權回歸前調離香港，便催促朱耀明趕快申請法國護照，確保親手辦妥。但那時朱耀明未曾動念要走。

離開從來不是朱耀明的意願——一九八〇年代，妻的生母入籍美國，因為擔憂九七回歸，曾積極游說女兒循依親途徑舉家移民。他沒答允，是感到肩上有種責任，要與教會共渡時艱。然而，參與幫助民運人士後，他面對的個人風險跟從前是兩碼子事。

一九九六年，卻有報導指出，特區籌委[12]劉兆佳感到中國政府和新華社香港分社官員對民運相關人等「極為痛恨，假如這些人士踏足中國境內一定會遭逮捕」，他還認為，「該些人士作出去留決定時，不應單從會否遭法律起訴的角度考慮，仍須顧及九七年後的政治風險，甚至他們個人的人身安全，例如會否遭拐往內地受罰。他建議他們在九七年前離港，至於離港後他們能否再返港，他表示難以保證。」[13]

報紙內文用字如「官員痛恨」、「一定會遭逮捕」、「拐往內地受罰」和「難以保證」等，威脅意味躍然紙上。劉兆佳是少數獲中央信任的香港學者，經常向香港新聞媒體解讀中國大陸觀點和政策；有說是智囊，有說是傳聲筒，可見其代表性。

港英政府也特別關注朱耀明的去向，提供英國護照，以備不時之需，勸走之聲不絕，最

12 香港特別行政區籌備委員會（簡稱香港特區籌委會）於一九九六年成立，是全國人民代表大會下設的工作委員會，負責籌備成立特區政府，包括訂定第一屆政府和立法會的產生辦法。一百五十名委員全部由中國全國人大常委會任命，當中九十四人來自香港。

13 《信報》，一九九六年十月三十日。

有力的聲音來自恩師周聯華。周聯華牧師來港與朱耀明碰面，勸他找一間美國長春藤聯盟的大學做學問，指出若能結合宗教和政治兩大議題認真研究，將是一次難得的轉身機會。

周牧師給學生的便條寫著——

耀明：

教會工作重要，每天的壓力也必須解決，但是你一定要抽時間把你的論文寫完，這一個「時機」很重要，時機過了就不會再來，現在已經「遲」了一點了。

教會兩個月、三個月沒有你不會倒下來，如果梁吳能在教會多辛苦一點，你可以遙控，論文一定要你自己寫，假如要人幫你找材料，也要你自己去主持，我不是重學位，你會「到另一階段」。

聯華

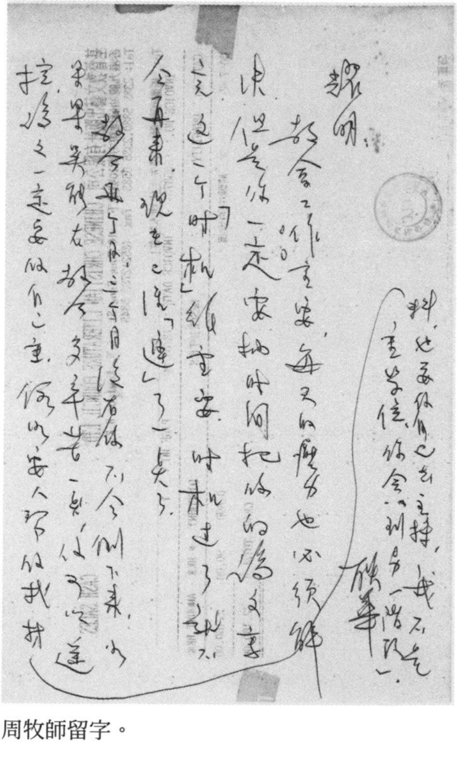

周牧師留字。

為此，美國總領事包潤石（Richard A. Boucher）建議朱耀明循宗教工作者的路徑申請簽證。一九九七年六月三十日香港深夜，大雨滂沱，解放軍經文錦渡口岸入境、政權交接儀式上的國旗一升一降、末代港督彭定康的女兒在不列顛號皇家遊艇上揮淚……這些那些，全部烙成一代人的集體回憶，但朱耀明沒法跟六百萬人一起經歷。他在洛杉磯，獨坐客廳觀看電視台轉播回歸大典，一邊聽著史學家唐德剛的評述，一邊掉下比香港人慢十六個小時的眼淚。斯人獨憔悴。

事緣在一九九七年六四燭光晚會後數天，小島走上歷史轉捩點前、一切熱鬧未發生之際，朱耀明便已帶著八位朋友支持的生活費，獨自出走到美國，先短暫停留洛杉磯，再落腳到「人們都想咬一口的大蘋果」——紐約大都會。

These little town blues, oh, are melting away
這些小鎮憂鬱，噢，已經在融化
I'm gonna make a brand new start of it in old New York
我會在老紐約來個新開始
And if I can make it there, I'm gonna make it anywhere
要是我在這裏做得到，我到哪裏也做得到

It's up to you, New York, New York

都看你喲，紐約，紐約

——Frank Sinatra, "New York New York"

一九七八年法蘭克・辛納屈為電影《紐約，紐約》唱的歌，呼喊出加入這個國際大都會的勝利感——但這不是朱耀明的經驗。被迫出走的鬱結，從一開始便為他的異鄉人生活塗上灰暗失敗的底色。

第一晚最刻骨銘心。學校宿舍的房間很侷促，在床邊放下行李後，已沒剩下多少走動空間了。夏天的紐約炎熱潮濕，偏生他的房裏既無風扇也沒空調。長夜漫漫，他只能不斷往返浴室用冷水澆頭降溫，漸漸分不清臉上的是冷水還是淚水。[14]

「我為何會陷入如此境地？」朱耀明反覆自問，悲痛難眠。

為準備到哥倫比亞大學擔任訪問學人，朱耀明報讀有關人權和宗教自由的課，餘下時間則學習英語。很多他曾幫助的人都流亡到這個都會，但他有一種保持距離的自覺：不要為流亡者添負擔，不要影響他人的生活，不介入那個圈子的是是非非，希望活得灑脫。

但灑脫的生活實踐是孤單。國際學生餐廳裏，常常有朱耀明低頭啃薄餅喝咖啡的身影；他一到週末便跑到唐人街，還會在餐館點一條肥美的大蒸鱔，一個人狠狠地吃完，彷彿撐滿肚子就能填塞胸懷。某次跟移民彼邦的香港《文匯報》前總編輯金堯如飯敘，朱耀明既憂戚香港，也不斷回顧自己的伶仃隻影，喝下的酒，一點一滴落入愁腸。

從前一鼓作氣向前衝的朱耀明，彷彿整個被鬱結吞噬，對家人的思念更是無日無之，剩下的能量根本不足以求學問，莫論恩師期許的轉身。今日回望，已經無從稽考那時是否情緒病來襲，唯有慶幸信仰一路相扶。

在每一個不知所措的日子裏，朱耀明走進校園附近的河畔教堂（Riverside Church）。那是座落哈德遜河畔的哥德式建築，祈禱室掛了一幅耶穌在客西馬尼園下跪的畫像。畫中的祂在晦暗中仰望光源叩問；莊嚴、靈性、渴求答案。

> 我父啊，如果可能，求你使這杯離開我。然而，不是照我所願的，而是照你所願的。……我父啊，這杯若不能離開我，必須我喝，就願你的旨意成全。
>
> 《聖經．馬太福音》第二十六章三十九至四十二節

這也是朱耀明的祈求：「若這苦杯不能移去，就求祢的旨意成就吧！」

---

14 後來申請國際學生宿舍，換了另一間有廚浴的兩房單位，房間較大，面對哈德遜河，日子比較好過。

幾個月後，朱耀明再次踏上夢迴的小島，在尖沙咀海邊與打扮成聖誕老人報佳音的司徒華相認，重逢即相擁，恍如隔世。那個溫暖的定格，從此長長久久地烙在心頭。

元旦後朱耀明重返紐約，這次逗留至五月，終於決定收拾行裝，回港、回家。期間，法國社會科學高等學院（École des hautes études en sciences sociales）的白夏教授（Jean-Philippe Béja）接受朱耀明為博士研究生，免除住宿及課堂，鼓勵他以「香港支聯會支持中國愛國民主運動」為題撰寫論文。香港政治學教授鄭宇碩也讓朱耀明掛名香港城市大學的中國研究中心，借用其學術資源進行研究。

朱耀明說：「可是這個議題涉及龐大的史料，難以單打獨鬥地完成，兼且教會工作繁忙，實在抽不出時間。」

糾纏幾年，他終於了斷「轉身」的心思，應驗周聯華牧師之言：朱耀明是行動型的人物。

在紐約街頭。

後來朱耀明偶爾回想：那樣離開美國，是否放棄了大好機會，浪費了好些光陰？如果咬緊牙關捱下去，人生可會走上截然不同的軌跡？可是，即使相隔多年，異鄉人落魄而且充滿挫敗感的回憶，依然鮮活。

那年漂泊，成為朱耀明人生中一個重要的頓號。

附錄——朱耀明：曠野的試探

當時，耶穌被聖靈引到曠野，受魔鬼的試探。他禁食四十晝夜，後來就餓了。那試探者進前來對他說：「你若是神的兒子，叫這些石頭變成食物吧。」耶穌卻回答說：「經上記著：『人活著，不是單靠食物，乃是靠神口裏所出的一切話。』」魔鬼就帶他進了聖城，叫他站在聖殿頂上，對他說：「你若是神的兒子，就跳下去！因為經上記著說：『主要為你命令他的使者，用手托住你，免得你的腳碰在石頭上。』」耶穌對他說：「經上又記著：『不可試探主——你的神。』」魔鬼又帶他上了一座很高的山，將世上的萬國和萬國的榮華都指給他看，對他說：「你若俯伏拜我，我就把這一切賜給你。」耶穌說：「撒但，退去！因為經上記著：『要拜主——你的神，惟獨事奉他。』」於是，魔鬼離開了耶穌，立刻有天使來伺候他。

《聖經．馬太福音》第四章一至十一節

近期社會轉變，基督徒要處理的問題比較複雜，遇到的困難也多。過去我鮮少在講台上涉及政治範疇的題目，但是目前似乎免不了要澄清一些觀念和原則，預備未來的社會政治形勢。教會最初期辦學的理想，是將信仰延續到下一代，教育和社會服務佔香港社會的一半。我們得到公共資源，為政府承擔工作，雖然關係尚算和諧，但是很容易會被誘導去達成政府目的，而失去教會傳福音的核心表現。

所以我們今日必須討論「政教分離」的問題。

政治是人類的活動，與個人不可分割，但我們講教會與政權時，不得不釐清教會使命和政府的責任究竟是甚麼。那是很深遠的歷史，也是長久以來實踐的結果。這兩千年來，基督教會應否參與政府架構有過不少爭論，它們留下很好的功課，讓我們思考政府的職責和功能是甚麼——它要予人民法律的保障，為被欺壓的人伸冤，保持社會的安定和自由，創造一個人人都能安居樂業的環境。

從基督信仰來看，政權不是絕對的，它本身並非神聖不可侵犯。雖然有人引用《羅馬書》十三章說「我們要順服一個政權」，但這不是絕對的順服。當到了要選擇順從上帝信仰抑或政權時，我們便該心中有數。上帝會使用一個人或一個政府，來達致一個人人得以安居樂業的和諧地方。但教會不同。教會是被選召的、相信耶穌重生得救的群體。我們透過禱告和靈修生活，學習彼此相愛，使生命中處處流露基督的香氣，學做基督的榜樣，以基督的心為心，見證基督的大能，實踐祂賦予這個團體的特殊使命。

為此，教會與政府政權的目的和方式是不同的，我們不願意教會利用權勢取代政府，或達到宣教目的；同樣也不願意政府利用軍隊和警察等力量，去干涉教會活動。兩個情況，過去造成很深的創傷。

當談到中國蒙受不平等條約時，我們也該講及教會昔日如何運用政治影響力來撕裂中國人的心。英法聯軍入侵北京，火燒圓明園後，迫清廷簽訂不平等條約，要打開營商的大門。不幸是，教會曾在這些不平等當中摻一腳，在條約中加入允許傳教士到內地傳教及置產的條文。那時的教會藉著炮彈和強權打入中國，傷痕至今未能平復。這是宗教利用政治勢力造成的傷痕。

然而，政權也會利用教會去達到統治目標。一九四九年九月一日中共取得政權後，籠絡了不少宗教領袖，並欽定代表出席政治協商會議。這些人自稱基督教的代表，認同共產黨領導，全力協助黨建立新中國。一批基督教領袖把協商會議帶到教會，要求支持「共同綱領」、愛國愛黨，並把「反帝國」的意識形態推進教會裏。

「三自愛國教會」作為政權統治工具，遠多於原來教會的本質。教會隨著政治的指揮棒在搖動，支持導致中國空前大悲劇的土地改革運動，被批鬥的地主慘死無數，大量農民活活餓死。教會也被政權挑動，出動了八十九次抗美援朝大遊行，支持中國參與韓戰。我們怎能想像教會竟支持一場戰爭，而且是那場戰爭根本不在自己土地上發生？至於不承認三自教會的教會領袖和信徒，則被同工和弟兄控訴和鬥爭。

這些事例告訴我們，不論宗教利用政治勢力，或者政治利用教會，都會產生很大的悲劇。教會應該與政權分離，擴大信徒以良心選擇活動的空間，而不受教會約束。自由的切實意義是不對某一個政治聯盟或政治團體作出支持承諾，以防信徒表達良知和自由時受到攔阻，這就是我們反對教會一致化最重要的原則。

我們不要因為有四十七位著名又有才幹的領袖舉辦國慶，就務必跟從。每個信徒都可以按照良知完成自己的意願，所以不該把國慶或七月一日祈福大會當成全港教會的事。我們鼓勵信徒有自己的選擇，這種自由對每個人都是很珍貴的。教會應公開主張，並教育教友們以基督精神見證他們的國民責任和義務，但有組織的教會本身必須拒絕參與政治活動。

教會對世界的貢獻，九成是信徒們體現出來的社會責任。例如，黑奴的解放、「妹仔」（舊社會裏備受剝削的家傭）的解放、英國監獄制度的改良等，都是基督徒們受基督信仰的影響和感動，以基督心腸和眼光去從事的改革工作。基督徒受信仰的感動，自我犧牲從事改革，教會則透過崇拜、讀經、團契生活和聖靈的感動，養成我們「基督的心腸」，使我們秉承仁愛精神，消除社會所有不公義和不良競爭，成為光鹽，啟導大眾看見耶穌基督。

除了教化，教會亦積極鼓勵信徒們運用公民資格，影響國家重大的決策，達致公平公義的政策，但不應站在任何政權當中。另一方面，教會弟兄姊妹對不同政黨的看法，也不應影響他們對教會的忠心、對耶穌基督的忠誠，以及敬虔信徒的地位。因為這些都是他們個人的感情。我們不該勉強信徒去做良心上不能夠接受的事，正如舉辦十一國慶。教會可以為福音和信仰完全奉獻自己，但不可為了任何臨時性的政策和議案而奉獻，所以不應插手推選委員會，也不能承認沒有法理基礎的臨時立法會，因為這涉及教會的道德和公正。教會必須有系統地以基督教原則向會眾解釋政策是否合乎我們的信仰和上帝的心意。這自然包括排斥抗拒和聖經不符的政策制度，因為教會有責任維持人的尊嚴，公平和平等，也有責任公開暴露不義的政策，敢說真話。

教會歷代很多傳道人和弟兄姊妹都失敗了，但教會的純淨仍然被尊重，仍然被人看到是光明磊落的上帝的教會。但一旦教會參與政府的不義，道德操守便會被質疑。

所以我再強調，有組織的教會必須拒絕參與任何政治活動，與政權保持一定的距離。但另一方面，教會應承擔社會責任，監察政府，成為社會的良知和先知，指正政策制度不公平的地方。這就是我們教會應該做的工作。信徒應該本著耶穌的心在社會生活，讓基督信仰藉著我們的生命，在你的學校、你的工作環境裏、你所屬的組織、你所屬的團契，去發表對國家運作、對政治的參與，關注社會問題。我們要積極地以基督心腸去辦這些事。

VI 再上高山

這些全香港最聰明、最飽讀、分析力最強、對政制和民主理念有深刻認知的腦袋，傾盡所學，在悲觀中堅持盼望。

一九九七年暫別小島，朱耀明曾經以為，自己不會再介入香港的民主運動。雖然直選姍姍來遲，但畢竟立法會已在一九九一年引入直選議席，而普選也大致有了路線圖和時間表，往後的工作交給政府和政黨政治就好。

可是歷史巨輪從沒承諾過只往前進，何況倒退早有伏筆。坦克車輾平了北京的民主運動，也碾碎了香港人對回歸本來就脆弱的信心。之後幾年，更多人用腳表態移居他國，留下來的人則把選票大量投擲給民主派，奢望把中國因素關在議會門外。

一九九二年，彭定康成為香港末代總督，這位曾經叱吒英國政壇的前保守黨主席，並不打算虛度英殖香港的最後歲月。他發表的第一份施政報告便提出進取的政制[1]和福利改革，建立開明又親民的形象，卻成為中方官員的眼中釘，招徠了「毒蛇」、「小偷」、「娼妓」等極具市井色彩的罵名。最後國務院港澳事務辦公室主任魯平「一錘定音」：彭定康是「香港歷史上的千古罪人」。[2]

談判破裂，中方單方面取消一九九五年最後一屆立法局任期延續到回歸後的「直通車」安排，另起爐灶成立「臨時立法會」(簡稱「臨立會」)。它由四百名中央委任的推選委員會投票產生，任期由一九九七年一月二十五日至一九九八年六月三十日，由於在香港境內是非法組織，所以只能移師到深圳河的彼岸開會，負責通過特區成立時「必不可少」的法例，包括重新實施《公安條例》和《社團條例》——兩者因抵觸一九九一年立法的《香港人權法案條例》，曾分別被取締和大幅修訂，是當年好不容易取得的進步。

一九九七年六月二十八日早上八時，英殖香港最後一屆立法局在連續七十二小時的會議後，主席黃宏發宣布：「我宣布本局休會，待續無期。I now adjourn the Council, sine die.」待續無期的，何止一屆立法局。

從表面看，一九九八年的立法會跟回歸前一樣，二十個地區直選議席齊齊整整一個不缺；可是裏頭甚麼都不同了。它一方面改用「比例代表制」削弱得票最高政黨(即民主黨)的優勢，另一方面把功能組別增至議會半數的三十席，並把選民由原本二百六十萬人大幅減至二十萬，增加建制操控的可能，令民主派重掌議會大多數變成不可能的任務。但傷害民主最深的不只選舉方式，還有議員提案的新門檻。

根據《基本法》，議員的提案不能牽涉政制、政府政策及公共開支，而且必須取得直選和功能組別分別過半票數通過方才成立；因此，它們不僅無法帶來實質的改變，即使直選議員一致通過，只要功能組別不買帳，也會胎死腹中。

說穿了，民意儼如被「去勢」，直選議員發揮的作用大貶值，反對聲音再強烈也形同吵鬧兒戲。這個令人沮喪的悶局，直接導致日後議事堂上的「拉布」[3]和肢體抗爭，用朱耀明的話：「簡直是邪惡的安排。」

二〇〇一年，司徒華等三人邀請朱耀明和夏其龍神父共商時政，游說他們再次投入民主運動。原因有三：一，立法會已淪為失敗的議會；二，公民社會開始把不滿投射到民主派議員身上，須要消弭彼此之間的不信任；三，《基本法》訂明在二〇〇七年後可修改行政長官

1 彭定康提出的政制改革，包括在最後一屆立法局增加直選議席，並新添九個近乎普選的功能組別議席，加強民主成分。

2 一九九三年三月，魯平在北京召開記者會，警告英方若不合作，中方將會另起爐灶重新籌組特區政府。他又指責彭定康關上了會談的大門，罔顧港人利益，在歷史上要成為香港的千古罪人。

3 「拉布」：議員為阻止某項議案的審議而不斷提出修訂建議，並在議案辯論期間以冗長發言「騎劫」（劫持）表決程序，逼使提案者妥協或導致議會流會。

和立法會的產生辦法，二〇〇一年當時正是展開政制研究的時機。

他們認為，社會需要整合力量為民主再出發，而且最好由具道德力量的中立人士牽頭。[4]

二〇〇二年七月，香港民主發展網絡正式成立，由朱耀明擔當主席，發起人包括教牧、學者和專業人士如醫生、律師和社工等。它獨立於政黨之外，宗旨包括提倡平等政治權利的信念、建立民主運動的聯繫服務網、展開游說政商界和工會的工作、檢討香港政制以加快民主步伐，以及推動市民關心民主發展。二〇〇三年五月二十五日，民主發展網絡號召集泛民主派元老及各界代表於堅道明愛中心，以「打造新香港，民主再啟航」為題舉行啟動禮，爭取二〇〇七年一人一票選特首，以及二〇〇八年普選立法會。

然而，二〇〇三年把所有香港人打個措手不及——年初，「沙士」（SARS）疫症一舉奪去二百九十九條性命，整個城市陷入三個月的恐怖停擺；年中，人們驚魂未定猶在喘息，政府卻宣布提前於七月初向立法會提交與民意相逆的《國家安全（立法條文）條例》草案（俗稱「基本法二十三條」）。[5]這個提案引發七月一日「香港特別行政區成立紀念日」的五十萬人大遊行，人們從銅鑼灣維多利亞公園步行到中區政府合署，途經的軒尼詩道、金鐘道和皇后大道中等處，黑壓壓全是人頭。

對自由人權被架上「國家安全」這把刀的焦慮、對回歸後種種施政失誤的不滿、對民生和經濟現況累積的怨懟……這些那些，激發出小城自一九八九年六月以來最浩浩蕩蕩的民意。

由於疫症不宜群聚，民主發展網絡的民主大會最後沒在五月、也不在高山劇場發生。他們計劃在七月十三日移師中區遮打行人專用區舉行，呼籲大眾關注四年後的政制改革。可是日子愈近，朱耀明的心情愈忐忑。「當時的焦點是二十三條立法，很多人說我們傻，何用那麼早就談二〇〇七年？況且這或會成為通過二十三條立法後的第一個群眾活動，之後會發生甚麼事？爭取可會變質？舉辦群眾運動常常擔驚受怕。」

然而，就在集會前一週的七月六日晚上，事情出現戲劇性變化。親建制的自由黨在主席田北俊領導下倒戈反對二十三條立法。翌日，行政長官董建華被迫宣布延後整個立法過程，而一直強推立法的保安局局長葉劉淑儀則在數天後黯然下台。

破天荒頭一遭，香港人嚐到抗爭的甜美果實，它來自一趟實實在在的集體經驗——陽光

4 一九九一年，親中候選人程介南在立法局地區直選中落敗，歸咎於朱耀明動員教友支持對手李柱銘。有關這次選舉，朱耀明分享了一個他「生平最好笑的笑話」：「選舉後，有相熟教友來告訴我他投票了。我說投了就好。然後他說他投了給程介南。」說著他哈哈笑了起來，再正色地說：「我說很好，因為我們爭取的是你有權投票。然而，無論投給誰，你已跟他結上連繫，以後請監督他履行政綱。事實是，我一直守住教會的政治中立，關注制度公平，從不叫人把票投給誰。這攸關信念。」

5《基本法》第二十三條這樣寫：「香港特別行政區應自行立法禁止任何叛國、分裂國家、煽動叛亂、顛覆中央人民政府及竊取國家機密的行為，禁止外國的政治性組織或團體在香港特別行政區進行政治活動，禁止香港特別行政區的政治性組織或團體與外國的政治性組織或團體建立聯繫。」

的溫熱、路上的口號和標語、同路人擦肩的觸感和氣味、一步步走畢全程的堅持。在那樣的勝利時刻，沒有人願意想像，中國政府會為阻截另一次慘敗，教香港付出多大的代價。

所以，七月中參加民主大會的一萬五千人，大抵都充滿力量，包括朱耀明。他在台上號召：「二〇〇三年民主大會只是運動的開始，我們必須堅持『還政於民』的訴求，實現一人一票選特首選立法議會！」他特別記得，練乙錚在人群中席地而坐。練乙錚除了是學者和傳媒人，還有一個官方身分：中央政策組全職顧問，是特區政府高層的智囊。他被報章刊出集會照片後，翌年二月便離職。

民主發展網絡也推廣公民教育，包括制訂民主約章、在報章撰寫每週專欄討論民主、製作短片解說民主理念等。學者們還合撰《民主十問》小書，以簡明方式回應大眾對民主的錯誤認知——民主是甚麼？為甚麼要爭取民主？如何在生活中各層面落實民主？民主帶來不穩定？香港是否「條件成熟」推行民主？民主與經濟發展有衝突嗎？民主是否會帶來「免費午餐」？保持資本主義不變，必須給予資本家政治特權？

2003年，民主發展網絡在中環遮打道舉行集會。

香港應該保留功能組別選舉嗎？香港何時有民主？當年的十問，今日依然是很多人根深蒂固的疑慮。

小書很快便賣光了，他們便把內容製成不同顏色的傳單送到坊間，「每次遊行，學者們都親自到灣仔鵝頸橋的街站派傳單，並現場為市民解答疑問，像在街頭上民主課。他們身水身汗（一身是汗），非常瞓身（投入），令人很感動。」朱耀明說。

民主發展網絡最關鍵的工作是政制研究。陳健民從香港各個頂尖學府集合了三十多位來自政治學和社會學等不同範疇的專家，他們濟濟一堂，商議怎樣的政制方案，方能在《基本法》框架下為香港爭取最大的民主。[6]

這些全香港最聰明、最飽讀、分析力最強、對政制和民主理念有深刻認知的腦袋，傾盡所學，在悲觀中堅持盼望，依仗的是這兩段文字：

《民主十問》於2016年增修再版，簡介寫道：「十多年過去，這本小書再版，絕不是一眾作者樂見的事，因為再版意味著民主普選至今還沒有蒞臨香江。」作者們無法預見的是，不過數年，連圖書館也都陷入政治漩渦，所有涉及敏感題材和人物的書籍一一下架。

6 學者小組由民主發展網絡衍生，卻不隸屬其下。

二〇〇七年以後各任行政長官的產生辦法如需修改，須經立法會全體議員三分之二多數通過，行政長官同意，並報全國人民代表大會常務委員會批准。

《基本法》附件一：第七條

二〇〇七年以後香港特別行政區立法會的產生辦法和法案、議案的表決程序，如需對本附件的規定進行修改，須經立法會全體議員三分之二多數通過，行政長官同意，並報全國人民代表大會常務委員會備案。

《基本法》附件二：第三條

朱耀明在他們當中，自覺像學生，「那些兩院制、內閣制、總統制等，很複雜，可是學者們隨口便能說出來，在香港大概沒誰比他們認識更深了。開了兩次會，我實在不懂，請辭不做主席，但他們勸我留下，說我在民運圈多年建立的網絡有用。」

學者小組在短短一年多開了五十多次會議，彼此匯報，討論非常熱烈。「那些場合常常十分嚴肅，試過通宵達旦激烈辯論，我在一旁學到很多。」朱耀明說：「後來我乾脆跑到城市大學，上社會學副教授成名在傍晚開的課。」

二〇〇四年，政制改革草擬方案完成，有了這個，民主發展網絡積極約見高官和商界領袖，爭取支持。

首先約見的是由政務司司長曾蔭權率領的政制研究專責小組。席上，政制事務局局長林瑞麟說香港每週都有遊行示威，非常自由，朱耀明立即糾正：「我說你錯了，正常的政府該視議會為解決問題的方式，人們上街只是因為議會失效，何來驕傲？」臨結束時，他促請曾蔭權不要在政制發展中做「郵差」，要敢於游說中央接受香港人的建議，「想當年前途談判，中方硬說沒有『三腳凳』，[7]香港人一出聲便被罵『孤臣孽子』，傷痕至今未癒。這回我們要把握自己的前途。」

民主發展網絡原訂在四月二十一日，發布學者們嘔心瀝血設計的政改方案。為了在夾縫中爭取寸進的空間，這個方案不算進取，甚至談得上保守，公開以後可能惹來痛罵。但它確實承載了一群有識之士的真誠努力和殷切期望。

只是學者方案根本沒有被罵的機會。

四月六日，在北京召開的第十屆全國人大常委會會議，主動對《基本法》附件一第七條和附件二第三條作出立法解釋（簡稱「釋法」）。[8]按原本規定，二〇〇七年以後若修改特首

7 一九八二年，英國外交及聯邦事務部國務大臣貝爾斯特德勛爵（John Ganzoni, 2nd Baron Belstead）提出讓香港參與前途談判，並把中英港三方比作「三角凳」。一九八四年六月鄧小平接見香港行政局議員鍾士元和鄧蓮如時，公開表示香港前途談判「只有兩腳凳」（指中英兩國）、「沒有三腳凳」、「歡迎你們以個人的身分到北京來」。

及立法會的產生方式，需要得到立法會全體議員三分之二通過、特首同意，以及報請全國人大常委會批准或備案。然而，人大釋法帶來兩個額外條件：行政長官先向人大常委會提交報告陳述修改需要，確認後才能交立法會表決。「釋法」為名「變法」為實，令「三步曲」一下子變「五步曲」。

四月二十六日，全國人大常委再公布：二〇〇七年香港不普選行政長官，二〇〇八年立法會選舉功能組別和分區直選議席比例不變、議員提案表決程序不變。

「此路不通」的牌子突然從天而降，連卑微的循序漸進也變得不可能，非常粗暴，很大創傷。

「學者方案的報告剛印好，便收到中央發難的消息，所有努力付諸流水，沮喪又憤怒，覺得做了『戇居仔』（傻子）被戲弄。」現在說起來依然有恨：「連寫進《基本法》的憲制，也可以動動嘴巴釋法搞定，香港的未來面對很大危機。」

原本發布學者方案的日子，最後變成宣示「民主已死」的記者會。民主發展網絡的執委和學者全部穿上黑衣出席。現場一片淒風慘雨，攝影記者拍到有學者甚至眼泛淚光，哽咽難言。

不情不願不甘不忿。

重擊下，學者小組依然抖擻精神，完成有關政治人才培訓和地區議會的建議書，在二〇〇五年向政府提交。然後，香港民主發展網絡便沒有然後了，用朱耀明的說法是「死火」（拋錨）。因為不忍社會陷入絕望，他和陳健民退而求其次成立「公民教育基金會」，積極在民間推動政改討論和民主教育，透過音樂教育和大學學者網絡，進入社區深耕細作，談全球視野、本土關懷，同時關心中國，希望在新一代留下小小的民主火苗。

那麼，政制發展還有以後嗎？

朱耀明記得，黑色記者會上也有人這樣問，當時他非常直觀地衝口而出：「既然民主已被封棺，下一步就只有公民抗命了。」

當時沒想到，他和香港最後真會走上這一步。

8 根據《基本法》，中國人大常委會可以對《基本法》條文作出立法解釋，可是何時能動用解釋權，存在爭議。香港法律界曾經認為，本地法院的提請是人大釋法的先決條件；但中國官員和建制派不同意，認為人大可以主動釋法。二〇〇四年是回歸後第二次釋法。第一次在一九九九年，行政長官董建華提請全國人大常委會要求解釋《基本法》第二十二條和二十四條，以回應終審法院對所有港人在內地所生子女均擁有居港權引發的爭議。第二次傷害性更大，因為它開了由中央政府主動釋法的先例。

附錄一　朱耀明：二〇〇三年民主大會宣言

啟動民主改革，重建香港社會

七月一日五十萬人向政府展示了人民的力量，但是在一些權貴眼裏，上街的市民主要是因為經濟不景氣、或者受人誤導而產生不必要的恐懼。

這些人都把市民看扁了。

上街的市民沒有恐懼，有的只是憤怒。他們不單對政府的政策搖擺不定、官員缺乏管治能力而感到憤怒；他們更對政府破壞法治、徇情枉法、侵害公民自由的行為感到憤怒。而歸根究柢，他們最憤怒的是政府蔑視市民、以為香港人只重金錢，對政治冷漠，更不會為了自由、平等、公義走上街頭。

結果我們的市民在烈日的煎熬下，堅毅地在維園等待遊行出發，為的是確保每一個人頭都得到點算，每一把聲音都能得到聆聽。在遊行隊伍裏面，不分長幼、男女、貧富、傷健，都被彼此表現出來的理性、和平、寬容和互助互勉的精神而觸動。我們的政府令人沮喪，但我們的市民卻令人充滿希望。香港人值得有一個更好的政府，一個尊重市民的政府！

今天的所謂高官問責制，只是官員高高在上，何來向市民負責？集大權於一身的特首，只是由八百人的小圈子選舉產生；而佔立法會議席總數一半的三十個功能團體議席，亦只有十多萬人有權投票。香港理應是七百萬人的社會，而不是八百人的社會：是你、我都有份的社會，並不是權貴、菁英的社會。

要建立一個尊重市民的政府，唯有透過民主選舉。民主的原則是政治平等。在一個民主的社會裏，每個人不分身分，同樣活得有尊嚴，對社會的貢獻得到同樣肯定，都可以通過手中一票，來決定彼此共同的將來。我們認為香港目前已有充分條件實行民主，更何況《基本法》已對此作出莊嚴的承諾，規定特首及立法會最終由普選產生。但直到現時為止，政府仍對民主政革的訴求置若罔聞。由於普選特首涉及繁複的批准及立法程序，假如政府不在今年內諮詢公眾，明年開始啟動政改程序，特區根本無法於二〇〇七年普選特首。

七一遊行和七九的市民集會，充分顯示了民眾的力量，亦清楚顯示了政府的管治危機。無論管治班子是否進行人事更替，除非政府明確表達對民主改革的善意，否則政府根本無法化解目前的危機和日後處理二十三條立法可能再次出現的衝突。假如政府真正聆聽市民聲音，順應民意，開展民主改革，將有助修補與市民惡劣的關係。透過這樣的「大和解」，將有利重建香港經濟和締造一個和諧互助的社會。

因此，我們強烈要求：

1. 政府必須立即落實民主改革的時間表，發表一份詳盡有關全民普選特首和立法會的諮詢文件並進行真誠廣泛的諮詢。
2. 二〇〇七年第三屆行政長官和二〇〇八年立法會均由全民普選產生。

民主發展網絡即將與其他團體組成一個聯合祕書處爭取上述目標，我們要求政府盡快與我們展開對話，假如政府對市民合理的要求仍然不聞不問，我們只有再次走上街頭，用最響亮的脚步聲，爭取一個尊重市民的政府！

VII 讓愛與和平佔領中環

歷史愛開玩笑——

即使〈信念書〉發布了、商討日做足數十場、德高望重的長者領頭毅行了七天、好不容易擊退投票日的駭客、近八十萬人民主覺醒、進退場的機制都設計好了、台上嘶喊啟動……

但「佔領中環」就是不曾發生，發生了的是「雨傘運動」。

舊世代的民主運動焦點是爭取普選，重視議會席位，行動傾向溫和，關心內地的民主發展，甚至認為它是香港民主化的前提。新世代則認為民主不限於選舉或議席問題，倒不如攻堅癥結所在，即「一國兩制」和基本法的核心缺陷。行動是否溫和或激進不是問題，重要的是行動的針對性和直接。中國關懷？倒不如守衛香港本土價值！

總之，舊世代因循往習，而新世代則打破常規思考。

關信基，〈為香港民主發展把脈〉[1]

二〇〇七年，香港人不僅失落了原本《基本法》允諾可在當年發生的普選，還得到一個壞消息：全國人大常委會連二〇一二年普選也否決了。[2]雖然這次議決提出香港可在二〇一七年實施普選，但是很多香港人並不買帳。畢竟，親中政圈已在吹風，指未來的候選人資格必須加入「愛國」一項，意味著這個專制政權正試圖違逆世界主流，重新定義自己的「普遍選舉」。

待至二〇一三年，香港第三任行政長官梁振英發表上任後首份施政報告，四十五頁當中僅花了不足二百字的寥寥兩段，輕輕帶過牽動社會神經的政制改革。[3]至於何謂「適當時候展開諮詢」？具體安排是甚麼？在等候中央發落嗎？他的回應是「施政有緩急先後」。一些日子以後人們才發現，一個迴避問題的特首還不算最糟糕，他無鬥不歡的個性方是真正的壞消息。

至於朱耀明經歷了黑衣記者會和一場走過蔭谷的大病後，幾年間一直專注民生事務和教會牧職的交棒安排，幾乎完全放下政制爭議；但公民社會並沒有忘記他。

二〇一三年二月三日，他的名字同時出現在《明報》兩篇報導中。一邊廂，由民主派政黨和民間團體籌組的「真普選聯盟」放消息，希望找朱耀明當副召集人，推動實現真正的普遍選舉；另一邊廂，曾任香港大學法律學院副院長的戴耀廷所提出的「佔領中環」持續發酵，他接受訪問時稱，領導這場公命抗命運動的最佳人選是朱耀明和陳健民。

今日說來，朱耀明依然覺得神奇：「之前沒有人跟我打過招呼，怎會想到被點名？我矇查查（茫無頭緒），還差點錯過文章。」

對於真普選聯盟，朱耀明不存厚望，畢竟他努力過也栽倒過，想到可能再像民主發展網絡那樣徒費力氣，便是傷心。「我們這代人爭取民主三十多年，感受最深也最失望。示威過、遊行過、談判過……，也跟學者一起撲心撲命（盡心盡力）地研究選舉方案，但那道〔政改的〕門說關便關。」

1 關信基，〈為香港民主發展把脈（二）〉，《端傳媒》，二〇一五年八月四日，https://theinitium.com/article/20150804-opinion-onecountrytwosystems2/。

2 〈關於香港特別行政區二〇一二年行政長官和立法會產生辦法及有關普選問題的決定〉，全國人民代表大會常務委員會，二〇〇七年十二月二十九日。

3 那兩段文字是：「一九四、在政制發展方面，我們會按照《基本法》的規定和全國人大常委會的相關決定，推動落實普選目標。一九五、政府會在適當時候，就二〇一七年行政長官選舉辦法以及二〇一六年立法會的選舉辦法展開廣泛諮詢，並啓動憲制程序。我們期望社會各界及立法會不同黨派，都能以理性和務實的態度，從香港的整體及長遠利益出發，求同存異，達致共識，推動香港向前發展民主。」

那麼公民抗命呢？朱耀明說：「雖然我提過幾次公民抗命，卻沒認真思考如何實踐，也不知道能否真的帶來改變。但與其溫水煮蛙，我對它確實有少許希望。」

「佔領中環」四字來自戴耀廷在《信報》的專欄文章〈公民抗命的最大殺傷力武器〉，提出由抗爭者長期佔領中環要道，癱瘓香港的政經中心，以違法但非暴力的方式迫使北京改變立場，在香港實現真普選。他以八點討論初探如何產生足夠的「殺傷力」，包括：一萬是關鍵人數；必須有不曾違法或不激進的意見領袖參與；只有非暴力才能感召群眾的正義感；參與者要承擔罪責；必須持續佔領以產生足夠能量；事先張揚向執政者施壓；只能待到最後時機才實施佔領；一旦對手願意回到談判桌討論落實真普選，便該終止行動。

這些思考來自一身書卷氣的法律學者，那種反差，像在鬱悶的社會氣氛投下震撼彈。從此，「公民抗命」不再是泛泛而談的學術名詞，而是一場近在中環、人人得以參與實踐的政治博弈。在民主路上撞出一身傷的香港人彷彿感到，我們在絕望之前也許還能來點掙扎？

被報導點名後，記者的電話很快便追來了，朱耀明立即找陳健民商議。二人已是公民運動中兩肋插刀的戰友，信任盡在不言中。

「健民在電話裏說：牧師你先答應吧，我在巴黎，回來再一起談。」朱耀明純真地笑了：「我就這樣『上了船』。所以記者來問時，我只說願意，不知道自己可以做甚麼。」後來陳健民告訴他，接到電話時，自己正跟一位香港政治學學者在咖啡廳，說起香港的民主發展，對方慨歎連連。

陳健民從巴黎回來已是兩週後。期間，三人即將領導「佔領中環」的消息像雪球般愈滾愈大，佔據報章雜誌的顯著版面，但都流於揣測。他們感到，在面對傳媒之前，自己必須整理出清晰的想法，便避過追訪，低調地會合到陳健民在中文大學的辦公室。

兩位學者一位牧師，首次坐在一起，為一場即將撼動香港的抗爭腦力激盪。

三人當中，戴耀廷是香港大學法律學院副教授，在學時參與《基本法》起草諮詢工作，成為學者後向政府和政黨給意見，從求學到教學沒離開過人們口中的「象牙塔」，不是活躍的社會運動者，也缺乏帶領組織的經驗。他本屬意由別人領導這場抗命運動，沒想到不斷參與公民社會的討論後，回看竟發現自己已成關鍵，「既然信念是對的，應該做的，就去做吧，大不了就是坐牢。」他說。[4]

陳健民是香港中文大學社會學系副教授和公民社會研究中心主任，特別關注華人公民社會的發展。他多次以學者身分介入香港的社會運動，走進民間推動改變，也把經驗帶到中國。他與戴耀廷合作並不多，甚至覺得對方「天真」，評估「佔領中環」成功迫使中國政府讓步的成功率只有五％。但悲觀如此，他還是答應了，因為「正確的事情就全力以赴去做」，知

4〈戴耀廷訪問——寫於首場商討日之後〉。戴耀廷，《佔領中環：和平抗爭心戰室》，香港：天窗出版社，二〇一三年。

其不可為而為之。

朱耀明為香港的民主民生勞碌大半輩子，身心都受過磨難，但心還未死，想為香港民主打人生最後一仗，「如果能做一塊磚頭去建設民主，我也願意。況且，既然健民和阿戴正值事業有成的壯年，也都甘願冒這個險，我這長者應該支持，不能讓弟兄孤單上路。」

聚會間，呷著陳健民沏的茶，朱耀明思考自己三十多年來的社運參與，提出「佔領中環」要秉持三點特殊性：一、Simple（簡單），這場運動只得一個訴求，就是爭取在二〇一七年普選特區行政長官，不加插其他任何議題；二、Pure（單純），以個人身分參與，純粹付出，不含政治利益等雜質；三、Holy（神聖），要求犧牲精神，參與者得負上違法的刑責，用個人自由來喚醒民眾和當權者。

關於這些，戴耀廷和陳健民都同意，只對Holy有保留，擔心宗教意味太濃。三人最後決定不強調其字，但衍生出來的犧牲精神，早就融入運動的血脈當中。用朱耀明的說法，那是一種區分，說明這場抗爭跟香港人參與過的抗爭不一樣，跟其他組織發動過的不同——這回，人們再不能喊完口號便結伴上茶樓吃火鍋唱卡拉OK了。

朱耀明說：「所以自我犧牲，深懷愛意，是我從一開始便要強調的訊息。我的信念是，只有愛才能感動人、凝聚人，讓運動開花結果。一場社會運動若不從愛人愛社會出發，可能帶來很大的破壞。」

在當天的討論裏，戴耀廷提出加入「民主商討」元素，讓參與者直接表達意見，凝聚共識，從而獲得公民授權，為香港爭取符合國際標準的普選。陳健民則指「佔領中環」四字太戰鬥格，建議加入「愛與和平」，「這是基於我對這個地方的愛，這是我出生的地方，我對這個地方有感情」。從此，運動的全名成了「讓愛與和平佔領中環」（簡稱「和平佔中」），希望感召更多溫和的市民同路。

三人一致同意在九龍佑寧堂舉行記者會，由最先主張佔領中環的戴耀廷，在象徵愛與犧牲的十字架下宣讀〈信念書〉：

> 這個運動的起點是我們對香港的關愛。我們相信只有公義的政治制度才能建構真正和諧的社會。這個運動的目標是要爭取二〇一七年普選特區行政長官。我們認為這運動的成敗取決於公民的覺醒。為要喚起公民的反思和參與，我們必須進行對話、商議、公民授權和不合作運動等。我們會像傳道者般，積極與不同群體進行對話，把民主普選、公平公義這些普世價值傳揚給香港人，並希望他們願意為了在香港的制度和社會落實這些價值而付出代價……
>
> 「讓愛與和平佔領中環」〈信念書〉，二〇一三年三月二十七日

他們提出三個信念：一、選舉制度必須符合國際社會對普及和平等選舉的要求；二、具體選舉方案經民主程序議決，過程包括民主商討和民意授權；三、這場公民抗命行動雖違法，但絕對非暴力。

根據構思，「和平佔中」完成商討日和公民授權後，會就二〇一七年特首選舉提出具體方案。若當權者漠視民意，以不符合國際普選標準的選舉方式來回應，才啟動佔領中環等公民抗命行動。心繫民主的香港人可以選擇不同程度的參與，包括合法地支援、加入抗爭但不自首，以及參與抗爭並且願意自首和放棄抗辯。

〈信念書〉最後號召：「我們期望最少有一萬人本著良知的呼喚，按其處境投入運動各個環節，讓愛與和平佔領中環。」

從那天起，戴耀廷、朱耀明和陳健民得到兩個外號：在主流媒體是「佔中三子」，在親建制報章是「佔中三丑」。

朱耀明的首項任務，是從各個界別游說五十人出面支持，但他很快發現這個目標太樂觀，收到的回覆大都語氣為難：「而家未知點」（現在還不清楚）、「唔明白」（不明白）、「唔係幾方便」（不是太方便）……

但也有令人快意的支持者，「郭乃弘牧師答應得很爽快。吳錦祥醫生

政治漫畫家黃照達在2013年為和平佔中設計標誌：鳥兒象徵和平，微小但從容堅定；空心圓有邀請之意，亦可解作佔領。2019年佔中九子罪成後，黃照達在空心園內加上柵欄，但鳥兒依然站在其上仰望天空。他在社交媒體上說：這是「向每位為香港民主付出過的致敬」。

在紐約哥倫比亞大學教書，認識很久了，還未弄清要做甚麼就說：『牧師，我幫你！』最驚訝是陳慧，沒想過那樣順利。」

陳慧是作家和編劇，為人低調，甚少活躍鏡頭前，這一答應，等於從說書人變成新聞裏的人，以另一種身分介入漩渦中的城市。後來她在媒體訪問中這樣回應：「我信一件事：無論個人抑或家庭、團體甚至社會，要做的東西總得有人做。即是說，地下髒了，不要等別人來抹。如果覺得事情應該那樣發生，自己做就好。」[5]

如此東拼西湊，才好不容易在四月二十八日、佔中祕書處成立的記者會前，湊足十人。他們來自各行各業，很多本來就跟朱耀明熟稔。他有點頑皮地笑了起來，「我從來都是損友」。

當時陳健民在臉書上這樣介紹：「郭乃弘牧師批判香港為財團壟斷，說普選是謙卑的訴求，希望將社會走向公義的方向。張銳輝老師說學生過幾年便是選民，應該讓他們關注佔中運動。潘瑩明老師說年輕人社會意識提高得快，老師要跟上。邵家臻說現在是財團獨佔中環，不如『眾佔中環』，將香港交回人民手中。陳慧說她參與佔中沒有掙扎，這運動令她覺得香港還有希望。吳錦祥醫生說無理由回歸後還要做二等公民，必須抗爭。鄧偉棕說作為律師，

5〈時代的說書人：說香港是福地，未免太輕佻〉，專訪首刊於香港《立場新聞》，《立場新聞》在二〇二一年十二月被迫停刊下架後，由台灣媒體《世界走走》轉載，https://www.sehseh.world/article/4696494（二〇二二年一月十三日）。

要尊重不單是法律，還有自然法。他作為平信徒，[6]則批評主流教會的社會思考太保守。徐少驊作為生意人，覺得佔中是做得過的生意，比其他方法更有希望爭普選。金融界的錢志健說兩年前領養了一個小孩，要為她爭取普選。蔡東豪說他兒子七歲，如果長大後仍沒普選，兒子會問：「爸爸，當年佔中的時候，你在哪裏？」

於是，在「佔中三子」外，傳媒添了「佔中十死士」這外號，莫名悲壯。朱耀明說：「我們曾經以為其他人會陸續加入表態，但是沒有。」

後來，倒有人不得已潛隱或者退出。

二〇一四年七月，蔡東豪毫無預警地結束他創立的網上新聞媒體《主場新聞》，全部文章即時下架，只留下一封告別信表明「我恐懼、我誤判、我悔疚」，沒公開澄清自己曾在大陸被禁錮的傳聞，也不再現身「和平佔中」的行動。九月，徐少驊在報章訪問中表示自己「心態已變」，因為反對「用違法手段爭取民主」所以退出「和平佔中」，強調沒受到任何迫害或威脅。[7]朱耀明得到的消息則有徐少驊在內地的生意夥伴受到威脅之事。

「十死士」出台後，下一步便是籌備二〇一三年六月九日的第一次「政改商討日」。考慮到香港人並不熟悉商討（商議民主）概念，戴耀廷預備了解說文字：

過去討論民主時，港人大部分的焦點都是放在代議民主，就是透過定期的選舉讓公民選出代議士代表他們去行使公權力管治社會。當然這是非常重要，但民主的模式卻不局限於代議民主，還有商議民主。

商議民主強調公民直接參與某一公共議題的商討過程，至少是那些受這公共議題直接及間接影響的公民可以參與商討。民主商討的程序是要讓所有認同共同信念的公民，在這些共同信念的框架下，從設定議程到構思解決方案，由表達、解說及嘗試理解不同意見到在不同意見中尋求共識，最後在經過詳細的討論過程後經公平的程序作出議決，都可以平等地參與。

下刪十二點詳細解說後，文章總結：無論「和平佔中」最終成功與否，起碼要在香港社會撒下商討文化的種子。

朱耀明有點憂心這對參與者要求過高，畢竟那是數百人一整天討論民主的集會。但憂心之餘，他先要爭取到足夠的參與者，「我們盡力碌人情咭（打人情牌），透過政黨、教會和非政府組織鼓勵參與，又請求朋友幫忙，希望湊夠七百人。」

還有一個當務之急，就是如何處理準備同日同地——即二〇一三年六月九日在香港大

6 基督宗教中除聖職及認可修會人員外的信徒，即教友或會友。

7 訪問在《成報》刊登，此為引述連結：https://www.rfa.org/cantonese/news/HK-withdrawal-09032014102618.html。

學法律學院——舉行的民意調查。那是香港大學民意研究計劃主任鍾庭耀邀請抽樣得來的市民，要了解他們對公民抗命的態度。朱耀明說：「我想，這下死火（糟糕）了，要是記者把我們的社運動員和鍾庭耀的學術研究混淆了，找上做民調的人來訪問，他們是有收取車馬費的，而受訪者如果剛好是藍絲（建制支持者），那我們的動員便失敗，也對不起參與的朋友。但鍾庭耀很硬頸（固執）不肯改期，阿戴一身書生氣也覺得不必改。」

幸好是三人行。陳健民從大陸回來便幫忙解結，協調鍾耀庭改地點低調進行民調。「佔中是新嘗試，我們三個一直盲打盲撞，健民不斷補飛（幫忙補救），阿戴慢慢靠近我們的想法，我也學到很多新東西……現在回顧，磨合是好事，慢慢生出默契。」朱耀明說。

必須好好磨合，方能應對接踵而來的挑戰——有來自對手，也有來自民主同路人。

第一次商討日，現場來了兩批志不在商討的人。一邊廂，二十多人高叫「知法犯法，認真衰格（缺德）」、「煽動學生，行為可憎」，指罵佔中支持者是「（美國）走狗」。自公布「和平佔中」以來，香港冒出了幾個「愛」字頭的親建制組織，包括「愛港之聲」和「愛護香港力量」，每次出場都展示類似泥漿摔交的戰鬥格，汙泥四濺。

另一邊廂，十多名激進民主派人士拿著「夾實佔中、堅搞普選」（緊盯佔中，搞真民主）的橫幅進場，[8]他們對溫和派佔中行動力缺乏信任，表明會「嚴加監察」，免其重蹈二〇一〇年民主黨妥協通過「假普選」政改方案的覆轍。[9]在朱耀明的記憶中，他們總是銜著煙頭，惡言相向。後來在遮打花園集會相遇，外號「快必」的發起人譚得志還一直追罵：「神棍，你哋夠膽做啲咩？」（你們夠膽做些甚麼？）

朱耀明不解同路人的敵意，「有人說：那是因為溫和派做到他們做不到的事。」誰較難纏，同路人還是對手？「那是兩種不同的挑戰。但後來也沒多理會了，畢竟我們做的事，沒別人做過。」

商討日參加者以抽籤方式分成小組，隨機組合來自不同背景的人。大家平等討論包括談判底線、行動開始和退場的時機、如何加強論述宣傳等，當中一組，由有線電視新聞台全程直播。有和平佔中成員擔心若這一組失控亂來，怎麼辦？幸運是，無論是小組討論抑或鍾庭耀最後得出的民調結果，香港人的公民質素都沒令人失望。

走過三十多年民主路，朱耀明頭一趟看到這麼多人坐下來平靜地商議民主，理念縱有不同，討論完全開放。「後來我讀了相關書籍，更欣賞商討文化建構民主基礎的理論，即使年紀再大，每次都學到新功課、新觀點。」朱耀明說：「阿戴這提議開創了香港的民主先河。」

第一次商討日順利為運動打進強心針，但政權卻來個硬回應。就在商討日當天，特首梁

8 他們後來組成「佔中後援會」，聲言要發動進步力量，協助同時監督「和平佔中」運動。

9 二〇一〇年，立法會表決政府提出的二〇一二年政制改革方案，原先反對的民主黨突然退讓，不再堅持要求中方就二〇一七年舉行真普選表態。此舉引發不少爭議，批評者包括民主黨創黨主席李柱銘。

振英向傳媒發話：「無論是主辦方組織的佔領中環行動，或是其他人士利用這個概念、騎劫（綁架）這個概念的行動，都是不可能不犯法、不可能和平的。任何犯法行為政府都不會姑息。」

一個以「愛與和平」起頭的運動，從第一步商討開始，已被定性「非法」。

「我看到的是，之後只會更艱難。」朱耀明說。

從二〇一三年十月起的四個月裏，「和平佔中」與民間團體協作，辦了三十多場第二次商討日，三千多個跨階層跨界別的人參與平等議政，計有社福界、金融界、教育界、宗教界、藝術家、婦女、大學生、性小眾、無家者、基層等。第三次商討日於二〇一四年五月六日同步在全港五個地點舉行，由簽署了「和平佔中」意向書的參加者從十五個普選方案中選出三個，日後交由全民投票表決。

這十五個方案全部經國際憲法專家確認符合國際標準。提出方案的民間團體和政黨來自民主光譜上的不同位置，成員有前高官、學者、法律人士和學生等。當中最關鍵也最受爭議的內容，是應否在這個階段讓公民有提名特首候選人的權利。中方官員早前已表明《基本法》只把提名權授予提名委員會（簡稱「提委會」），即是沒有公民提名的空間。

聯合國《公民權利和政治權利國際公約》曾為「普及和平等」的選舉訂下基本要求，當中並不包含公民提名候選人，[10]即是不排除含有提委會的方案。問題是，對於中國會在香港成立真正代表民意的提委會，很多人信心缺缺——這是一路走來的慘痛領悟。在香港大學法律學院院長陳文敏教授主持的圓桌會議上，國際憲法專家齊集為香港出謀獻策，希望在限制中量身訂造民主選舉準則，包括由公民提名提委會成員，以及提委會必須平等代表所有香港選民等，但這些提案無法驅散瀰漫社會的不信任情緒。

究竟怎樣的選舉方式，方才適合那個歷史時空下的香港？放棄公民提名候選人，務實地增加談判成功的機會，一步步突破制約，直至最後勝利？還是堅持公民提名，不認命、不妥協、求改變，以最純粹的心思昂首向前，免得民主落得荒腔走調？

這些是需要整個社會一起辯論和抉擇的大哉問，也是「和平佔中」設計商討和民意授權的原委。然而，出乎三子意料之外，這個選項最終沒有出現。

第三次商討日在即，來自人民力量等立場較激進的政黨主張「公民提名、必不可少」，動員支持者到場參與投票，以杜絕他們認為「不民主」的方案。整天下來，共有二千五百多人參與，很多都沒簽意向書，最後選出「學界方案」、「人民力量方案」和「真普選聯盟方案」全部含有公民提名的元素，溫和民主派的提案近乎全軍覆沒。

「我們頭很大，覺得是騎劫。」朱耀明說：「那時堪稱內外夾攻，建制動員的反佔中陣營

10《公民權利和政治權利國際公約》指出，一場普及和平等的選舉至少包括：1、每名選民享有相等數目的選票，2、每張選票票值相等，3、公民參選的資格不受不合理的限制。

常在公開場合狙擊，健民最厲害，無論遇上誰都正襟危坐，冷靜應對，撐下幾場辯論。只是怎樣也想不到，我們差點因同路人冧檔（垮掉）。」

溫和民主派紛紛批評，指三個選擇「未能反映社會各種不同的政治取向」、「不是真正的選舉」，就連前政務司司長陳方安生和前大律師公會主席李志喜等重量級人物，也表示不會參與全民投票日。

「我們一早知道自己做這個（籌劃「和平佔中」）鐵定會被罵，但那次實在沮喪，因為連有分量的同路人也罵得很甘（嚴厲），說三子不民主，令談判沒有轉圜餘地，剝奪香港人真正的選擇……我們傷心之餘，也有懺悔。」

運動陷入低潮，朱耀明對另外兩子說：我們返回佑寧堂，在那裏承認不足吧。

從年多前在佑寧堂的十字架下發表〈信念書〉那天起，三子便站上浪頭自我暴露，成為人們最方便的目標。有人忠誠同行；有人把希望都押上去；有人把他們提出的運動當作發揮影響力的角力場；有人不斷找碴來引證自己的不信任很聰明；有人視之為洪水猛獸；人人都以為只有自己認定的方向才對……整個社會合力朝三子背上投擲重量，很容易便忘記，他們只是三個甘願自我犧牲的傻人，大著膽子去做一件香港從來沒人敢做、也沒人知道該怎麼做的事情。

五月二十九日，三子回到「和平佔中」的起點，在佑寧堂呼籲香港人把握全民投票日作出選擇；同時表明，若投票人數不過十萬，自己便會退下，承認領導無方，讓有志者承接領導工作。換言之，十萬票是信心的底線。

在媒體的鏡頭下，三子一臉疲憊。頭頂上是同一個十字架，但這回顯得格外沉重。

六月十日，國務院新聞辦公室發布十六頁《「一國兩制」在香港特別行政區的實踐》，[11]從「香港順利回歸祖國的歷程」到「中央政府全力支持香港特別行政區繁榮發展」，娓娓道出另一個令人陌生的「香港故事」，像是描述二〇〇三年沙士疫症[12]的段落：「為保障香港同胞生命安全，幫助香港經濟走出低迷，中央政府及時伸出援助之手……」可是病毒變種源起在中國大陸、疫情因內地新聞封鎖和冷處理而肆虐蔓延、病人坐飛機跨境傳播、香港首當其衝……這些那些，文件一字不提。

但最令人錯愕的，是這份《白皮書》重新演繹了「一國兩制、高度自治」這八字：

> 香港特別行政區的高度自治權不是固有的，其唯一來源是中央授權……高度自治

11 中國外交部網站《「一國兩制」在香港特別行政區的實踐》白皮書全文，http://sa.china-embassy.gov.cn/chn/xwdt/2014yaowen/201406/P020210618671304622168.pdf。

12 二〇〇三年春，非典型肺炎（SARS，又譯沙士）肆虐香港，三個月間造成二百九十九人死亡、一千七百五十五人感染，香港被世界衛生組織列入疫區名單。

權的限度在於中央授予多少權力，香港特別行政區就享有多少權力，不存在『剩餘權力』……「一國」是實行「兩制」的前提和基礎，「兩制」從屬和衍生於「一國」，並統一於「一國」之內。「一國」之內的「兩制」並非等量齊觀……

《「一國兩制」在香港特別行政區的實踐》白皮書，二〇一四年六月十日

《白皮書》並把司法機關列入行政當局，同樣要求「愛國」，法律界譁然。六月二十七日，法律界罕見地發起遊行，一千八百人一身黑衣從高等法院走到終審法院，當中包括退休大法官和八位香港大律師公會前主席等，遊行隊伍沒口號沒標語，只在抵達時靜默三分鐘，對此城的司法獨立表達憂心。

由《中英聯合聲明》確立了的半世紀承諾，[13]才三十年，便不復初識那模樣。「《白皮書》讓人看到一個充滿謊言、顛倒是非的政權。」朱耀明說。

但總不能這樣就放棄。

三子接受第三次商討日參與者的投票結果，同時思考怎樣回應溫和派的關注。他們與設計投票計劃的鍾庭耀幾番斟酌，決定在選票中增添一問——市民除了可以為「和平佔中」選出向政府提出的選舉方案外，還能就「如果政府方案不符國際標準讓選民有真正選擇，立法會是否應予否決？」表態。兩個問題都有「棄權」選項。

「從〈信念書〉開始，我們便要求符合國際標準的普選，所以加入這一問既不違反本意，也讓溫和民主派有機會對行動的原則表態。」朱耀明說。

一個問題打開一條生路。溫和派逐漸歸隊，包括之前批評「和平佔中」非真選舉的陳方安生。她指出，向政權反映大家對真普選的渴求，意義遠遠超出表決三個方案，呼籲市民參與投票。

公投在即，民間聲音開始協力推廣。「和平佔中」在互聯網上載音樂短片，[14]片中一身灰裙的小女孩用童稚清澈的嗓音唱出〈問誰未發聲〉，扣動心弦。這曲改編自音樂劇《悲慘世界》膾炙人口的〈Do You Hear the People Sing?〉，由「佚名」的詞人另作廣東歌詞，號召每個人自我覺醒，不認命衛我城，擊中很多香港人的心思。

試問誰還未發聲
都捨我其誰衛我城
天生有權還有心可作主
誰要認命噤聲

---

13 香港「一國兩制」與「五十年不變」這些方針，載入了《中英聯合聲明》第三條及附件一。

14「和平佔中」YouTube頻道今已下架，目前網上流傳的，只有網民轉載的低像素版本。

試問誰能未覺醒
聽真那自由在奏鳴
激起再難違背的那份良知和應

為何美夢仍是個夢　還想等恩賜泡影
為這黑與白這非與是　真與偽來做證
為這世代有未來　要及時擦亮眼睛……

無人有權沉默　看著萬家燈火變了色
問我心再用我手　去為選我命途力拼
人既是人　有責任有自由決定遠景……

〈問誰未發聲〉

由尊子、馬龍、一木、黃照達、白水、方蘇、Kit等多名漫畫家組成的「漫畫刁民」，各自用言簡意賅、一針見血的漫畫，

漫畫刁民

為全民公投集結力量。

六月十四日，「和平佔中」與陳日君樞機，以及泛民政黨和民間團體等一起發動「毅行爭普選」，一連七日步行巡迴港九新界各區，推動民間公投。

毅行的關鍵人物是陳日君樞機。

自二〇〇九年退下香港教區主教崗位後，樞機不再位高權重，卻一如既往，腰桿堅硬地支持民主運動和捍衛宗教自由，不向北面的強權卑躬屈膝，也不在乎自己沒站在體制的遮蔭之下。「和平佔中」陷入低潮那時，朱耀明和陳健民來到修道院，謀求前輩的智慧和指引。

「那時泛民已在匯豐銀行大廈發起絕食，呼籲市民支持『和平佔中』，但迴響不大。我們想，不如毅行巡區？原本提出每日走四個鐘頭，但樞機看到我們民心散渙，說要連走七日，日行十二小時。」朱耀明笑說：「老人家這樣說，我們這些後生又怎能反對？」陳日君樞機其時已屆八十二高齡，德高望重，原本犯不著介入這場爭議。

一切權力由人民授予
不存在剩餘權力
6.22投票 宣示主權

他這一答應，毅行的聲勢便出來了，有人網上呼籲：「咁都唔撐，點對得住佢老人家？」（這樣也不支持的話，怎對得起他老人家？），有人自製「撐民主、撐毅行、爺爺加油」的標語出動。同行者這樣回憶「樞機爺爺」起步時說的話：《聖經》教我們寬恕，不斤斤計較，人家要拿你的外衣，內衣也應給他；人家要你行五十步，不妨行夠一百步；但是，這是有底線的。關乎到尊嚴和權利，我們便不該輕言退讓或屈服。上帝交託我們做人，我們便要切切實實地做好一個人……。

這也是陳日君樞機的生命見證：無論對手多強、勢力多懸殊，所謂底線，就是沒有討價還價的餘地。

朱耀明記得，民主毅行出發第二日，樞機的腳便痛了，「他穿皮鞋，走得一跛一跛，但無論如何不肯休息。夥伴偷偷跟我說：『牧師，你就話你唔掂要休息下吧。』（你就說你不行要稍休吧）我們就用這個原因先到何文田商場，為樞機買一雙運動鞋。」

那是有口號和歌聲的隊伍，常常有數百人之

陳日君樞機（左）參與毅行凝聚人心，提振了全民投票爭普選的聲勢。

多，大家輪流接力，日行二十公里，從天亮走到天黑，再由天黑走到天亮，走過中環遮打花園、大埔廣福里、元朗西鐵站、荃灣大會堂、美孚、藍田……走進各個生活場景。每次行經天主教堂都受到熱烈歡迎，進去稍息、進食、祈禱，再上路。

小城六月，時而烈日當空，時而傾盆大雨，大家身上不是汗水，便是雨水。一步一腳印。到了第七日，隊伍從中環七號碼頭，步行回到首天起步的遮打花園，結束整場毅行。「全民投票日」也在同日展開。這場公投由「和平佔中」委託香港大學民意研究計劃和香港理工大學社會政策研究中心舉行，所有滿十八歲的香港永久居民都可以在六月二十日至二十九日間上網、或在六月二十二日親身到二十一個票站投票。

「那天〔民主毅行〕行到遮打，已聽說很多人投了票，大家都很激動。」朱耀明說：「各人都辛苦，但這是一個轉捩點。」

根據支援投票系統 PopVote 的網絡服務供應商 CloudFlare，[15]投票開放後首兩小時，票數已逾十萬，正是三子之前宣布的「信心底線」。但隨之而來卻是看不見的電子暴力。CloudFlare 創辦人 Matthew Prince 接受《紐約時報》訪問指出，[16]這次遭受的駭客網絡攻擊，是同類事件中最激烈、最大型，也最持久的一次，堪稱連場惡戰。

15 Cloudflare 是協助客戶打造安全網絡環境的跨國科技企業，總部設在美國。

然而，那些「國家級」攻擊者大概沒讀過〈北風與太陽〉這伊索寓言，也不了解香港人對不公義的反感。駭客消息傳出後，網上一片譁然，人們紛紛在各自的社交網絡發聲：

「愈打壓，信念愈堅實！」

「民主，本來就不是恩賜，是靠爭取的！」

「無論實體票站少得多可憐，排隊等投票多不方便，請投下神聖一票，沒有人可以阻止我們。」

「實在太過分。本來是為公民提名方案猶豫的，現在也非投票不可了！」

「都唔好講笑，剛剛揸住個iPad接四隻馬騮放學，老師連家長都撈到十個八個，明天繼續！」（真不能說笑，剛剛拿著平板電腦接四個孩子放學，連老師和家長共找到八至十人〔網上投票〕，明天繼續！）

「黑客攻擊係阻唔到你同我發聲嘅！有啲咩野可以做？去票站做義工，幫手去幫其他人發聲吧！到時見！」（駭客攻擊是擋不住我們發聲的！有甚麼可以做？到票站做義工，幫其他人發聲吧！到時見！）

就像戴耀廷的呼籲：「你用科技方式打擊我們，我們就用低科技、用腳、用汗水彌補，延長投票時間，讓香港市民有足夠機會，將港人的意見表達出來。」

十日之間，一場被當權者定義為「非法的」、「無效的」、「是對《基本法》的公然挑戰」的公投，[17]共取得七十九萬二千八百零八名香港人參與。「和平佔中」運動從千夫所指、三子幾乎引咎退出的民意低谷，一步步爬上來，像經歷「大奇蹟日」[18]那樣戲劇性翻盤。

「那是八十萬人的覺醒和民意授權，是香港爭取民主的強大動力。我們從沒想像過那麼多人投了票，很感動。」朱耀明說。

成功獲得民意授權的下一步，便是與官方談判。三子找上當時領導政改的政務司司長林鄭月娥。此前，朱耀明與這位外號「好打得」[19]的高官在工作上幾度交手，卻已留下非常好的印象。

第一次是一九九七年。那時朱耀明在林鉅成醫生引薦下，加入醫院管理局屬下的公眾投訴委員會，以獨立身分審議病人對醫管局服務的上訴個案。除五位民間委員外，每次還加入

16 "Cyberattack on Hong Kong Vote Was Among Largest Ever, Security Chief Says", By Alan Wong, June 21, 2014, *New York Times*. https://archive.nytimes.com/sinosphere.blogs.nytimes.com/2014/06/21/cyberattack-on-hong-kong-vote-was-among-largest-ever-security-chief-says/。

17 「北京稱香港非官方公投非法無效」，傅才德、儲百亮、Alan Wong，二〇一四年六月二十二日，《紐約時報》https://cn.nytimes.com/china/20140622/c22hongkong/zh-hant/。

18 「大奇蹟日」是香港股市的坊間詞彙，指股市在開市後大跌，但收市前卻從低位大幅反彈甚至倒升的日子。

19 曾幾何時，這個外號是正面的，稱許林鄭月娥做事作風強悍又有實力。

一位官方代表輪任，某回出現的是當年的副庫務司林鄭月娥。

「我做這個工作得罪人多，很多醫生罵我，說那樣窮追不捨地審議投訴個案，是虐待醫護人員；但我針對的是制度，而且病人權益實在需要彰顯。」朱耀明說：「那天會議，我們反覆討論一個投訴個案，婦產科部門主任被追問得大發雷霆，會議從傍晚六時開到凌晨兩點，林鄭月娥全程參與，毫無怨言。」

沒想到，一週後他收到林鄭月娥來信打氣，勸勉大家繼續堅守公平正義。年月久遠，信件早就遺失了，但朱耀明記得自己當時在心中認證：「真是有心的公務員。」

第二次是二〇〇一年前後。朱耀明在公開場合遇到剛調任社會福利署署長的林鄭月娥，談到柴浸的服務。林鄭月娥當場沒說甚麼，一天卻突然來電，希望預約到訪。

九月十九日，她單槍匹馬到來，沒隨行官員，整個下午隨著朱耀明參觀柴浸大樓，從社會服務、幼兒服務、到牙科診所，與家庭輔導中心同工討論良久，也特別關注幼兒院和幼稚園合併後空置的樓層，並且認真提醒：土地是香港最珍貴的資源，請好好思考新用途。

「也因為她的提醒，我找健民幫忙做柴灣社區健康調查，按研究結果把空置樓層規劃成健康中心。健民看到新設施很驚喜，說：『我們寫報告，沒想到你們真的會做出來！』」朱耀明說。

所以，二〇一四年七月二十九日下午，當佔中三子拿著近八十萬全民投票結果走進外號

「門常開」的政府總部大樓時，朱耀明確實有過期望，以為至少會有一場認真的討論。

可惜事與願違。

三子被領進寬敞的會議室，沙發上已坐著政務司司長林鄭月娥和政制及內地事務局副局長劉江華，大家沒握手也沒寒喧。戴耀廷先講解投票結果，包括：九成人從三個方案中作出選擇，真普選聯盟的方案以四十二%的票數勝出；近七十萬人認為立法會該否決政府不符國際標準的政改方案。陳健民接著提醒，倘若政府不回應這次溫和派的民主訴求，日後只能面對激進派和本土派的冒起。

「健民看得通透：那時各路人馬按兵不動，就是要看看『和平佔中』有多大能量、能爭取到甚麼。要是連我們也冧檔（倒下），希望便沒了，出路也沒了，更激烈的反抗一定會來。」朱耀明說：「所以我們三人存在的最大貢獻，其實是疏解和延後激進勢力的行動。後來的發展，都被健民說中了。」

但林鄭月娥的心思根本不在公投。她接過投票結果便隨手丟一旁，沒瞄半眼，更遑論翻開，甚至沒正眼望過戴耀廷，大部分時間只是定睛向前，不斷重申：「你們不要佔。」至於被指「政治變色龍」的劉江華[20]則全程語言挑釁，猶幸三人早認定他是傀儡，沉住氣沒讓他得逞。

---

20 劉江華早年屬泛民主派，後來轉身加入建制派，更成為民建聯副主席。他在二〇一二年參加立法會選舉落敗後，獲委任為政制及內地事務局副局長。

這場沒溝通的會面進行了不到一小時，林鄭月娥說：「既然你們這樣堅持，也沒甚麼好談了。」便站起來示意結束，沒拿走沙發上的投票結果，也沒交待劉江華去拿。八十萬香港人的意願，錯愕地遺留在空蕩蕩的會議室中。

眼前神情冷漠、甚至帶點輕蔑的高官，跟當年主動來信鼓勵大家追求公義的，是同一人嗎？究竟是權力使人腐化，還是流露真本性？朱耀明笑了，帶點唏噓：「有趣吧，我遇過很多神奇的人。」

會後雙方各自見記者，三子指林鄭月娥未具體談及如何在狹窄的政治罅隙中尋求共識；林鄭月娥重申市民表達意見必須守法，若以違法行為逼迫特區以至中央政府屈服，不可能達到目的。

二〇一四年八月三十一日，來了另一顆震撼彈。

中國全國人大常委會通過《全國人民代表大會常務委員會關於香港特別行政區行政長官普選問題和二〇一六年立法會產生辦法的決定》（簡稱「八三一決定」），直接推翻人大在二〇一二年作出、有關香港在二〇一七年實施普選的安排，並且如此敲定新的特首選舉方法——提名委員會維持原有人數和成分；特首參選人須獲得半數委員提名；委員會只能選出二至三名候選人。回看二〇一二年選出特首梁振英的那場選舉：一百五十名委員可提名候選人，最多可有八人參選；新規定的民主成分不進反退。

2014年8月31日當晚的集會。

假如說，六月公布的《白皮書》重新定義了香港的歷史和政治承諾，那麼兩個月後的「八三一決定」是用最粗暴的方式戳破大家僅餘的希望。

當晚，和平佔中在添馬公園舉行「公民發聲集會」，逾五千人參加，學聯、學民思潮及多名學者一一發言，抗議八三一決定。戴耀廷在台上宣稱，香港已進入抗命時代，和平佔中鐵定會發生，但他沒公布具體時間表。

三子原本打算等到二〇一五年上半年，若香港政府推出不符合國際標準的選舉方案，方才啟動佔中，因為那時「對話之路已盡」。「『和平佔中』強調溫和、強調協商、強調談判，公民抗命是最後一步，能不佔便不要佔。我們的立場是穩妥的，不想因為社會氣氛被迫去做未準備好的事情。但這個立場也令我們為人詬病，蒙受很大的壓力。」朱耀明說。

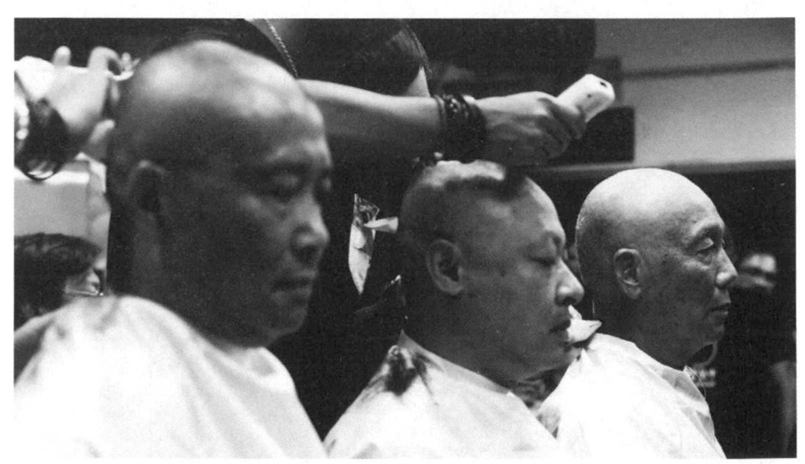

上｜9月9日，三子連同四十多位支持者「剃頭明志」，寓意港人「剃無可剃，退無可退」，表明爭取普選的決心。

對頁｜9月14日「黑布大遊行」，示威者拉著三塊各長五十米長的黑布前進，象徵黑暗籠罩香港。

政府失信
LOOK
望右

然而，「八三一決定」令整個公民社會騷動了，大家都在問一個問題：這樣等下去還有意思嗎？朱耀明感到，即使自己按兵不動，也隨時有人揭竿佔領。

整場運動像脫了軌的火車，在迷霧中呼嘯著前行。

這當中，兩個學生組織的角色尤為關鍵。一個是成立於一九五八年的香港專上學生聯會（簡稱「學聯」）。學聯由大專院校的學生會合組，長年站在社會運動前線，既是支聯會創會會員，也加入了民間人權陣線（簡稱「民陣」）。[21]早在「八三一決定」出台前，學聯便曾公開呼籲支持者在七一大遊行[22]後通宵佔領中環遮打道。那天共五十一萬人參與日間的遊行，八千人響應晚上的留守，警方則拘捕了五百一十一人。行動被視為「佔中預演」。

另一個是二〇一一年成立的學民思潮。當年香港政府推行被指為「洗腦教育」的德育及國民教育科，[23]中學生群起反對。他們聯合教師和家長團體等，組成民間反對國民教育科大聯盟，迫使政府取消這個科目的三年開展期。此一役後，學民思潮積極參與推動香港民主，後來在政改討論中主張「全民提名、全民普選、重奪政府」，反對溫和派的提案。

九月二十二日，學聯發動罷課五天。第一天，萬多人在香港中文大學百萬大道上參與誓師；翌日，群眾移師到金鐘添馬公園一帶上「公民講堂」，實行「罷課不罷學」。逾百名學者輪流到場支援，向年輕的學生和群眾講民主、講法治、講公民抗命、講現實與理想的抉擇。夏末的陽光被樹影剪成一地破碎，草地觸碰起來軟軟的、刺刺的，它們合力營造出一個知性又熱情的公共空間，煞是迷人。

九月二十三日，「和平佔中」對於提前佔中終於有新說法。戴耀廷在《蘋果日報》撰文〈擺酒有時去飲有時〉，[24]表示「在別人慶祝國家的大日子時，我們也會在中環擺下一場爭取香港民主的盛宴，歡迎所有支持民主並願意為達此目標而有所付出的人來赴宴」，暗喻將於國慶日發動和平佔中。三子選擇這一天背後的計算，是希望多少對參與者帶來保護作用——政權不會願意在「大喜日子」惹血光之災。

一下子，佔領行動迫在眉睫，「和平佔中」隨即組織協調委員會和核心決策小組，前者負責動員和協調參與的單位；後者訂定決策方式，包括倘若三子被捕，該由誰來領導運動？

---

21 民陣是由香港民主派組成的聯合平台，關注民生、民權和人權議題，曾發動多場大型遊行示威。《港區國安法》實施後，大量成員先後退出，二〇二一年八月十三日，左派報章《大公報》刊登警務處處長蕭澤頤專訪，指民陣涉嫌違反《國安法》，警方會隨時採取行動。同日民陣決定解散。

22 七月一日是香港特別行政區成立紀念日。從一九九七年回歸開始，每年這天，民間都會舉辦大型反政府遊行，年復一年，直至二〇一九年警方以新冠病毒疫情為由反對，遊行傳統首次被迫中斷。二〇二〇年《港區國安法》通過後，七一遊行被禁，成為香港人的歷史回憶。

23 二〇一二年，教育局計劃將「德育及國民教育科」列為必修科，以加強中國人身分認同。但官方編製的課程指引曝光，竟包括「〔唱國歌時〕以身為中國人為榮，有感動流淚的感覺」等情感引導的內容，被指為「洗腦教育」，引發大型抗爭。

24 編按：港語「去飲」指參與喜慶盛宴。

「最重要是設計退場機制，因為群眾運動易放難收。」朱耀明一直把這個放在心上。

他們天天跟時間競賽，忙出一頭煙，朱耀明的待辦清單上有：安排電力，供照明和音響等器材使用；準備衛星電話和測試無線路由器的覆蓋範圍，以防通信封鎖；拜託醫生朋友招募醫療義工隊，支援緊急事故；訂購四十個流動廁所，安置在遮打道各處；與警方和康文署開會，爭取借用遮打花園，讓不想違法的支持者有緩衝之地……

三子很清楚，民意等不及明年年中，只是沒想到竟然連十月一日也等不及。

九月二十六日，罷課週最後一天，一千五百名中學生響應學民思潮的呼籲加入添馬公園集會，不少還穿著校服。當晚十時二十六分，學民思潮召集人黃之鋒突然號召重奪「公民廣場」，而學聯事先部署的成員亦一舉突襲，百多人攀過約三米高的圍欄闖入，警方在當中拘捕學民黃之鋒等多名示威者。「公民廣場」是政府總部東翼的迴旋處，在二〇一二年反國教行動後得此別名，之後成為不少社會運動的現場。[25] 二〇一四年七月，政府在政總一帶加設圍欄，包括用鐵板封閉「公民廣場」，以「門常開」為設計概念的政府建築群從此被譏「門常鎖」。

九月二十七日，警員拿著盾牌驅進「公民廣場」清場，拘捕七十四名介乎十六歲至五十八歲的示威者。晚上，五萬人參與「雙學」（坊間對學聯和學民思潮的合稱）在添美道發起的集會，要求當局釋放被捕學生及回應罷課訴求。集會於晚上十一時結束，但示威者繼續留守。

那天晚上，氣氛異常躁動，有群眾在路上呼喚佔領，質問陳健民和戴耀廷：「學生都做咗咁多嘢啦，你哋仲等啲乜？」（學生已經做了那麼多，你們還在等甚麼？）

朱耀明說：「從學生跳進公民廣場開始，這場運動就輪不到我們話事（決定），而是學生的主場了。三子做甚麼也不對，被鬧得很淒涼；可是學生也困難，幾個領袖都被拉走，有點群龍無首的狀態。」

三子原本希望維持在十月一日宣布佔中，但此時不得不考慮最新形勢。晚上，三子與雙學召開特別會議，討論是否提前佔領。學民思潮代表指領袖被捕，暫時無法提出任何意見；學聯代表則表明大家已很疲累，希望和平佔中作出支持，但要待學聯常委開會後才能確認最終態度。

學聯在九月二十八日凌晨一時左右完成討論，於是三子與餘下的學生領袖一起站上添美道的「命運自主」台，由戴耀廷宣布：「佔領中環，正式啟動！佔中會由佔領政總開始，學生、所有支持民主的香港市民，我們一起開始一個新時代、抗命的時代！」[26]

戴耀廷喊出兩點要求：一，中國人大收回八月三十一日就政改作出不民主不公義的「落

25 包括二〇一三年香港電視網絡的核發牌照風波，以及二〇一四年抗議《明報》前總編輯劉進圖遭砍傷的「反暴力，緝真兇，保法治大遊行」等。

26 香港有線電視新聞台當日的影像紀錄，https://www.youtube.com/watch?v=M0iPmJQpbIY。

閘」（關上大閘）決定；二、特區政府重啟政制改革，交出一個反映香港市民真實意願的政改報告。他感謝學生啟動了香港最大規模的公民抗命運動，同時宣布「和平佔中」所有資源即將全面進場。

台上的三子，一個亢奮激昂，一個沉穩如常，一個面容緊繃——最後一位，是心中糾結的朱耀明。作為發起人，朱耀明要求自己對群眾負責，謹慎行事、按步就班，這也成為他的安全感來源。可是此刻糾察和義工隊都在睡覺，音響未進場，人力物力都未到，他的心思在這些安排之間不斷打轉。

也有些隱憂只能是個人的，無法公開分享。壓力下，他的身體出現了各種毛病，鼻子、之前動過大手術的腸道，以及前列腺，以致他在抗爭現場最常到訪的，是洗手間。原本的安排是在十月一日前複診，再見一次醫生才「去飲」。

「飲勝！飲勝！飲勝！」

朱耀明的心思還在千迴百轉，立法會議員陳淑莊已經站到台上，帶領群眾高呼「飲勝」（乾杯），以回應佔中是「爭取香港民主的盛宴」這一說法。台下熱烈回應，掌聲雷動。然而，大家很快便看清楚，掌聲原來僅限台下，再遠一點，已是罵聲四起。在金鐘一帶留守的學生更陸續站起來離開，朱耀明望著那些年輕的背影漸漸遠去，真誠地不得其解：是因為宣布了佔中嗎？還是其他？

有一種鴻溝，名叫世代。

戴耀廷首當其衝，他被年輕人攔下來質問：「戴教授你噚晚去咗邊呀？而家嚟騎劫學生！」（戴教授你昨晚到哪裏去了？現在來騎劫學生！）「我哋上一秒係支持學生，下一秒變咗佔領中環，唔知自己做緊咩。」（我們上一秒在支持學生，下一秒變成佔領中環，不知道自己在做甚麼。」

學生領袖連忙上台說明：不不不，這不是佔中運動，是全民運動。為此，他們趕緊把三子請離舞台，三子唯有退到台下的邊緣位置，錯愕地呆坐。

有人聲嘶力竭地挽留，有人高高舉起「此時不留，更待何時」的自製紙牌，立法會議員梁國雄則向年輕人下跪，苦口婆心，———「我唔理係佔中定學聯主導，大家都要留低唔好走……」（我不管是佔中還是學聯主導，大家都留下來不要走）「我明白大家嘅感受，但做人唔係為一時感受，係心目中相信最重要嘅嘢。今日離開就係認命！」（我明白大家的感受，但做人不為一時感受，而是心中相信的、最重要的東西。今日離開就是認命！）「贏就一齊贏，輸就一齊輸！」

外號「長毛」的梁國雄是從青春走到白頭的抗爭老將，年輕時抬棺上街示威，選進立法會就在議事堂擲香蕉放氣球，曾因衝擊政府論壇被判入獄，連個人標記的長髮也因為獄中規定被迫剪短。這位出了名桀驁不馴的資深抗爭者，對三子的溫吞一直很有意見，甚至組成「佔中後援會」誓言監察。他向年輕人謙卑下跪的照片，像長了翅膀那樣，一下子飛進網際網路各處。

陳日君樞機和李柱銘也趕到現場，與「和平佔中」與「雙學」等商討應變。最後大家同意重新定位：「和平佔中」將卸下領導角色，全力支援和守護學生，因為現場已演成一場學生運動。

跌宕起伏之後，留下來的幾百人湊合著野宿街頭，醒來頓感失去方向——同路人還會回來嗎？現在該做甚麼？之後怎樣辦？晨曦中，朱耀明抖擻精神說：來，我們動手清潔街道吧。他最記得陳慧二話不說，便彎下腰撿拾垃圾，平和地、默默地、一件又一件，「她給我很大感動。後來文化界組織『文化監暴』守護學生，陳慧到那邊幫忙，無論哪個位置都在堅持。」

沒想到，在這新的一天，竟有數萬人像湧潮般回流到添美道。雖然警方封鎖了多條道路和天橋，但人群不散，反而流向周遭所有能駐足的地方。

原來這麼多人沒放棄。

早上，泛民主派議員送音響進場，助大台傳遞訊息，沒想到警方沒讓進，還把人送去黃竹坑警察學院扣押。中午，三子收到政府準備清場的消息，便呼籲不願被捕的示威者循添馬公園方向離去。朱耀明與同行者勾著手臂，在細雨中靜候被捕的一刻。[27]「我們一行三十多人坐在『命運自主』台下，前面有傳道人和義工等，因為聽說警方會用水炮，所以想為我們擋下一些攻勢。大家都穿上雨衣，戴了眼罩和口罩，把自己密密麻麻地包裹起來。」朱耀明笑說：「看來就像一群汪洋大盜。」

下午三時三十八分，行政長官梁振英會見傳媒，強調佔中是違法脅迫，將全力維護香港安定，並強調特區政府無權要求人大撤回「八三一決定」。他沒正面回應會否出動催淚彈和防暴警察，只重申絕對信任警方的專業判斷。

下午四時，湧進金鐘的人潮越來越多，終於潰堤了。開始時只是一個缺口——有人大著膽子衝出政總對開的夏慤道，接下來大家都壯了膽子，紛紛依樣畫葫蘆，甚至結成人鏈攔截往來車輛。警員噴射大劑量胡椒噴霧驅趕人群，又以長盾牌列陣建立防線，但成效不彰。有示威者高舉雙手，向持長槍的警員呼喊：「我哋做咗啲乜？我哋真係唔係暴徒嚟㗎！」（我們做了甚麼？我們真的不是暴徒來的！）

朱耀明說：「之前曾有人提議佔領夏慤道，但那兒車速太高，實在難以想像。沒料到受困的市民居然自發走出車道，形成關鍵群眾。『肥佬』（黎智英）索性站在路壆（路堤）上幫

27 那時三子還在考慮十月一日是否如期「去飲」。慌亂中，朱耀明請佔中糾察離場以保留人力，但陳戴二人想到朱耀明是「去飲」當日的場地申辦人，也請他離去。最後，眾人還是覺得認為三子必須一起被捕，畫面方才震撼，朱耀明便把申辦人任務倉促交付夥伴。

助維持秩序，大喊『我們要和平！』」才個多小時，主要道路如干諾道中、金鐘道、軒尼詩道和告士打道等多處路面，全部填滿黑壓壓的人頭。

下午五時五十八分，夏慤道近添美道交界處響起催淚彈，那是十五年來警隊針對香港人的第一發，[28]就落在帶頭大喊要和平的肥佬身旁。浸會大學社工系講師兼「佔中十死士」之一邵家臻在台上緊急呼籲群眾沿添馬公園或海畔撤離。但令人訝異的是，大家才散開幾分鐘，待煙霧稍稍消散，竟又回頭佔據路面。如此默默地散開聚合，再散開再聚合，周而復始，彷彿沒有撤離的打算。

「我看到的是，群眾無畏無懼，不顧自己的安危，一心一意堅持著。那種決心令人敬佩。」整個晚上，警方在中環和金鐘各處總共發射了八十七枚催淚彈，把現場熏成白濛濛一片，沒組織或裝備的人們，僅僅用意志和雨傘挺過去。由催淚煙催生出來的「雨傘花」，一朵又一朵，除了金鐘，還漫飛到銅鑼灣崇光百貨對開路面，以及旺角近亞皆老街的彌敦道一帶。一夜之間，全港添了幾個佔領區。這些抗爭影像透過新聞網絡全球廣播，凝鍊成各地人們對香港人的全新認知。

歷史愛開玩笑——即使〈信念書〉發布了、商討日做足數十場、德高望重的長者領頭毅行了七天、好不容易擊退投票日的駭客、近八十萬人民主覺醒、進退場的機制都設計好了、台上嘶喊啟動……可是「佔領中環」就是不會發生。真正發生了的，是「雨傘運動」。

為甚麼和平示威者要被如此對待？……如果你看見香港在昨天最驚慌、最憤怒的情況下，都沒有毆打警察、推翻警車或焚毀店鋪，甚至沒有示威者組織其他人侮辱或暴力對待警方。我們要相信香港人已經接受了和平抗爭。全世界甚麼地方可以找到像香港人一樣？面對這麼不合理的鎮壓，還用這麼和平的方式回應？你說我怎麼能不相信香港人？

紀錄片《傘上：遍地開花》，陳健民受訪節錄[29]

此前三子甚少考慮如何應對催淚彈，總是想像，只要大家和平地靜坐，政府便沒有動武的理由。所以訓練重點是非暴力抗爭，包括面對拘捕的實質操作：坐下來，不要大力掙扎，不要傷及自己或對方，放軟身體讓警察抬上警車。朱耀明更曾要求參加者練習沉默，來展示集體力量。

「所以那天留守『命運自主』台，我們一心一意等待拘捕。待催淚彈響起，才知道政府

28 二〇〇五年香港舉行世貿會議期間，防暴警察在告士打道發射三十四枚催淚彈，驅散來自南韓的「韓國民眾鬥爭團」；一九九九年，警方在上水石湖新村的警民衝突期間，向當地居民發射了八枚催淚彈。

29 梁思眾導演的紀錄片，首映於二〇一八年十一月十二日首映；在二〇一八年十二月「佔中九子」案件中，辯方律師在庭上播放。

決定要用另一種方式來處理我們。」朱耀明說：「從此我的危機感變得很強，憂慮也加深了，這樣發展下去會變成怎樣？」

晚上九時許，一位因公共服務跟朱耀明熟稔的政協常委，[30]向他發短訊：「牧師我跪下來求你，怎樣可以平息事件？」朱耀明告訴他，除了梁振英下台，已經沒有別的出路了。

那位政協常委以中間人身分，邀請朱耀明一人到政務司司長官邸，會見林鄭月娥等三位官員。三子商討論後，擔心會惹來不利傳言，反建議林鄭月娥到柴浸商議。「我說多晚都可以，對方也答應了。可是林鄭當晚突然要進中聯辦，最終見不成。」朱耀明說：「但中間人向我轉告，中央方針已定：不流血，不妥協。我聽了略為安心。」

即使能見，亦未必有用。畢竟三子對於這場運動已經沒有決策權了。陳日君樞機曾提議和平佔中與雙學建立聯合指揮的平台，但沒談成，三子只參與由民間團體合組的「支援學界全民抗命聯合陣線」，多由陳健民出席日常會議。

朱耀明有一種感覺，學生對三子的期望在不斷轉換中，時而希望他們出面，時而盼他們有多遠退多遠。但他深深明白箇中艱難，畢竟這場運動的發展，已經超越任何一個組織所能承載的規模了。學生領袖一下子投入急速開展的政治棋局中，應對各路人馬的期望和影響力，作出的決定隨時會改寫城市的發展軌跡。

一切都來得太快、太錯綜複雜、超出負荷太多。

朱耀明說：「我們從領導角色退下來後，常常這樣告訴自己：瞓街（野宿街頭）也好、睡立法會也好，總之默默陪伴學生、冀盼黎明。」

主客已分，朱耀明把心力放在支援工作上，包括協調糾察隊、義工隊、醫療站和各種物資。每日下午三時，和平佔中的成員都會召開協調會議，討論包括旺角和銅鑼灣等各個佔領區的最新形勢。當情況特別艱難、成員都很累了、不知道還可以做甚麼時，朱耀明引領大家誦讀《私禱日新》，[31]特別是第二十九篇。

主啊，我為下列各事祈求——

求使我相信你用公義與真理統治世界；

求使我有信心，相信先求你的國和你的義，其餘的需要你會賜予；

求使我不要為明天焦慮，但相信你的慈愛長存；

求使我有信心，認識你愛的旨意正在目前一切事上彰顯；

---

30 中國人民政治協商會議全國委員會常務委員，作用是政治協商和諮詢。

31 約翰・貝利（John Baillie），《私禱日新》，香港：基督教文藝出版社，二〇〇七年。

求使我在職務上遇到危險時，能夠冷靜和勇敢地承擔；
求使我相信你的能力與你的愛，能夠叫我剛硬的心融化，罪行泯滅。當人以硬心待我的時候，求主叫我仍相信愛的力量，不倚賴暴力。
求使我相信主的靈對於死亡、疾病，以及種種幽暗的權勢，必操最後的勝利。
求使我相信，你讓我承擔的患難於我有益；
求使我有信心，把我一切親愛的人的幸福，交託在你手裏……

他始終心心念念的，是如何協助運動尋找出口？

「我總覺得，社會運動的領導者有責任保護群眾，爭取安全的出口，無論如何不能把他們領進死胡同，陷入困獸鬥的險地。至於這個出口長甚麼模樣？我不知道，但最實際的方式是對話。」

「維持對話能防止暴力，因為過程中對方不能進攻，既保護了學生和群眾，也爭取時間討價還價，尋找雙方都能接受的結論。無論你衝得多遠，最終還是要坐下來談，才能解決問題。」

在朱耀明來自的那個時代，與對手保持溝通是重要的社會運動策略。碰撞有時，妥協也有時，總不能一味喊打而不談判。

他最深刻的，是一九八九年的柴灣邨清拆石棉的社會事件。石棉曾是常見的建築物料，可是自從發現它能分裂成細小纖維誘發肺塵病和肺癌等嚴重疾病後，各地政府紛紛著手清拆，香港亦然。荒謬的是，在柴灣邨十五座的清拆行動中，工人雖然一身厚重保護衣，居民卻被迫在封鎖的環境內生活如常，無遮無掩，毫無保障。

「我為居民爭取遷徙，與〔警方〕東區指揮官談判。我對他說，你可以告訴我們在哪個範圍示威，但不要拘捕、不要毆打。我促成居民、議員和房屋署代表到柴浸開會，官員一進來就問：『這裏有沒有後門可以走？』我說，在我這裏不用走後門，沒有人會羞辱你。後來有社工帶老人攔路被捕，我很不滿。我們要鬥的是政府，不能把人當作鬥爭工具，不能利用他人的犧牲。這攸關信念。」

朱耀明說：「但這或許是我未能超越的限制。」

籌備和平佔中時，朱耀明沿用這個方式，計劃十月一日國慶「去飲」之初便主動接觸警方，表明願意被捕，但警告不要動武。「公民抗命就是這樣，即使馬丁．路德．金恩[32]也曾派人與總統對話。」

問題是，對手早已換人兼換上迥然不同的管治邏輯，而對新世代的年輕人來說，「溝通」

32 馬丁．路德．金恩（Martin Luther King, Jr.）是美國牧師、社會運動者、人權運動家，主張以非暴力的公民抗命方法為非裔美國人爭取權利。他在一九六四年獲頒諾貝爾和平獎，四年後遇刺身亡。

二字像被熏上藥油味，非常過時。「他們對談判沒信心，對政府沒信心，對『六八九』（梁振英）[33]更完全無信任可言，只願意跟林鄭對話。而且即使對話，也是另一種風格——不是去『談』，而是去『撐』，態度是『點解要話你哋知？』（為甚麼要告訴你？）」

儘管如此，朱耀明還是希望促成對話，而且他相信自己與林鄭月娥之間，還留著多少信任。「佔領那天雖然沒見上面，但之後通過幾次電話。」

十月二日是不平靜的一天。凌晨，千餘人靜坐行政長官辦公室外，聲稱要阻止梁振英上班。由於車輛無法通過，數十名警員下午以人手搬運一桶桶的裝備進特首辦，橡膠子彈和催淚彈等標示清晰可見，彷彿刻意埋下騷動的藥引。這對現場的和平示威者來說，完全是意料之外的發展，很多人的腦海更冒出二十五年前一場遠在北京的殺戮，腎上腺素集體飆升。然而，警方並未試圖澆熄火種，傍晚更表明將果斷執法。

晚上八時許，有人突然衝出龍和道，想要架起鐵馬擴大封鎖範圍，旋即被其他示威者攔下。群眾自發築起人鏈防止再有人衝出，免得在敏感時刻成為警方清場的藉口。形勢如箭在弦，林鄭月娥急召泛民派議員商討如何化解，對方眾口一詞要求她與學生對話。十一時許，香港大學校長馬斐森和中文大學校長沈祖堯聯袂到金鐘，呼籲學生冷靜，不能令一場非暴力的公民抗命前功盡棄。接近午夜，梁振英在禮賓府見記者，終於表示會委派林鄭月娥等政改三人組與學生會面，但強調對話必須符合《基本法》及人大常委決定，並表明自己不會辭職。

當天晚上，要求特首問責下台的最後通牒將屆，運動陣營陷入激辯。學生最後決定凌晨時分衝上禮賓府，要求佔中三子加入。

「我不認同衝擊，這樣太危險，也不符合和平佔中的原則，尤其橡膠子彈已經出場。後來學生改而要求阿戴一人同去，阿戴的太太非常不安，有義工擔心不加入會被罵怕死，爭執中有人說：我們是不會推領袖去死的。」朱耀明說：「這句話影響了很多人的思考。」

那是和平佔中跟雙學第一次意見相悖，但它並非行動流產的關鍵——十二時半，學民思潮在臉書事先張揚衝擊，學聯不滿意突擊行動曝光，決定繼續留守。

「冥冥中自有力量在阻止事情發生。」朱耀明說。

但他最擔心的流血事件，翌日還是發生了。十月三日下午二時，大批聲稱反對佔中的人突然湧現旺角佔領區，先是指罵挑釁集會人士，繼而推撞和追打，還向記者拋擲雜物。現場陷入失控，人們頭破血流，但警方的增援卻姍姍來遲。有人更錄得警員把疑似施襲者護送上的士（計程車）和進地鐵站離開的影片，斥責當局縱容暴力。

在金鐘的朱耀明，第一次在眾人面前痛哭失聲。「我看到女學生在旺角被毆打的畫面，便〔在立法會議員辦公室內〕呼叫大家離開，不能任人魚肉。你可以說我婦人之仁，但是讓

33 二〇一二年，梁振英在一個成分備受操控的選舉委員會中，以僅僅六百八十九票（五十七％）當選香港特區第四屆行政長官，故被冠上「六八九」這語帶譏諷的別名。

每個人都平安回家、不作無謂犧牲，一直是我的心願。」但這跟年輕人的高昂戰意顯然相去甚遠，被狠批不戰而降。「我被罵得很慘，唯有要求當中間人（前述的政協常委）向政府代傳訊息：萬萬不能動用子彈，否則便是殘局了。」

那段日子，每有毆鬥，朱耀明都忍不住掉淚，幾次形勢危急，便與陳日君樞機和李柱銘一起祈禱。三個白頭人，有時在佔領區的人群中，有時在立法會議員辦公室的十字架前，一同謙卑下跪，祈求前行的智慧，「請祢照亮前路，讓我們看到如何走下去……阿們。」

「那時我們在立法會辦公室，馬丁（李柱銘）睡桌下，我坐椅子，樞機則躺在旁邊的沙發上，一起守護學生。馬丁是我在民主路上重要的戰友，他慈心慷慨，溫柔又幽默，有一顆無恨的赤子心，這個時代已經很難找到那樣的人了。有說政治運動是冷酷的，但我們建立了很深厚的情誼，肝膽相照，彼此信任。」朱耀明一頓，說：「當然也有昔日戰友後來淪為變色龍，帶來很大的失望，但我傾向記住好的那些，其餘的已在心中一筆抹去。」

晚上，學聯宣布擱置與林鄭月娥的對話，批評「（政府與警方）縱容黑社會與愛字頭（組織）暴力襲擊和平佔領者，無理打壓佔領運動，與民為敵，自斷對話之路，後果自負。」法律界則發起燭光集會，有七百人穿黑衣參與，抗議政府施放催淚彈，要求當局與學生對話。此前大律師公會已發表聲明，譴責警方使用過度暴力。

十月四日，警方即將出動橡膠子彈清場的傳言甚囂塵上。中午，行政長官辦公室主任邱騰華來電，朱耀明立即打開擴音器與夥伴們傾聽。對方提出幾個解封要求，以緩和連日來的緊張氣氛，並為談判製造條件，當中包括：一、特首辦外的道路，讓駐守的警員安排膳食；二、海富中心外的天橋，讓公務員回政總上班；三、恢復金鐘道這條港島區重要幹線的交通。

游說工作並不容易，因為佔領者不接受直接指令。雨傘運動有一種說法：佔領者是「村民」，較積極的「村民」是「村長」，大家分散在各個據點，互不隸屬，也不一定有政黨或組織支持。換言之，所有決定都必須透過協商進行。

「我們立即動員處理：特首辦外的佔領者對警方曾假借膳食車來運送武器很不滿意，幸好留守的是『長毛』（梁國雄），他比較接近我們的想法，可以說服示威者放行；守天橋的是民主黨友好，這個容易溝通；金鐘道上的人民力量[34]原本答應了，後來卻反悔。」朱耀明說：「眼看快到〔傍晚〕六時的限期，我跟邱騰華說，三個任務完成兩個，總可以放鬆點吧？」奔波一整天，總算成功「拆彈」。

晚上八時，「支援學界全民抗命聯合陣線」在金鐘舉行「全民反暴，和平抗爭」集會，寬廣的夏慤道上黑壓壓的人頭不見盡處，一幅幅長布條從海富中心天橋懸下，大字在風中飛揚，有口號「抗命不認命」，有節錄歌詞「風雨中抱緊自由，自信可改變未來」，也有給特首

34 激進民主派政黨，成員包括主張「夾實佔中」的譚得志等。

的訊息——「九二八我唔走，六八九你早抖。」[35]

著名歌手黃耀明及何韻詩來到其中，演唱為雨傘運動新撰的歌——

站在前方　勇氣驅不散
卻信越怕命運更黯淡
但是誰想　要看穿荒誕
卻會在催淚下睜開眼

為著明天　要記得今晚
你我用鎮定面對憂患
若是人生　錯過這一晚
怕再沒機會任意呼喊

一起舉傘　一起的撐
一起儘管不安卻不孤單　對嗎
一起舉傘　舉起手撐

一起為應得的放膽爭取　怕嗎
任暴雨下　志向未倒下
雨傘是一朵朵的花
不枯也不散

〈撐起雨傘〉[36]

人們點亮手機的電筒程式，高高舉起與歌聲和應。唱完，黃耀明高呼「香港撐住！」歡呼聲與掌聲雷動，感動久久不散。

朱耀明在人群中想：在此艱難時刻，只有充滿正義感的歌手才會站出來。真是一首勇氣之歌。

十月七日，陳日君樞機發表一篇題為〈究竟誰有道理〉[37]的網誌，苦口婆心，力陳這場運動已經成功爭取全港市民同心爭取真普選，也揭破了政府的真面目，是時候為安全撤退，他寫道：

---

35 廣東話口號意譯如下：「放催淚彈我不走，梁振英你去死吧。」
36 YouTube留下當晚的現場演繹，https://youtu.be/a-BDeKV-plI。
37 陳日君樞機「平安抵岸全靠祂」網誌，文章〈究竟誰有道理〉https://oldyosef.hkdavc.com/?p=292。

「我知道我說了一些不悅耳的話，如在大眾前說，有人會『噓』我，我老了，不在乎了。現在是戰爭，是很認真的事，對誰也不能客氣⋯⋯撤退是為保存我們的實力。政府想拖下去，不要中他的計。民意還在我們這邊，不要讓人民付出太多，是時候讓學生返學，讓每天返工才有飯吃的老百姓能返工，我們在明處，敵人在暗處，反暴力的我們在明處特別吃虧，時期越長越吃虧。以後有許多不合作的行動我們可以選擇。你們策劃好了再出動時，我們、學生們、老百姓，都會在你們身邊！⋯⋯當狼真的來了，誰也走不了！」

十月十五日凌晨三時許，公民黨成員兼社工會健超在龍和道警方清場期間被捕，遭七名警員拖到公園暗處拳打腳踢，全程被電視台拍攝播出。運動期間，示威者多番指斥警暴，但訊息總是無法突破同溫層，這是頭一遭，有免費電視台把暴力影像赤裸裸地向家家戶戶傳播。人權組織指已涉酷刑罪，社工總會動員晚上集會抗議。義憤的人們集體到警察總部報案，更一度癱瘓軍器廠街及駱克道交通。

翌日，梁振英試圖為局勢降溫，表示會恢復安排談判，點名學聯為談判對象。

談判訂在十月二十一日、即雨傘運動第二十四天。此前數天，佔領區來了不少重量級的有心人，包括政界人物、學者和學聯「老鬼」[38]等，希望眾志成城，協助學生做好準備。朱耀明記得大家議定四個條件，要求當局回應：一、政府成立獨立調查委員會，研究用催淚彈對付和平示威者是否錯誤決定，二、梁振英問責下台，三、人大收回「八三一決定」，四、由民間撰寫民情報告，講述香港市民對真普選的訴求。

談判前一天，朱耀明接到林鄭月娥來電，「她再次確認學生的訴求，然後說：撰寫民情報告可以，其他很難。」

當日，朱耀明安排專車接送周永康、岑敖暉、鍾耀華、梁麗幗、羅冠聰五名學聯代表[39]到黃竹坑醫學專科學院大樓的會議場所。開車的人事先把路線走了一回，仔細了解路況和所需時間。陳健民答應一起出發，陪伴學生。協助預備對話的學聯「老鬼」對朱耀明說：「牧師，應該掂啦，放心啦！」（應該成事的，放心吧！）

能做到的，大家都努力去做了。但他還是緊張。

這場談判承載著很多人的期望，特別是朱耀明，「我明白學生不可能這樣就撤去，但是至少開始了第一步，以後可以繼續談。況且，要是能讓林鄭有所成就，在政治上稍稍壓下梁振英，對我們的形勢也有幫助。」梁振英的鷹派作風一直為人詬病，他向人大提交的民情報告，被指為人大常委會嚴厲地作出「八三一決定」的肇因。[40]坊間傳言，特區政府頭兩把交

38 對學生組織前幹事的稱呼。

39 學聯是政府選定的談判對象，所以學民思潮或和平佔中的代表都沒參與談判。至於官方派出的五位代表，除政改三人組政務司長林鄭月娥、律政司長袁國強、政制及內地事務局長譚志源外，還有政制及內地事務局副局長劉江華和特首辦主任邱騰華。

椅——梁振英和林鄭月娥——之間的角力正在升溫。[41]

然而，朱耀明在金鐘觀看談判的電視直播，感覺愈來愈糟糕：「說好四個條件，當然就談這四個，但學生講了半個小時也未入正題，連林鄭也忍不住提示：『你哋係咪有啲要求？』（你們是否有些要求？）最終大家沒有真正討論，只是各自表述，一邊宣講《基本法》和『八三一決定』，一邊發表政治理念……」

一如林鄭月娥預告，在學生提出的要求中，港府只答應向港澳辦提交民間撰寫的民情報告一項。她重申，香港仍有空間處理二〇一七年以後的政治改革，包括重啟政改五部曲，以及建立平台讓多方發表意見等。學生不滿意當局拒絕討論二〇一七年以前的選舉安排，朱耀明亦然，但他覺得能撰寫民情報告不失為突破，而且未來尚有推進空間。

然而，這想法顯然跟學生失聯。歸來後，學聯代表站上「雨傘廣場」大台，對於政府沒有給予實質回應表示失望，並聲言將持續佔領。朱耀明說：「他們看到網民的讚賞和擁護，便以為贏了，勝利沖昏頭腦，拒絕回到談判桌上。」他啞然發現，自己以為的第一輪會談，將會是這場運動中，唯一也是最後的一次。

「我無法想像一旦拒絕對話，運動的出路在哪裏？原本林鄭沒否定再談判的可能，你當她假也好真亦好，好歹抓住這條伏線爭取。但學生最後連民情報告也不寫，有德高望重的民主派前輩勸說：『你哋寫啦，我幫你哋寫啦！』（你們寫吧，我幫你們寫吧！）他們不肯就是不肯。」

深夜，林鄭月娥致電朱耀明，質問為何學生一回到「大台」便改變態度？此間到底發生了甚麼事？

「後來我才多了解一點，學生也難。像周永康幾年後回顧雨傘運動時說：學生必須面對社交媒體上的一批人，而我們面對的又是另一批。」朱耀明說：「也許對話是他們不願意背負的包袱？因為要有得著，就必須有妥協有犧牲，不可能令所有人都滿意。」[42]

那次若不會中止對話，運動會走向較好的結局嗎？香港人能否避過經年的雨傘後集體抑

---

40 香港中文大學政治與行政學系榮休講座教授兼香港公民黨創黨主席關信基曾為《端傳媒》撰寫〈為香港民主發展把脈〉，文中提到：「從特首向人大的報告開始，兩次很不一樣。首先是曾蔭權和梁振英政治作風的差異。前者較開明、坦誠，與泛民陣營的關係良好；後者較保守、自我戒備心重，跟泛民交惡。其次是兩位提交給人大報告的分歧……我們不難看出前者有立場，後者則推卸責任。曾蔭權接受民主黨的『區議會改良方案』，努力進行幕後游說，從而得到中央支持，不但政改議案獲得通過，人大還做出決定，讓特首和立法會可以在二〇一七年及之後普選產生。梁振英的成就剛好相反，政府方案被否決，人大常委會作出嚴厲的八・三一決定。」https://theinitium.com/article/20150804-opinion-onecountrytwosystems2/。

41 當年獲朱耀明期許的林鄭月娥，後來就任第五任特首，並在二〇一九年成為爆發「反送中運動」的關鍵，香港從此變天，自由價值不再。這是有關這個城市的悲傷後話。

42 學聯宣布終止對話後，朱耀明曾向林鄭月娥轉達泛民派的提議，希望另組平台討論政改，但政府的回覆是：既然學生不願繼續，其他人又無力撤走群眾，再談也枉然。

鬱？抑或繼續溫水煮蛙而不自知？大家會比較能相信對話嗎？後來的反送中運動會否繼續走向去中心化的運動模式？

沒有人知道，但是都追不回了。

五年之後，周永康在媒體訪問中這樣反省：[43]

「當初運動過程每天都有撲天蓋地的壓力，都在身體跟精神的極限、在一個高張力的過程裏面，（促成對話的過程）有很多人的介入、很多人對於『對話』的想像在裏面，其實是一個很短、很倉促的決定……

「站在學聯的角度，對話好像是一個不由自主的決定，但也可以說，這是八九六四的陰影在香港上空徘徊，這個陰影，讓對話成為香港政治菁英很常見的一種妥協、或者說是反對派跟政府之間的一種作法。站在今天來看，所謂的談判跟行動是不是對立的？其實也不一定。可能是對話時間點，是不是有足夠的force（力量）逼對方上談判桌，然後繼續施壓？學聯在對話後，其實也是想要做這個方向，希望回到行動本位，只不過行動的方向、型態、時機都不同了。」

有一個說法：雖然三子帶來民主覺醒，雖然雙學發揮了民眾的動能，但是從催淚彈生出一朵朵雨傘花開始，這場運動便是有機的。人們自發在佔領區實踐各樣美好，建立夢想中的烏托邦，帶來種種神奇事——行車線之間的路堤難以跨越嗎？它很快便「長出」一道斜坡；

學生在戶外日曬雨淋難以專心做功課嗎？車道中央便冒出一整個用木頭搭建的溫習室；大雨讓睡覺的帳篷都泡水了，翌日有人立即送來一批卡板，把它們通通從地面墊起來；還有連儂牆彩色方格呈現的眾聲平等、晾在半空的雨傘陣、架在彌敦道上的「關帝廟」……

這場運動有多可愛，便有多難割捨，也有多不容易領導。

這種佔領方式，卻從來不是三子的想像。

早在佔領的第三天，戴耀廷便跑來跟朱耀明說，我們不如自首吧。「我是同意的，但是拿到〈和平佔中的〉協調委員會上討論，大家都覺得時機不對。健民說這時我們該守護學生，不應離棄，否則會動搖這場運動。」朱耀明苦笑著說：「雖然坊間已經覺得三子沒甚麼用途了。」

那以後發生了很多始料不及的事情，社會分裂也愈來愈兩極化。朱耀明有親身體驗：某回在旺角開完會獨自回家，他在巴士上層被一名暴躁的乘客堵在座位上指罵，說他搗亂社會。「我只遇過兩三次，算少了。不過，除了懷抱敵意的人，也有支持的人主動來握手擁抱。健民從一開始便提醒我們，發動佔領後，便不要再坐公共交通工具。那種處境，我們算看得透徹。但這些都不是最叫人煩惱的地方，我覺得最可惜的，是運動整體失去方向。」

---

43 何欣潔，〈專訪周永康：這場活動激活了香港，在痛苦中打開未來〉，《端傳媒》，二〇一九年九月二十八日。https://theinitium.com/article/20190928-hongkong-umbrella-5years-alexchow/。

朱耀明認為社會運動最需要做到兩件事：一是製造張力，繼續推進；二是談判，謀求出路。直至學生中止對話，三子終於有了新共識：三子不同意學生既不談判又不退場的處事方式，但是自己對於運動的走向已沒有任何影響力了。換言之，和平佔中的角色已經完結。

之後，三子不斷探索撤退時機，像是以民意調查來收集佔領者的意願，集體議決去留；又或是由民主黨成員何俊仁辭去立法會議員職務啟動補選，再以「重啟政改」為題變相公投。三子希望學生可以藉此呼籲群眾撤走，把佔領能量轉化到社區深耕細作。

「我最想看的是退場，而不是清場。大家可以在中環繞場一周，光榮撤退，展示我們的實力：既可號召人來，也可疏導人群自律離去。被清場是露底（洩露底細），被人看穿自己有多大能耐。」朱耀明說。

然而，這些建議通通被否決或不了了之。

朱耀明很不適應這種決策方式，「我過去參與的運動都講求組織和紀律，第一次牽涉這麼多群體，卻沒有公認的領袖或機制來下決定。即使我想要自首，[44]亦無法按自己的意願進行。」

其時，和平佔中的義工已經疲態畢露，他們一直二十四小時輪班守護佔領區，並且安排水電醫療等物資。朱耀明曾要求學生分擔支援工作，但不果。「對我來說，留守與否，只剩道德責任。連在金鐘睡得最久，跟學生開會最多的健民，也都感到沒有事情可做了。」

十月二十八日，在金鐘睡了整整一個月的陳健民，宣布與戴耀廷返回大學復教，但表示尚未退場，大部分時間仍會與群眾留守佔領區。

入秋。這是小城的最好時節，陽光滿目，清風送爽。可是佔領區的氣氛卻彷彿膠著了的濃稠。這場群眾運動的蜜月期已過，大家的意志、精力、耐性，甚至理智，也在磨滅中。「提防左膠」、[45]「提防散水（離散）」、「學聯不代表我」這些耐人尋味的標語，此前只曾零星出現，但後來有網民乾脆號召「拆大台（解散領導組織）」和「解散糾察隊」。當他們向大台喊出「還政於民」時，運動展示出一種荒謬的悲涼。

這場大型社會運動，把學運、佔中、民主派、本土派等各路人馬共冶一爐，可是誰也不代表誰，誰也可以指摘對方騎劫或背叛。對手顯然把這些翻攪的派系矛盾看在眼裏，一方面等待運動內耗，一方面增強清場力度，至於箍頸和把示威者按壓地上等警暴行為，也漸成常態。要在躁動中守護和平，就像在深淵邊緣踮起腳尖跳舞，是平衡力與肌肉記憶的極致考驗。[46]

群眾要求行動升級的情緒已經來到臨界點。

---

44 按和平佔中原本的設計，公民抗命後，三子會向警方自首，把握法庭審判這個最後戰場。

45「左膠」泛指空談理想但不切實際的左派分子。

46 十一月十九日凌晨一時許，有示威者以鐵馬和磚頭撞破玻璃門，衝入立法會大樓。和平佔中和泛民派議員強烈譴責，學聯則繼續呼籲團結，並把矛頭指向無視社會訴求的政府。

十一月三十日，佔領第六十五天。雙學事先呼籲市民帶著頭盔和眼罩齊集金鐘，並於晚上九時宣布行動升級，號召示威者從多路推進，「對準政權，包圍政總」。龍和道一帶的衝突最激烈，有人拿出自製的「盾牌」推撞鐵馬，有人拋擲水罐和頭盔等雜物，也有人用強光照射警員。警方派出準軍事化的「特別戰術小隊」作回應。於是，警棍亂揮，胡椒噴霧朝臉上猛噴，更有示威者被高高舉起的胡椒噴霧鐵罐猛力撞擊頭部，頭破血流。

場面失控，升級未果，前行無路，士氣全失。一整晚血淋淋的失敗，在抗爭者的身心烙下重創，成為雨傘運動的新低點。

朱耀明看直播時，一臉淚痕，「這場運動最叫我耿耿於懷的是這天，至今仍然放不下。」最放不下的，是領袖該有的承擔。

「行動前健民問雙學為甚麼？他們答不出來，就是要衝。但真要衝擊的話，可不能沒退場和救傷部署，更不能號召了群眾，自己卻不在現場控制場面。當領袖的有頭有臉，一呼百應，即使被捕，待遇也不同；但運動中最需要考慮的是無名氏，他們往往是最大的受害者。」朱耀明說：「當年〔天安門〕廣場上死得最多的，便是無名氏。」

回頭看，號召升級的、響應升級的人，知道自己為甚麼要衝嗎？衝上去打算做甚麼？能拓寬升級的想像嗎？有沒有其他延續運動的可能？怎樣才是有意義的攻守與破立？實體的抗爭空間究竟是資產還是負擔？大台該如何進化？怎樣凝聚不同光譜的抗爭者，而不化作彼此的敵人？……

提問永遠比較容易，但香港人沒讓它們散落風中。五年之後，他們試圖用另一場更波瀾壯闊的社會實驗來回答。那是另一個更悲壯的香港故事。

升級失敗後，三子與和平佔中協調委員會下定決心：是時候了。

十二月二日，在題為「三子主動承受刑責，期盼學生以退為進」的記者會上，他們宣布翌日將到警署自首，承認觸犯《公安條例》第十七A條第三款「參與未經批准的公眾集結」，以體現公民抗命的承擔精神。他們敬佩學生和市民爭取普選的決心，但同時呼籲大眾撤離，轉至社區深耕細作，因為「一個以警棍來維護權力的政府，是不可理喻的」。

三人接力讀完一封給香港人的信：

「佔中三子一生奉公守法，但為了挑戰不公義的制度，願意面對一切後果。自首，是承擔刑責、尊重法治的做法。自首不是懦弱，是履行承諾的勇氣。自首不是失敗，是對政府不仁的無聲控訴……

「通過在法庭上的抗辯，抗爭者可向社會解釋抗命的初衷。大學和其他的專業團體亦可就個別抗爭者在負上刑事責任後，能否繼續履行專業職責進行辯論，無形中將普選與公民抗命的議題帶入不同群體……

「香港八十萬人參與民間公投、五十萬人七一上街、二十萬人無懼催淚彈，所表達的都是對平等政治權利的追求，但梁振英政府卻麻木不仁，只懂以武力回應，試問其政治承擔何在？哀哉香江！天佑我城！」

最後一段，有朱耀明哽咽的嗓音。

他從這場運動學到重要的一課，關乎世代。

「佔中時，很多年輕人在社交網絡把我罵得很凶，這是我的全新體驗，幸好那時我不太懂得上網。平心而論，我們這些老人家真的很難理解運動中的年輕人，但是若沒有他們單純的介入，運動未必會走到那麼大規模。後來我也看到，年輕人連催淚彈和橡膠子彈也不害怕，其實是很不一樣的世代，唯有這樣才沒有包袱，跳得那麼遠。如果只有我們〔和平佔中〕，最終大概只有一萬幾千人乖乖睡在遮打道上。

「未來如何磨合不同世代的力量，是個大考驗。我們講求紀律，跟新世代強調organic（有機自發）很不同。但話說回來，沒紀律又怎樣處理龐大的運動？

2014年12月2日，佔中三子於記者會宣布翌日將前往警署自首。《明報》攝影。

我未想得通。舉例說，和平佔中義工總是按時去買水和入電油，開動發電機令佔領現場燈火通明。發電機可不是organic的……〔說完，憨笑起來〕」

有人說，佔領現場的朱牧師像被錯置了，總是在哀傷中，非常悲觀？

「確實，從入場開始我的心情便不好。那時眼睛出了毛病，記者問，是因為佔領期間流淚太多了嗎？健民最理解我，知道是六四心結。但我是悲憫，而不是悲觀。

「政治上我們確實爭取不到最想要的結果，可是以一場覺醒運動來說，它非常成功。雨傘運動秉承愛與和平的精神，開創了香港社運史上最大型的群眾運動，之後很多專業人士組織起來關心時政。我們這一代快將過去，周遭說刻薄話的人快將過去，台上侃侃而談的也快將過去。然而，那些受過催淚彈甚至橡膠子彈洗禮的年輕人，十多二十年後就是社會主力。雖然我未必能夠看到，但只要他們保持士氣，繼續勇敢，位置對了就能發揮影響力。

「我常常對年輕人說：沒有人能夠為下一代爭取得到最圓滿的自由世界，因為每一代人都面對不同的統治者和處境，都會遇到人權和自由的壓制。每一代人都必須為自己爭取。」

十二月三日下午，三子來到中區警署自首，現場很多人，很多擁抱，也有很多攝影機的鏡頭。

「出發時心情平靜，覺得是該做的事。我們終於走到承擔責任的階段了，也希望協助其他佔領人士下決心退出。」朱耀明說：「很多人都自發來了，最感動是見到陳日君樞機。之前在海外來不及參與佔中的兄弟也特地趕來，說：『老朱，我來陪你自首，做乜我都支持你。』（老朱，我來陪你自首，你做甚麼我都支持。）」

根據《明報》報導，[47]那天共六十五個香港人有秩序地排隊進警署，包括傳道人、教師、學生、政治漫畫家、社會服務界人士，以及退休人士，形成長長的人龍，背景縱不同，心念卻一致：自首是為「尊重法治精神，在自己選擇的崗位出力」——

教師說：「如果真是留有案底，我甘願接受，我一早準備最差的情況，失去教席。」

準教師說：「若我不走出來自首，即使將來領到教師牌，我也不安樂，教育工作者就是要以身作則，否則如何教育下一代？」

政治漫畫家笑說：「只要不是判死刑便可。」

朱耀明噙著淚說：「在每次運動都認識到新朋友，發現社區內很多良善的同路人。」

陳日君樞機陪同佔中三子自首。《明報》攝影。

那天警員一一留下他們的個人資料，但，真正的檢控姍姍來遲。

兩年多後的二〇一七年，律政司控告三子「公眾妨擾」、「煽惑他人作出公眾妨擾」，以及「煽惑他人煽惑公眾妨擾」三條罪名。相較於三子自首時承認的「未經批准而非法集結」罪名，新控罪的最高刑期從一年增至七年。控方並同案起訴另外六名佔中參與者，[48]兼把案件轉介到區域法院審訊，而非有陪審團參與裁決的高等法院。

三子指新控罪不合理，擔心會對公民社會造成寒蟬效應；辯方律師麥高義批評「雙重煽惑」的控罪「稀奇古怪」，質疑涉及違憲；甚至連初審的地區法院法官郭啟安亦指三罪性質重複，是overloaded（超載）和tactic（策略），建議控方修改控罪，押後再審。

然而，這些聲音都得不到正視。

二〇一八年十一月十九日，審判正式開始，法官席換上另一位法官陳仲衡。三子秉承初心，以法庭為戰場，竭力爭取公義。庭上的宣講、解說、辯論，博弈和針鋒相對，連月被傳媒以大篇幅報導。

---

47 鄭穎瑩、梁卓怡、鄭佩珊，〈六十五人自首，有教師有學生〉，《明報》，二〇一四年十二月四日，A2版。

48 傳媒把案件冠作「佔中九子案」，另外六人包括立法會議員陳淑莊和邵家臻，前立法會議員李永達，學聯前成員鍾耀華和張秀賢，以及社民連副主席黃浩銘。

這一趟的公民抗命爭取普選，絕對不是以佔領作為「籌碼」。公民抗命作為整個計劃的最後一步，最重要是對政府最終提出的違憲的選舉方案表達不滿。當然，如果能夠有大量的人參與抗命，政府就應該反思其決定。一隻羔羊被人宰殺的時候，都有悲鳴的權利。

陳健民庭上自辯詞

我們都有責任去守護香港的法治和高度自治。我在這裏，是因我用了生命中很多的年月，直至此時此刻，去守護香港的法治，那亦是香港的高度自治不可或缺的部分。我永不會放棄，也必會繼續爭取香港的民主。

戴耀廷結案陳詞

陳健民以謙謙學者之姿，把他們走上公民抗命的路、和平佔中爭取的目的、對民主法治的理念和堅持、運動中各個重要決定背後的考量、期間遇到的各種預期之外……等等，不卑不亢，清楚陳述。悲憤的戴耀廷則留下這句話：若三子真的有罪，那罪名就是在香港這艱難的時刻，仍敢於散播希望。

當散播希望成為罪名……一語成讖。

二〇一九年四月九日上午，法院宣布九人罪成，下午進入被告求情的階段。戴耀廷和陳健民均不為自己求情，只希望法庭不要判七十五歲的朱耀明牧師入獄。

入獄的衣物鞋履，朱耀明早就準備妥當。但他決意再次站上被告欄，不為求情，只為陳述。他要說明一個大半輩子為民主民生奮鬥的牧師，如何為信念多走一步、再多走一步，竟然從教堂講台走上法庭。他的講詞〈敲鐘者言〉，不只是一個香港人奮鬥的故事，更是一個時代的側寫。

「作為牧師，能在被告欄內讀完自己人生中最重要的一篇演講，是我的榮幸。」朱耀明說：「即使入獄，圓滿無憾。」

2019年3月30日，多個天主教及基督教團體在佔中案判決前，舉行「傘下同行，民主苦路」活動，為佔中九子禱告。被告們扛著十字架，由銅鑼灣東角道步行至金鐘政府總部外，四百多人隨行。朱耀明說：「我們懷著犧牲的心，以十字架為我們走前路的嚮導。」陳日君樞機全程陪同，並一一為他們祝禱，也希望九子在苦難中能保持笑容。照片取自《時代論壇》。

附錄一 朱耀明：十字架下的記者會發言

今日我們以敬虔、謙卑和祈禱的心，宣布「讓愛與和平佔領中環」運動開始。

我們沒有怨恨，反之，我們心懷愛意，不打倒任何人，亦無意對抗和反對任何政權；反之，我們堅守法律，我們以身違法，為的要突顯目前政制下不公義的地方。

若果我們因此行動失去個人自由而能為今日社會和下一代帶來更大的自由，那麼，我們可能失去的自由，就微不足道，這是心甘情願的！

我們是軟弱、卑微的人，推動此運動常感力有不逮，故此，我們謙卑尋求上主的指引和廣納各界的意見，但若果我們的行動能為今日的社會和下一代爭取得到平等的政治權利，我們亦甘心樂意將微小的力量貢獻出來。故此，我們竭力以赴。

回歸十五年，我們的生活困迫，痛苦指數高升、貧富懸殊、高房價，青年人對前途的迷茫，令我們今日的社會陷入極灰暗，無力無奈消磨我們的勇氣。我們推行此運動為的是鼓勵所有的人站出來發聲，拒絕沉默，自我釋放能力，改變個人，改變社會，改變政府的管治，只要我們同心同德竭力以赴，一定能結出美好花果。因為我們堅信——公義會帶來和平；愛會帶來幸福。

我們選擇和平非暴力的運動，雖然我們面對的不公義力量是那麼巨大、掌權的人那麼難以對付，我們絕不害怕和逃跑，我們可以重新肯定自己人性的尊嚴，採用和平非暴力的抗爭，揭示不公平法律的不公義，迫使邪惡不能再躲藏在合法性的框架內。

一、戴耀廷，是我的一位好朋友，當他成家時，我是他的證婚人。他是一位典型的中產人士，謙謙君子，有美好的家庭，但卻發動倡議此行動，必然是受良知的呼喚而發的！

二、陳健民，他讀大學三年級與我認識的，一同合作做社會研究，爭取興建東區醫院。至今，有穩定工作和美好的家庭，不也是因為良知的呼喚嗎？

故此，當他們提出「讓愛與和平佔領中環」運動時，作為他們的長輩，出於愛護的心，我就義無反顧地支持和協助他們。

二〇一三年三月二十七日

附錄 「讓愛與和平佔領中環」信念書

「讓愛與和平佔領中環」運動（「和平佔中」），由香港大學學者戴耀廷、聯同中文大學教授陳健民及支聯會常委朱耀明牧師發起，「佔中三子」於二〇一三年三月二十七日公開發表信念書，全文如下：

這個運動的起點是我們對香港的關愛。我們相信只有公義的政治制度才能建構真正和諧的社會。這個運動的目標是要爭取二〇一七年普選特區行政長官。我們認為這運動的成敗取決於公民的覺醒。為要喚起公民的反思和參與，我們必須進行對話、商議、公民授權和不合作運動等。我們會像傳道者般，積極與不同群體進行對話，把民主普選、公平公義這些普世價值傳揚給香港人，並希望他們願意為了在香港的制度和社會落實這些價值而付出代價。

這運動是由認同其信念者聯合組成的，他們為了實踐理想而願意共同承擔責任。參與行動與否，單純是個人的決定，而非由任何組織或政黨主導，也非由任何人帶領。這運動是由個人在其所屬的群體自發組合而成的。

這運動有三個基本信念，凡認同者都可以參與：

1. 香港的選舉制度必須符合國際社會對普及和平等的選舉的要求，包括：每名公民享有相等的票數、相等的票值和公民參選不受不合理限制的權利。
2. 透過民主程序議決香港選舉制度的具體方案，過程包含商討的元素和民意的授權。
3. 爭取在香港落實民主普選所採取的公民抗命行動，雖是不合法，但必須絕對非暴力。

這運動主要包括四個步驟：簽署誓約、商討日、公民授權和公民抗命。

經過商討日和公民授權後，此運動會對二〇一七年特首選舉提出具體方案，假如有關方面漠視公民的民主訴求，提出不符合國際普選標準的選舉方法，我們會在適當時間進行包括「佔領中環」的公民抗命。參與這行動的人可以有不同的參與方式：

1. 支援那些進行公民抗命行為的公民，但自己毋須進行違法行為；
2. 參與公民抗命的行為，但毋須主動自首或放棄抗辯；
3. 參與公民抗命的行為，並之後會主動自首並於法庭不作抗辯。

我們期望最少有一萬人本著良知的呼喚，按其處境投入運動各個環節，讓愛與和平佔領中環。

附錄 佔中三子告市民書

雨傘運動持續兩個多月，學生和市民無畏無懼爭取普選，秉持愛與和平的精神，贏得全球稱許。爭取民主，絕不只爭朝夕，我們認為雨傘運動到今天已啟蒙了一代人對民主的追求，明天的戰場仍然廣闊，現在是時候把群眾力量轉化為持續的公民社會運動，在各個社群深耕民主的精神。

和平佔中以公民抗命爭取普選，是因為政府對合法的示威遊行不單視若無睹，更肆意打壓。公民抗命是以和平非暴力、有限度違法的方式追尋公義。由於其目的不是要破壞法治，抗命者應勇於承擔法律後果。佔中三子和一些支持者決定明天（十二月三日）到警署自首，體現這種承擔精神。

佔中三子一生奉公守法，但為了挑戰不公義的制度，願意面對一切後果。自首，是承擔刑責、尊重法治的做法。自首不是懦弱，是履行承諾的勇氣。自首不是失敗，是對政府不仁的無聲控訴。

過去兩星期，警方在佔領區强硬鎮壓示威者。年輕人以血肉之軀抵禦鋼鐵警棍，最後被打到頭破血流，我們心裏萬般哀傷。我們敬佩學生和市民爭取普選的決心，更憤怒政府的麻木不仁。一個以警棍維護權力的政府已是不可理喻。為了佔領者的安全、為了愛與和平的初衷，佔中三子趁自首之際，呼籲學生撤離，將運動轉化至社區深耕細作，延續雨傘運動的精神。

和平佔中決定把工作方向轉化如下：

法庭、專業組織的辯論——通過在法庭上的抗辯，抗爭者可向社會解釋抗命的初衷。大學和其他的專業團體亦可能就個別抗爭者在負上刑事責任後，能否繼續履行專業職責進行辯論，無形中將普選與公民抗命的議題帶入不同群體。

社區工作——和平佔中大批義工已自發組織另一新平台，以不同形式在社區進行民主與人權教育，以行動促進平等互助。

資助民主教育——已聯繫香港民主發展網絡，該組織答允資助有意在社區推動民主教育的人士或團體。

社會約章（social charter）——戴耀廷及陳健民期望能聯同各個群體草擬一份社會約章，除了要凝聚力量保衛核心價值外，更希望不同領域（如環境、文化藝術、傳媒、教育、社會福利等）的群體能商討出一些行動方案，以公民社會的力量去塑造屬於人民的空間。

三子過去一直宣揚愛與和平、公民抗命、爭取真普選的精神。學聯和學民思潮的同學在過去兩個多月來為這場運動夙夜憂勤，勇於付出，只盼他們能休養生息，走更長的民主路。香港八十萬人參與民間公投、五十萬人七一上街、二十萬人無懼催淚彈，所表達的都是對平等政治權利的追求，但梁振英政府卻麻木不仁，只懂以武力回應，試問其政治承擔何在？哀我香江！天佑我城！

和平佔中發起人戴耀廷、陳健民、朱耀明

二〇一四年十二月二日

敲鐘者言

敲鐘者言——被告欄的陳詞

作為牧師，能在被告欄內讀完自己人生中最重要的一篇演講，是我的榮幸。

以下是朱耀明當日在被告欄上宣讀的講詞。

作為一個終生為上主所用，矢志與弱勢者和窮苦人同行，祈求彰顯上主公義，實踐天國在人間，傳頌愛與和平福音的牧師，垂老之年，滿頭白髮，站在法庭被告欄，以待罪之身作最後的陳詞，看似極其荒謬和諷刺，甚至被視為神職人員的羞辱！

然而，此時此刻，在我心中，在法庭的被告欄，是一生牧職最崇高的講壇，死蔭的幽谷成就了靈性的高峰。

幾十年來，講道無數，想不到最費時、最用心、受眾最多的講道，正是在被告欄的陳詞，這裏有我童年的故事、牧區的故事、香港的故事、民主的故事、最後一里的故事、雨傘運動的故事、人間和天國的故事。

古時的猶太人，期待救贖主來臨的日子，那裏再沒有痛苦和眼淚，但基督道成肉身，住在人間，經歷人世的艱辛，詮釋了救贖主的真義：「那裏有痛苦和眼淚，那裏就有救贖主！」在乖謬的時代，在專權的國度，在扭曲的社會，我甘願成為一個勇敢的敲鐘者，喚醒人間昏睡的靈魂。

這一切，從我童年的故事說起。

我的童年故事

我自幼失怙、失恃，幼時被送回鄉間隨祖母生活。

小學時，目睹殘酷的土地改革運動，許多「地主」受公審，群情洶湧，有些即時槍斃而死去，有些不堪凌辱而自盡。

政治鬥爭下，田地荒廢，人民成為犧牲者，捱飢抵餓，以樹葉野果充飢。

替人看牛和種田，與祖母相依為命，小學教育在打倒美帝國主義的口號下完成。

祖母離世更是無依，她死前託一位鄉里，申請我重回香港。擔著自己的行李，步行了一天，才到達台城車站。

抵港的第一天，便上工當學徒，不甘永遠煮飯和洗衣，出走露宿街頭，替人擦鞋為生，飽受歧視，更被黑社會欺凌毆打。

有一年，患上風濕性心臟病，住院兩個多月。

躺在病床，看見病友死前的掙扎，看見別人探病的親友，我卻孑然一身，傷心莫過於此。我開始問自己：生存的意義是甚麼？生，彷彿是我個人的負累；死，可能是個人的徹底解脫。

就在我充斥死和解脫的念頭時，一位慈祥的老人家，介紹我充當校工。主任是一位虔誠愛主的基督徒，常傳福音，邀請我返教會崇拜。

耶穌說：「我就是道路、真理、生命。」（《聖經．約翰福音》第十四章六節）像痛苦盡處的燈火，給我生命的亮光。

我逐漸明白，我不能放棄，生活雖然孤苦，若然人間有愛、正道、真理、更高的生命價值和意義的道路，我決志跟隨。

靠著上主的恩典，憑著信心，克服學習上和經濟的困難，拿著離職的一個月港幣一百三十元的工資，開始半工半讀，完成了三年高中、四年大專、三年神學院的課程，預備作傳道者，服事基層，與弱勢者和窮苦人同行。

我知道，前行路上不再孤單，因為主與我同行。

我的牧區故事

一九七四年，我受託到柴灣浸信會服事。

柴灣，一直被人視為香港的「紅番區」，名稱的由來，是由於地區人多擠迫，居民生活貧窮，教育水平低下，醫療衛生不足。

適齡兒童雖有學校教育，但沒有家庭的愛和關懷，一家大小，擠在僅可放置一床一櫃的徙置區，生活困苦，環境惡劣，青少年吸毒和犯罪率非常高。

還有不少家庭住在木屋區，夏天有風災和雨災，冬天深夜常有火災。每一次，我到災難現場，擁抱安慰災民，都深感窮人的痛苦與無助，我會用教會慈惠基金，撥款援助不幸的災民。

曾有一位弟兄向我訴說，他遭受市政署不公平對待，他的小販攤沒法經營。他向自己教會的牧師求助，牧師卻說：「我為你祈禱吧，祈禱過後，你就要去找朱耀明牧師了。」

這位弟兄來到我的面前，我跟他說，我們也祈禱。不過，我可多走一步，陪同他向行政立法兩局議員申訴署申訴，結果把問題解決了。

身為傳道人，不能對沒有衣服穿、沒有飯吃的人說：「『平平安安地去吧！願你們穿得

暖，吃得飽』，卻不給他們身體所需用的，這有甚麼益處呢？」（《聖經．雅各書》第二章十六節）

多走一步，教會應是散播盼望的群體；多走一步，教會應是擁抱傷痛的群體；多走一步，才是教會存在的真正意義。

我一心決志與民同行，多走一步，一起爭取改善民生，爭取興建東區走廊，爭取興建東區醫院，爭取木屋居民上樓，爭取改善工人生活。

希望，就在爭取和奮鬥的人當中。

但教會是保守的，對傳道人參與爭取的社會運動，總是有所顧慮。

當年，參與爭取興建東區醫院時，我的教會正向政府申請土地興建教堂，第一次接受電視台訪問時，心裏有點不安，擔心政府視我們為壓力團體，拒絕批地；擔心我的同工和教友，對教會牧師參與社會運動，未能認同。

但聖經給我無盡的勇氣和力量。

聖經記載，耶穌道成肉身，住在人間，他宣告：「傳福音給貧窮的人……被擄的得釋放，瞎眼的得看見，叫那受壓制的得自由。」（《聖經．路加福音》第四章十八節）這不是人類被救贖的好消息嗎？

結果有權有勢的人卻帶祂到山崖，欲置祂於死地，但耶穌並不懼怕，從容地從人群穿過去，走了。

我們生於世上的信徒，應牢記保羅的教訓，他說：「我活著就是基督。」（《聖經・腓立比書》第一章二十一節）

基督沒有身體：

基督以你為祂的身體，
以你的雙手完成祂的工作，
以你的腳走遍世界，
透過你的雙眼，
把憐憫的目光投向世界。

——大德蘭修女（Teresa of Avila，一五一五－一五八二）

我被召為上主的僕人，效法基督，跟隨基督的腳步，承託祂的使命，於世上傳達上主的關懷，不應懼怕任何的政治壓力和別人的評價。

多走一步，與民同行，就是一步一步追隨基督。

香港的故事

我們這一代人，經歷戰禍，逃難來港，過著流離的艱辛生活，拼搏幾十年以為可以安定下來。

中英政府於一九八四年簽署了中英聯合聲明。中國收回主權，實施「一國兩制」、「港人治港」、「高度自治」，並保證香港五十年不變，但卻未能完全穩定人心。

教會為此，曾推動「香港是我家」運動，以鼓勵港人不要離去。

一九八四年九月，有八十九個團體集會於土瓜灣「高山劇場」，要求漸進「還政於民」。香港教會為穩定人心，於一九八四年也表達了清晰的信念書：

一九九七年後維持高度自治，市民享有神所賦予的人權、自由，包括言論、出版、結社、集會、出入境、信仰及傳教等自由。

政府必須向香港市民直接負責；不單要致力於香港的經濟發展，同樣重要的是重視市民中沉默的大多數者的利益；並要繼續保持立法、司法及行政獨立。

信念基於我們的信仰：每個人都是按照上主的形象被造的。

因此，人人應受尊重和保護，我們致力爭取民主，因為民主的理想是自由、平等和博愛。政治自由不是單一地對國家的效忠，也應承認人的尊嚴，而且人人生活在社會，都有其獨特的潛力和能力，貢獻和創建社會，而人權是上主所賦予，任何政權均不得隨意剝奪。

不幸，一九八九年北京的民主運動，中共政權以「屠城」結束，目睹這場運動的結果，港人不寒而慄，對民主的訴求更為殷切。

當時，社會有要求英國給予港人護照，有要求一九九一年立法局必須由普選產生，八九民運之後，我主要照顧流亡的民運人士，擁抱苦難者。

一九九一年有地區直選議員。一九九五年已增加直選議席。同時，一九九一年港督衛奕信簽署了《香港人權法案》，香港既有的《社團條例》及《公安條例》所有牴觸《公民權利和政治權利國際公約》全予廢除。

普選有了進度和時間表，《人權法》使港人有進一步保障，我便少參與政制討論，多致力民生工作，特別是醫療、善終及退休保障等。

我心中懷抱善良的希望：民主、自由、人權和法治，會一天天的好起來。

民主的故事

一切善良的願望，竟然日漸渺茫，我又要重上高山，為了民主再啟航。

聖經的阿摩司先知，最關心公義與公平，他目睹失序和荒謬的社會繁榮，只限於富有的人，窮人仍然受著不公平的待遇和壓迫，他嚴厲警告世人：「你們要遭殃了。因為你們歪曲

正義，剝奪了人民的權利！」（《聖經．阿摩司書》第五章七節）

香港有七百多萬人，人人生而平等，政府卻剝奪人民的提名權、參選權。首屆特首由四百人選出，政府和人民沒有任何關連。至今仍是由小圈子一千兩百人選出。

政府眼中沒有人民，人民也不信任政府，對於千百般民怨，特首一聲「早安」，就視而不見。

二〇〇三年「沙士」襲港，政府抗疫無方，結果二百九十九人死亡，一千七百五十五人染病，董建華耗盡香港人的同情憐憫心，市民努力互濟之時，他卻硬推二十三條立法，導致五十萬人上街抗議，最後「腳痛」下台。

立法會保有功能組別，剝奪了議員的私人提案權，政府的議案只要掌握功能組別和保皇黨的票數，很容易就可以通過，這種走向專權的制度，人民的生活較回歸前更困苦，更無助，更傷心。

我們再不能沉默了，為平等的人權，民主必須多走一步。

本著爭取民主的初衷，二〇〇二年，我們組成「香港民主發展網絡」（Hong Kong Democratic Development Network）（以下簡稱民網），成員包括有律師、學生、學者，並由陳健民教授領導三十多名教授，研究符合基本法要求的政制方案。

二〇〇四年四月「民網」完成了方案，準備呈交政府和公開宣布，讓社會討論民主政制。

不幸，中央政府卻於四月六日釋法，否定了二〇〇七和二〇〇八年的普選。所有參與研究的學者非常憤怒，並於五月的記者會齊穿黑衣，宣告「香港民主已死」。

自此之後，我專心公民教育，發展教會的服務事工。

最後一里的故事

二〇〇八年，我做大腸鋇劑造影檢查（Barium Enema），穿腸鋇入腹腔，即時要接受緊急外科手術，醫生表示我只有五成生存機會。

徘徊於生死邊緣，幾乎陷於生離死別的時候，我囑咐兒子說：「孩子！要好好照顧媽媽呀！」

感謝上主的恩典和醫生的悉心治療，救回我的生命。

病後，我心裏只有三個心願，做好教會退休後的交接工作；陪伴妻子和家人，特別兩位孫兒，我很喜歡和他們遊玩、嬉水；寫一本關於民運的歷史書，只此而已，我便滿足了。

二〇一〇年我退休了，許多關心我身體的弟兄姊妹和朋友均勸我：牧師，你對教會和社會已盡心盡力了，夠了，好好休息和陪伴家人吧！

二〇一三年一月，當戴耀廷教授發表一篇名為〈公民抗命：香港民主運動的大殺傷力武器〉的文章時，我不以為意。

當戴教授於二〇一三年二月提及邀請陳健民教授和我參與「公民抗命」時，我感到驚訝愕然。

我人老了，身體又多病痛，怎可能參與呢？唯有致電我的好朋友陳健民教授，徵其意見，他竟然說：「牧師，我現在於巴黎，你先答應，待我回來，再詳談商議。」

身處管治失效，道德淪落，沒有威信，強調鬥爭，不顧人民死活的政府，似乎無意實踐承諾於二〇一七年普選行政長官，故遲遲不提出諮詢。戴耀廷教授和陳健民教授不惜為公義、公平犧牲，爭取二〇一七年一人一票選特首，我雖然已七十高齡，但禁不了良知的呼喚，我絕不會讓我的弟兄孤身上路。

還記得少年時，基督教我認識真理，離開孤單的人生；還記得教會內，基督訓示我擁抱窮人，讓他們不再孤單；今天，民主號角再次響起，我怎能讓有心人孤單呢？

我的眼睛明亮起來，憑著良知多走一步，與民眾多走一里路。

聖經告訴我：「……愛是出於清潔的心、無愧的良心和無偽的信心。」（《聖經．提摩太前書》第一章五節）

我本著清心、簡念、分別為聖——無利益衝突、無權利慾望、無隱藏議程、決心為香港盡最後一分力，與港人再多走一步。

二〇一三年三月二十七日，我們選擇在教堂十字架前表達我們願意犧牲和受苦的精神，宣讀「讓愛與和平佔領中環」的信念。

當日我的禱告是：

「我們以敬虔、謙卑和祈禱的心，我們沒有怨恨；反之，我們心懷愛意，不打倒任何人，亦無意對抗和反對任何政權；反之，我們堅守法律，我們以身違法，為的是要突顯目前政制不公義的地方。若果我們因此行動失去個人自由而能為今日社會和下一代帶來更大的自由，那麼，我們可能失去的自由，就微不足道，這也心甘情願的！

「我們選擇和平非暴力的運動，雖然我們面對的不公義力量是那麼巨大、掌權的人那麼難以對付，我們絕不害怕和逃跑。我們可以重新肯定自己人性的尊嚴，採用和平非暴力的抗爭，揭示不公平法律的不公義，迫使邪惡不能再躲藏在合法性的框架內。」

「讓愛與和平佔領中環」運動原是透過公民商討、公民授權、對話談判去爭取普選，在迫不得已時才採取公民抗命。

中央政府卻於二〇一四年六月出版了《一國兩制在香港特別行政區的實踐》白皮書，宣布「中央全面管治」，那麼，中英聯合聲明中的「一國兩制」、「港人治港」、「高度自治」呢？中央官員竟然回應說：回歸以後，中英聯合聲明已失效。

從來沒有想過，中英聯合聲明如白紙一張。

中央政府原於二〇一二年承諾二〇一七年香港普選行政長官，唯人大常委二〇一四年八月三十一日的決定，全面落閘，封閉普選和對話之門。

對話之路走盡了，和平佔中啟程了。

雨傘運動的故事

「讓愛與和平佔領中環」運動定於二〇一四年十月一日舉行，為此，我們於九月十八日入信申請「不反對通知書」，九月二十五日和警方商談安排細節。

九月二十二日專上學生聯會組織一周罷課不罷學的行動，抗議八三一之決定，並於政府總部外集會。但罷課學生於九月二十六日衝進政府總部「公民廣場」，學生領袖被拘捕，引發大批市民響應，擠滿了政府總部外面的街道。

期間，市民高呼「守護學生」，要求即時「佔中」。

九月二十七日晚，我們與在場的學生代表舉行會議，取得共識，九月二十八日凌晨一時四十分由戴教授宣布「佔領」行動開始。但集會的人群開始離開，不久學聯宣布這次是學生運動，並非「佔中」。

九月二十八日早上，警方封鎖所有進入政府總部的道路，意圖孤立場內的學生和市民。

九月二十八日中午時分，消息傳來，梁振英於下午三時三十分召開記者招待會，我們圍坐在「命運自主」台，見到警方似要準備清場。

因為這次行動不是「和平佔中」運動，因此，我即時要求義工和糾察離場，不要被捕，否則無人主持十月一日的集會，初時三子建議我隨義工離場。但最終決定，我還是留下來待警察清場，我們三人勾手坐在一起被捕。

我坐回「命運自主」台上，與學生領袖、泛民立法會議員和陳日君樞機，手牽手坐在台上等待被捕。下午五時五十八分，突然聽到槍聲，夏慤道煙霧瀰漫，站在前線的市民大聲叫喊：「警察放催淚彈」。

依我們的計劃，如果警方用武力時，為了保護示威者，我們會勸諭撤離，何況警方還舉著「速離否則開槍」的橫幅。

陳日君樞機即時大聲呼喊「不要作無謂犧牲，快撤離，我們不要為這不理性的政府作犧牲。」「現在不是犧牲的時刻，快撤離！」

此時，我腦中湧現北京天安門的景象，我心裏說：「一定要守護學生，保護群眾不受傷害。」

十月三日我們已開始討論自首，唯不忍心讓學生孤單抗爭，故我們留下來。

十月四日下午我們知道駐守的警察沒有食物，本於信念，任何抗爭，我們都堅持不能傷人的尊嚴，當日下午六時前，便開通車道和海富天橋。

此後，我積極推動學生和政府對話：因為只有對話才可保障所有參與者安全，另一方面，為雨傘運動打開對話之門，促進香港和北京政府理性對話下去。第一次原定十月十日，唯因十月三日旺角示威者被黑社會毆打而叫停。但我沒有放棄，仍積極尋求對話。

經過多人和多番的游說和努力，終於再決定十月二十一日學生和政務司長林鄭月娥公開對話。可惜學生不願意再對話下去，良好的意願落空，我憂心忡忡，不得安睡，我們三人多次與陳日君樞機和李柱銘先生一起禱告，求上主保護學生和示威群眾，並祈求上主指引前路。

群眾無畏無懼，沒有撤離，八十七枚催淚彈「催逼」了十多萬人上街——波瀾壯闊的雨傘運動開展了。

雨傘原是用來遮太陽、擋風雨，但在運動期間，在警方猛烈噴射胡椒噴霧下卻產生保護作用。

雨傘運動源於長久以來對政制發展感到無助、無奈和無望，渴求命運自主。

七十九日佔領，一百二十萬人參與，展示香港和平非暴力的高質素公民，期間沒有破壞任何建築物，或焚燒任何物件。

佔領區的商店不但無損，反而佔領者鼓勵和幫助小店，以免生意受影響。很多商店和市民送飯、送水、送棉被、送帳幕，佔領者充分發揮互助互愛的精神。

雖歷經黑社會的暴力襲擊，警察亦以暴力打得佔領者頭破血流，但佔領者仍保持和平非暴力的信念，沒有退縮。

和平非暴力的公民抗命種籽，已深植人心。

這運動原是一場公民覺醒運動，期望每個人都能出來貢獻自己，表示決心，更希望能喚醒官僚的良知。

幸福和美好的和平生活，是我們夢寐以求的，也是上主的旨意，我們要踐行在人間。沒有公義，便沒有和平，因為「公義的果實是平安；公義的效果是平靜和安穩，直到永遠。」（《聖經．以賽亞書》三十二章十七節）同時，「慈愛和誠實彼此相遇；公義與和平彼此相親。」（《聖經．詩篇》第八十五篇十節）

法律和秩序是任何社會不可或缺的。若法律只用作維護權貴既得利益者，不法和霸道便由制度肯定，社會道德基礎便蕩然無存，無權無勢者就成為法治制度的犧牲品。

> 那麼，政權只會藉國家安全的名義：以迫害、流放、任意逮捕、刑求、強逼失蹤、破壞和暗殺來維持所謂「和平」。
>
> ——神學家勒內．帕迪亞（C. René Padilla）

或許您們會說：我們的問題源自「公民抗命」。

錯了！

我們的問題，乃是來自「公民從命」。

這種從命，讓世上無數的人屈膝於強權、獨裁者的政體之下，被捲進死傷以百萬計的戰爭。

這種從命，讓世上無數的人對貧窮、飢餓、愚昧、戰禍與殘暴無動於衷。

這種從命，讓世上的監牢擠滿小奸小惡的罪犯；大奸大惡者，卻成為國家的領袖。

——歷史學家霍華德・津恩（Howard Zinn）

最後的總結陳詞

今日是二〇一九年四月九日，想起五十一年前的四月四日，主張和平非暴力爭取人權的馬丁・路德・金恩牧師被人槍殺，先賢的說話仍在鼓勵和呼召我們：

「……我們要抵抗，因為自由永遠不是白白賦予的。有權有勢的欺壓者從不會自動雙手贈獻自由給受壓者……權益和機會必須通過一些人的犧牲和受苦才可以獲致。

「……仇恨生仇恨，暴力生暴力……我們要用愛的力量去對付恨的勢力。我們的目標絕不是要去擊敗或羞辱白人，相反，我們要去贏取他們的友誼和諒解。」

金恩牧師說：沒有公義便沒有真正的和諧。我寄語生活於香港的市民，要憐憫不公義制度下的受害者，包括示威者，也包括警察；我更祈求憐憫能激發勇氣，用以對抗制度的惡。

雨傘運動中，我只是一個敲鐘者，希望發出警號，讓人們知道不幸和災難正在發生，期望喚醒人們的良知，共挽狂瀾。

如果我仍有氣力，必繼續在教會敲鐘，在世上敲鐘，在人心敲鐘。

「世人哪，耶和華已指示你何為善。祂向你所要的是甚麼呢？只要你行公義，好憐憫，存謙卑的心與你的上主同行。」（《聖經・彌迦書》第六章八節）

我，朱耀明、戴耀廷和陳健民現在於被告欄宣告：

我們沒有後悔，
我們沒有埋怨，
我們沒有憤怒，
我們沒有遺憾。
我們沒有放棄。

耶穌說：「為義受逼迫的人有福了！因為天國是他們的。」（《聖經・馬太福音》第五章十節）

慈愛、公義的上主，我將自己交託祢手中，願祢的旨意成就！

附錄　周保松：我們的黃金時代

忙亂了一整天，疲倦不堪。此刻終於能坐下來，整理一下昨天在法院所見所想。

昨天這場關乎雨傘九子命運的審判，對歷史對當下對未來，有著非比尋常的意義。對一場公民抗命運動來說，審判本身就是非常重要的抗爭，因為公民抗命的目的，是要彰顯制度不義，激發大多數人的正義感，從而推動社會政治改革。

是故一場審判如何進行，被告在法庭的表現，留下甚麼重要言說和文獻，法庭、媒體和公民的反應等等，皆影響一場審判的歷史意義。

我昨天在現場見證，我必須說，這是香港史上意義重大的一場審判，而以不同身分參與其中的各方，皆恰如其分做到本分，因此事情便成了。此刻坐下來回想昨天發生種種，我竟有許多難以言說的感激。容我一一道來。

首先是法官陳仲衡。先不討論法官判詞的合理性，但他容許朱耀明牧師在被告席中站起來以粵語大聲宣讀他的〈敲鐘者言——被告欄的陳詞〉，真是相當難得。沒有這一幕，昨天的審判便無甚可觀。

也許這是法官應有之職分，但他容許朱牧在沒有時間和精神壓力下，從容宣讀陳詞，因而令朱牧本已極不平凡的人生有了最光輝的一刻，打動場內場外無數人（法庭真是哭聲一片，甚至有保安感觸落淚），並為我們留下極重要的一份歷史文獻，這是必須致謝的。我甚至覺得，這是判決以外的另一種公義。朱牧的人生，根本不需也不應由法庭來判。

其次是戴耀廷和陳健民教授。去到今天，我們應該見到，他們在整場審判中，其實有個深思熟慮的構思，並將這個構思以近乎完美的方式實現出來。

先是陳健民在審判中代表三子作供，解釋和平佔中的理念和籌辦過程，並為他們在整場運動的所作所為辯護。以我之見，陳健民在審判前夕於中大榮休的最後一課「毋忘燃燈人：向啟蒙者致敬」，也可視為審判的前奏。在這一課，健民告訴我們，他及他那一代爭取民主的香港人，受到甚麼思想資源和歷史事件啟發，並怎樣跌跌碰碰走到今天。那是香港教育史上的經典一課。

我們需要感激燃燈人，因為沒有歷史沒有傳承沒有前人的努力，我們不知道自己從哪裏來，也很難有持久及有生命力的社會運動。陳健民那場講座，值得大家重溫，並從中汲取養分。

然後是戴耀廷在十二月十二日，在法庭自己站起來做的「結案陳詞」。在演說中，戴耀廷引用馬丁·路德·金恩，為公民抗命的精神作辯護，並解釋他們為甚麼選擇不認罪以及抗辯的理據，同時指出公民抗命在甚麼意義上，不僅和法治精神不相違，甚至能夠促進和改善法治。

這是香港史上標誌性的公民自辯。我當天人在現場，近距離聆聽戴耀廷的演講，在結束時忍不住鼓掌致敬。那一刻，我想起二千多年前，雅典城邦蘇格拉底的廣場自辯。蘇格拉底在〈自辯〉（Plato, Apology）中自喻城邦的牛虻，專門不討好地叮咬雅典公民，希望他們關注正義良善，而非整天汲汲於財富名利。Benny何嘗不如是。

去到最後宣判的昨天，陳健民和戴耀延選擇不發言也不為自己求情，反而將整個法庭留給朱耀明牧師，讓他在這個至暗時刻，通過他一生的事功和信仰，為香港人做了一場激動人心的講道。

朱牧師不負所望，站在被告席，挺直身軀，以哽咽雄渾的聲音，告訴我們雨傘源於長久以來港人對政制發展感到無助、無奈和無望，並渴求命運自主。最後更道出心聲：他們三子至今沒有後悔，沒有埋怨，沒有憤怒，沒有遺憾，沒有放棄。

他們有的，是對這片土地的愛。

真的，我們香港人，無論政見有多大不同，都必須感謝戴耀廷、陳健民和朱耀明牧師三位。他們將香港社會運動的水平，帶到前所未有的高度。其理念，其行動，其策略，其言詞，其精神，其人格，如此完整地融為一體。他們是我見過最美麗的香港人。

然後是其餘六位被告，包括陳淑莊、黃浩銘、邵家臻、鍾耀華、張秀賢和李永達。我在現場所見，他們確實坦然無懼，平靜以對。即使在開庭不久宣布所有人罪成的一刻，他們也沒絲毫懷憂喪志，反而帶著笑容不斷安慰身邊人。

他們磊落坦蕩，意志高昂。從他們的眼神面容，你看不到丁點所謂「犯人」的沮喪悔疚。他們內心如果不強大，不可能有這樣的狀態。他們每一位，因為雨傘，承受難以估量的個人代價，但他們一直挺著，而且挺得很直。

然後是所有前往法院的支持者。我昨天八時去到，法院樓下已全是人，少說有好幾百，裏面有許多我熟悉的面孔，包括學聯人、大學中人，社民聯、公民黨和民主黨的朋友，還有許多雨傘同路人。

最最令我感動的，是見到許多上了年紀的老人家。他們從早上八點一直坐到下午五點，當朱牧師從法庭步出大堂，所有人齊齊起立鼓掌，眼泛淚光，高呼口號，長達數分鐘而不息。我和在場的張潔平和蕭雲說，這些公公婆婆，看似平凡，每位都是如此可敬，而且比大部分香港人有著更強的信念和更韌的意志。他們一定有著不平凡的故事，只是我們沒機會細心聆聽。

不要小看這些支持。一場運動，不是所有人都站到最前。沒有親友和市民的理解支持，我相信雨傘九子一定不會像現在這般自信自在。這樣的公民友誼，這樣的肝膽相照，在社會運動特別重要。

然後是法庭保安。昨天的審判，比平時多了許多保安。但他們沒有板起臉孔嚴厲執法，甚至容忍大家在大堂鼓掌喊口號。他們維持秩序，但與人為善。他們讓法庭不是那麼法庭，反而多了一分大家同是港人的情味。

然後是媒體。我沒時間看完所有媒體報導，但就我所見到的電視、電台、報紙和獨立網媒，都對這場審判做了相當完整的報導，甚至製作了精彩的特輯和專訪。他們讓香港人知情，同時為歷史留下紀錄。

還有一個人，是要特別多謝的，就是Fermi（王惠芬）。Fermi從十一月到現在，幾乎沒有缺席任何一天審訊，用笑容用愛心去照顧九子每一位和他們的家人，並每天一大早便到現場協調分配親友入場劵，確保他們同在。

告訴大家一個小故事。我昨天本來坐在家屬席，Fermi走來和我細聲說，你可以和另一位朋友調換一下座位嗎，因為某位被告希望等會宣判時，可在視線所及見到這位朋友。Fermi的熱情、細心和奉獻，是這場審判中一道美麗的風景。

還有，還有也要多謝昨天那些站在法院門外聲嘶力竭和幸災樂禍的愛國人士。沒有他們的可笑可憐，彰顯不出雨傘九子的可親可敬。

最後，我要多謝所有參與聯署〈我們以你們為榮〉的中大政政人。我們向鍾耀華和張秀賢致敬，是做了我們同門應做之事。有的事情，真是非如此不可。

上星期，在《我們有雨靴》的映後座談，戴耀廷說，香港真正的黃金時代尚未到來。我不確定他的真實所指。但在當下，因為不同香港人的努力，我們在這樣一場歷史性的審判中，確實見到最美麗最高尚的香港風景。

這樣的風景，由我們創造。如果我們見到，如果我們珍惜，這就是我們的黃金時代。

二〇一九年四月十日，清晨五時

附錄　佔中九子審判摘要

二〇一八年十一月十九日

控方在開案陳詞指，三人的串謀行為始於二〇一三年三月的「讓愛與和平佔領中環」記者會，直指「佔領中環」透過不合理地佔領公眾道路爭取普選，對公眾造成損害，選址中環則經過精心計算，對城市中心造成阻礙，迫使當局回應訴求，屬違法行為。控方並列舉各被告言行，指他們當時煽惑示威者留守及阻礙道路。

二〇一八年十一月二十日

控方在庭上播放多條呈堂影片，包括「雙學三子」重奪公民廣場後，警方於二〇一四年九月二十七日拍攝的片段，被告之一陳淑莊在台上說：「現在是金鐘個鐘，遲些便是中環個中。」[1]另一被告鍾耀華則表示，假如時任特首梁振英不就襲擊市民的決定作回應，以及不

1「鐘」與「中」是諧音。

釋放被捕者，他呼籲所有人留守。

二〇一八年十一月二十一日

控方續播放多條警方於二〇一四年九月二十七至二十八日期間在政總外拍攝的影片。片段顯示，踏入二十八日凌晨約一時半，戴耀廷在台上宣布「佔領中環正式啟動」，又指「和平佔中站在學生那邊」，將動員糾察和義工等資源，以守護廣場、學生及香港的未來。

二〇一八年十一月二十二日

控方續播放呈堂影片，內容涵蓋佔領運動開始當日，至三子宣布將向警方自首，及呼籲學生撤離的記者會。戴耀廷和陳淑莊觀看朱耀明在片中流淚發言時，一度在犯人欄內低頭哭泣，朱則用手帕抹眼。控方也應辯方要求，播放約二十秒警方向群眾施放催淚彈的片段。

二〇一八年十一月二十六日

時任中區助理指揮官黃基偉供稱，當日警方面對添美道示威者不和平和激烈地衝擊警方防線，別無其他選擇下才施放催淚彈，而該等武力經專業判斷，相信不會煽動更多人佔領金鐘。

二〇一八年十一月二十七日

時任中區助理指揮官林鴻釧供稱，他於二〇一四年九月二十七日凌晨，曾被示威者三次攔阻去路，更一度感覺示威者想衝進立法會。他前往協助被示威者包圍的同袍時，亦遭人群擋路而未能穿過。

二〇一八年十一月二十八日

警司游乃強不同意當年警方施放催淚彈的目的是驅散群眾，而是阻止示威者繼續衝擊防線，而施放催淚彈比使用警棍帶來的傷害較輕。控方舉證完畢。

二〇一八年十一月二十九日

法官陳仲衡裁定各被告表面證供成立，首被告戴耀廷選擇不自辯，次被告陳健民出庭自辯。

陳憶述三子於二〇一四年七月底就政改方案「公投」結果與官員會面，時任政務司長林鄭月娥只要求三子盡快結束這場運動，另一官員劉江華則不斷斥責他們「激進」，最終只將民間「公投」報告留在沙發上，「攞都唔攞就走咗」（拿都不拿就走了），沒詳細討論政改，亦無意談判。

二〇一八年十一月三十日

陳透露在警方施放催淚彈數日後，與林鄭月娥通電話，反映希望時任特首梁振英與時任警務處長曾偉雄下台；惟林鄭指這超出其職權範圍，而且政府不可隨便開除官員。陳並透露，時任特首辦主任邱騰華曾要求三子協助開通部分通道。

陳自辯期間，辯方庭上播放紀錄片《傘上：遍地開花》，影片由「重奪公民廣場」行動開始，記錄至施放催淚彈翌日、市民自發清理並回收垃圾。播放期間多名被告流淚不止。

二〇一八年十二月三日

代表張秀賢和鍾耀華的資深大律師指稱，三子和學生代表溝通有誤會，學生代表希望佔中運動支持他們，但並非提早佔中。陳健民表示首次聽到誤會一事，認為可能性低，但承認雙方沒有討論提早佔中的運作。

二〇一八年十二月四日

陳健民作供稱，學生當年十一月底有行動升級，「唔係去打警察，而係被警察打」（不是去打警察，而是被警察打），故三子決定公開與學生決裂、分道揚鑣，希望盡快結束這場運動。陳哽咽說：「明白學生憤怒和沮喪，但唔想見到更多人受傷。」

辯方傳召兩名佔領運動參與者任辯方證人，其一指佔領意願不受三子影響，而警方施放催淚彈加大他行動的決心；另一認為自己不完全是佔中，而是參與「學生罷課延續的佔領行動」。

陳完成作供，代表「佔中三子」的資深大律師麥高義開始傳召辯方證人，包括早前在庭上放映的紀錄片《傘上：遍地開花》導演梁思眾，以及自二〇一三年協助朱耀明處理佔中事宜的教協副總幹事盧偉明。

二〇一八年十二月五日

天主教香港教區榮休主教陳日君樞機供稱，警方施放催淚彈的決定不明智，令人民更憤怒，並謂「我好慚愧，胡椒噴霧及催淚彈都無試過」。陳日君又稱佔中啟動後，行動好像由學生領導，但學生未能控制情況，而三子沒有機會給予意見，令人擔心。

二〇一八年十二月六日

中大新聞與傳播學院院長李立峯以辯方專家證人身分供稱，在二〇一四年十及十一月在佔領區訪問逾一千兩百名受訪者，僅平均有六．五％人選擇「響應和支持三子」為參與佔領運動的非常重要原因；而響應和支持學聯或學民思潮的選項，均各獲逾一成人選擇。

二〇一八年十二月七日

九名被告中，戴耀廷選擇不自辯，由陳健民出庭作供，並傳召辯方證人。其餘被告朱耀明、陳淑莊、邵家臻、鍾耀華、黃浩銘和李永達昨均選擇不作供，亦不傳召任何證人。惟邵一方要求在庭上播放一段影片，張秀賢則傳召一名證人作供。

二〇一八年十二月十一日

控方結案陳詞，指出陳健民雖供稱三子只打算佔領數天，但其實是有意圖或預期作長期或無限期佔領，並引案例稱，示威者無權長期佔領馬路、在馬路留守及紮營。

二〇一八年十二月十二日

戴耀廷親自結案陳詞，指出公民抗命的目的不是妨擾公眾，當日若非警方封鎖前往示威區的道路，阻礙群眾參與集會，馬路便不會被佔領。他形容警方拒絕開放道路不負責任，必須為示威區外造成的阻礙，以及之後發生的所有事負責；並指警方施放催淚彈及使用過度武力後，一切有所改變，示威情況不再由三子掌控。在供詞末段，戴提到相信法治為公民抗命提供理據，若三子有罪，罪名是「在香港這艱難的時刻仍敢於去散播希望」，他對入獄不感懼怕和羞愧。

代表陳健民和朱耀明的資深大律師麥高義則陳詞稱，三子被控的「串謀犯公眾妨擾罪」，涉及一個協議，而協議內容未曾發生，當中的人數、相關阻礙會否構成公眾妨擾等均屬未知之數。儘管有三千人曾簽署信念書，三子仍未能知悉最終出席的人數。而二〇一四年九月二十八日宣布佔中當日，計劃已屬全新，原計劃則被拋棄。

二〇一八年十二月十三日

代表學生領袖張秀賢及鍾耀華的大律師表示，學生當年呼籲示威者留守至警方釋放被捕學生，或重奪「公民廣場」等，並非如控方指意圖延長和無限期示威。辯方昨完成結案陳詞。

二〇一八年十二月十四日

對於辯方指示威目的是爭取普選，盼法庭考慮因此造成的阻礙是否合理，控方認為法庭不是評價政治議題的地方，故不需考慮。控辯雙方完成結案陳詞。

二〇一九年四月九日

佔中九子分別被控串謀犯公眾妨擾罪、煽惑他人犯公眾妨擾等罪，區域法院法官陳仲衡昨日裁定九人罪成，並表明法庭不接受公民抗命屬抗辯理由，形容佔領構成不合理阻礙，對社會造成廣泛傷害。

戴耀廷和陳健民求情時均希望不要判有病的朱耀明即時入獄；朱耀明則讀出〈敲鐘者言〉親自陳情，稱三子至今「沒有後悔，沒有埋怨，沒有憤怒，沒有遺憾」，期間庭內哭泣聲不斷。

	串謀犯公眾妨擾罪	煽惑他人犯公眾妨擾罪	煽惑他人煽惑公眾妨擾
戴耀廷	成立	成立	不成立
陳健民	成立	成立	不成立
朱耀明	成立	不成立	不成立
陳淑莊	——	成立	成立
邵家臻	——	成立	成立
張秀賢	——	成立	成立
鍾耀華	——	成立	成立
黃浩銘	——	成立	成立
李永達	——	成立	——

二〇一九年四月十日

區域法院繼續聽取餘下五人求情，其中案發時同為學生領袖的鍾耀華和張秀賢，在犯人欄內讀出自己撰寫的求情信。鍾一開首表明「沒有甚麼需要陳情」，稱現在被控告的不是九名被告，而是「所有對香港珍而重之的人」。張秀賢則說，五年前已料到自己會身處被告欄，惟對能與戰友「參與雨傘運動」感「與有榮焉」，即使面對刑責仍會不亢不卑。法官准許九名被告繼續保釋，押後判刑。

二〇一九年四月二十四日

法官陳仲衡判刑時指法庭無意令各被告放棄其政治理念或訴求，但法庭關注被告應該對公眾構成不便和痛苦表達悔意，公眾卻從未得到來自被告的道歉，因此判處戴耀廷、陳健民監禁十六個月，邵家臻、黃浩銘監禁八個月，朱耀明、鍾耀華和李永達則因健康、年齡及對社會貢獻等理由，判監八至十六個月但准以緩刑兩年，張秀賢判兩百小時社會服務令。陳淑莊則因腦部有瘤要動手術，押後判刑。

裁判書指摘三子犯下的公共妨擾行為「非常嚴重」，但同時確認他們「秉性正面善良」，「串謀造成的公共妨擾不涉及暴力」，「觸犯控罪的背後動力，是爭取被告所倡議的普選，以及保護被拘捕的學生領袖。他們的動機不是出於貪婪、慾望、憤怒或金錢獎勵。」當中並如此解釋對朱耀明的緩刑判決：「他三十多年來對社會、特別是有需要人士（如吸毒者和愛滋病毒帶原者）的奉獻精神和對社會正義的投入，給我留下深刻的印象和感動。我也關心他的年齡，他現在已經七十五歲了，根據我得到的醫療報告，立即入獄會對他的健康產生影響。」

二〇一九年六月十日

辯方披露陳淑莊的最新病況，其腦瘤雖屬良性，但部分腫瘤接近腦幹，未能完全切除，需在未來三個月接受三十次放射治療，防止腦瘤復發。區院法官陳仲衡判刑時表示，不肯定即時監禁會否對陳淑莊的健康構成不良影響，基於公義原則（interest of justice），她應獲准未來數月自行選擇醫療團隊接受電療及讓家人照顧，決定判處陳淑莊監禁八個月、緩刑兩年。

各人判刑如下：

戴耀廷	判囚十六個月，即時入獄。
陳健民	判囚十六個月，即時入獄。
朱耀明	判囚十六個月、緩刑兩年。
陳淑莊	判囚八個月，緩刑兩年。

邵家臻	判囚八個月，即時入獄。
張秀賢	判兩百小時社會服務令。
鍾耀華	判囚八個月，緩刑兩年。
黃浩銘	判囚八個月，即時入獄。
李永達	判囚八個月，緩刑兩年。

二〇一九年八月十五日

上訴庭副庭長麥機智批准戴耀廷保釋等候上訴。

二〇一九年十月三日

邵家臻、黃浩銘出獄。

二〇二〇年三月十四日

陳健民出獄。

二〇二一年三月二日

朱耀明迎接陳健民出獄。照片取自立場新聞。

代表戴耀廷的港大法律學院首席講師張達明，就戴的「串謀犯公眾妨擾罪」及「煽惑他人犯公眾犯擾罪」兩項定罪上訴率先陳詞。張達明強調及希望法庭謹記，二〇一四年佔中很和平，不涉肢體、甚至言語上的暴力，與近年示威不相同。

代表陳健民及朱耀明的大律師關文渭指出，即使原審法官認為佔中三子以公民抗命爭取普選，以及參與者能一夜之內疏散的想法「幼稚」及「不真實」，亦不能作為定罪基礎，應只考慮庭上證據。

二〇二一年三月三日

律政司一方陳詞指出，佔中三子突然改變佔中計劃的時間地點，只是乘勢而上，與原有計劃沒有很大的分別，而他們面對的罪行概括地包含三人由二〇一三年開始計劃佔中，直至二〇一四年九月二十八日的事。上訴庭副庭長麥機智追問，是否意指該控罪為「大包圍控罪」（all-embracing charge），律政司一方表示同意。

二〇二一年三月四日

戴耀廷涉初選案被起訴「串謀顛覆國家政權」罪還押，遭撤銷擔保，繼續服刑。[2]

二〇二一年四月三十日

上訴庭麥機智副庭長、潘敏琦法官及彭寶琴法官頒下判詞，駁回九人的上訴申請。戴耀廷須繼續服刑，案中其他被判刑的被告皆已服刑完畢。

資料來源：香港《明報》及《眾新聞》

2 二〇二〇年，香港民主派希望透過初選，決定由誰出選同年七月舉行之立法會選舉，戴耀廷是發起人之一。翌年警方以涉嫌違反「顛覆國家政權罪」為由，大規模搜捕五十三名初選發起人和參選者，並起訴當中四十七人。

後記：草民、牧民、公民

做人不能兩面討好，特別在正義這命題上，只能選取一方。做一件事便付上一件事的代價。

執筆提問 可以說說當初撰寫回憶錄的契機嗎？

朱耀明答 我自小無父無母，嫲嫲離世後，便孤身來香港，做學徒被老闆嫌棄，當擦鞋童露宿街頭又被潑水。而我竟然活過來，還幸運地沒學壞。決志奉獻作傳道後，我成為「成功神學」的反證，一帆風順沒我的份兒，反而三餐不繼，掙扎在溫飽和讀書之間，還得頂住師長同學的譏諷，笑我小學未畢業便夢想當傳道，不知天高地厚。一路艱難，但我終於完成神學院的修業。

坎坷的童年把我煉成冷漠的人，裝上一身敵視社會的盔甲，可幸基督信仰一路引領，用愛心激勵我奮鬥，也讓我尋回悲憫心，從此常為受苦的人難過。同時，我也建立起堅實的信念：祈禱不會令美好從天而降，基督精神是要實踐出來的；我們必須與人同行，特別是貧困的人、病患的人、軟弱的人。

在柴灣成立教會後，我本着單純的事奉心，走出教會的四面牆，投身社會行動，與居民站到一線，他們的困惱也成為我的困惱。人們對於這個參與公共事務的牧師感到詫異，也添了新的興趣，譬如說，他為甚麼竟關顧愛滋病患者？何以推動民主發展？與不同團體乃至不同信仰的人合作？事實是，正義之前，無分宗派；我與陳日君樞機等宗教領袖常常交流，互相尊重；我也不會抓住公民社會的運動者，向他們硬推銷「耶穌愛你」。

因為我相信，我的所言所行，乃至我所選擇的站立之地，都已在宣講基督信念本身。如是者，我優游於各個組織之間，交上各方好友，他們很多都不是信徒，卻同心同德。像周聯華牧師生前的教誨：真誠待人，便有朋友。

早年我曾在基督教刊物分享成長路，寫成〈我本無才〉和〈光輝背後〉等文章，後來不斷有人鼓勵我把人生經歷和社會參與記錄成書，希望卑微的經歷能鼓勵後輩。我自知只是上主平凡的僕人，沒偉大功績也沒驕人成就，寫回憶錄是獻醜。然而，倘若能讓年輕一代讀到與苦難中人同行的基督心腸，也是美事。

問　籌備回憶錄幾年間，香港和你的命運都經歷巨變，很多人和事都正在消失，包括歷史、傳媒和公民社會。這些如何影響書寫？

朱　我原本希望自己的故事能為香港存下一小段歷史。然而，政治局勢急速崩壞，自由空間被扼殺，許多改變都不是我能預想的，也完全在我掌握之外。我並不擔心個人安危，卻一直心繫同路人的苦痛。我很早便參與推動香港的民主發展，也從人道立場協助內地民運人士，介入得很深。友人說我「底子太厚」，倘若往事一一挖掘，怕牽涉很多人。我一方面期許回憶錄對歷史和以後的世代負責，另一方面卻又擔心說出真相後，會為留下來的人帶來更多凶險。自二〇二〇年底從香港出走，輾轉到台灣後，便一直陷入迷惘和痛苦中，那傷痛，既噬心，也噬身。

後來我從研討會聽到傳播學者李立峯的話：香港傳媒對自我審查衍生了新看法，那是為保護而刪減，即是「愛和道德的審查」。我頓然開悟，像被理解了——我正深深地陷入那種處境當中，因為對同路人的愛護，而不得不自我審查，感到非常煎熬。事實上，不少友人已在獄中經年未審，任何一則新證據都可能會加深他們的噩耗。

是故，我和作者與出版社商討後，同意不扭曲，也不作若無其事的縫合，只以空白方格替代，粗暴又大筆地隱去可能為他人帶來危險的敏感內容。這也是某種反抗，拒絕加入極權之下的偽裝日常。

所以此時此刻，請恕我無法把真相——特別是有關黃雀行動的真相——暢所欲言。

問 回顧人生，大半輩子走在爭取公義路上，你有何體悟？

朱 有時掙扎，有時難免孤單。像是出來喊口號，很多人心裏叫好，但未必會站起來支持你，可是公開批評的人卻很多。傾向權貴的人，人生都比較順遂，逆者不然。郭乃弘牧師便是例子，當年他是基督教協進會的總幹事，嘗試多走一步就政制和社會政策發聲，便在教會內遭受圍剿，認為不該。其實不單是教會，做人亦如是。假如我們安靜些，不說話不頂撞，生活會好過些嗎？路上會更平坦嗎？這些都是人生的誘惑。

但是我一直記着周聯華牧師的教誨：做人不能兩面討好，特別在正義這命題上，只能選取一方，做一件事便付上一件事的代價。既要站進弱勢社群當中，就不能妄想優游於權貴之間。這個抉擇，有時是個人的，有時是整個教會的。很多基督徒只知記念來世，但是我們活在這個世代，就該有耶穌的救贖精神，對不公義的制度有所承擔。

當然，這道理說來淺顯，實踐起來卻艱困，時常落得滿腳泥濘，甚至焦頭爛額。對我個人來說，付出的代價是沉重的。我相信公義，相信上帝是生命的主，最艱難時可以依靠。只是有時難免會想，真的能相信祂會幫助我們戰勝邪惡嗎？……

問 作為牧者，這是很嚴峻的疑問？

朱 〔豁然笑了〕年輕時確實有信心，現在被打到沉下沉下（浮浮沉沉）。但，這真是我們在這個世界上活得像個人最基本的信念。若問我，今天七癆八傷，仍然覺得有天會見到勝利嗎？會，我信我們有一日會見到勝利……

也有人跟我說，香港人做了這麼多，經歷了這麼多，卻一無所得。我說，宗教人士不會輕易從結果判斷自己應否做一件事情。我們不能只看一時成敗，而是有沒有在做自己相信的事。這個很重要：我信我所做的，做我所相信的。

回頭看，教會的誕生和成長的土壤，從來都不是安逸的社會，而是在顛沛中、甚至政治打壓下求存。昔日以色列人在埃及為奴，受盡虐待壓迫，呼喊上帝拯救。一天上帝說：我聽到你們的哀聲，我看到你們的痛苦。祂選出摩西來帶領大家出走，但摩西是要付出代價的。你看《新約》，基督教興起時，羅馬政權要統一意識形態，讓士兵守在街口，抓人來問：你信耶穌還是敬拜皇帝？答耶穌的通通斬頭。所以有一句話：教會是使徒用血建立的。上帝不會派軍隊到地上來，但承諾與我們同在。人的作惡不會很長，上帝的救贖才是永恆。

我們相信上帝珍愛每一個生命，任何踐踏生命和人性尊嚴的力量，都是邪惡。所以我對共產黨這個政權之賤視生命，像是土地改革挑動人與人之間的鬥爭，六四屠城，留下非常深刻的印象。對於這類專制政權，教會從不感到陌生，唯有犧牲甚至抵抗，永不妥協。

問　如果抱持無法實現的希望，不會更痛苦嗎？

朱　《聖經》有句話：「我若不信在活人之地得見耶和華的恩惠，就早已喪膽了。」作為牧師，最艱難是帶來希望，而不是盲目的樂觀。早年我在柴灣傳道時，有患血癌的年輕人快不成了，我到醫院與家人一起禱求上帝醫治，回程坐二十三號巴士返回北角，一路上不斷思考，這樣的祈禱真的幫助病人一家嗎？

想通了，我便立即在中環轉車折返瑪麗醫院。我勸慰病人和家屬說：我們不知道上帝的心意，但是如果上帝要接他回去，大家都要安心，因為他與上帝同在。我再次跪下來祈禱，一方面祈求醫治，另一方面祈求即使病人要離開，也能得到上帝的看顧。上帝可以醫治，也可以收回，我們必須面對。但祂一定會把最好的賜給我們。

我也是這樣看未來的。雖然不知道前面有什麼，但我相信上帝不離不棄，公義一定降臨。何況，惡人始終是會做壞事的，無論權多大，心念不正便會做出錯誤決定，最終為自己掘下墳墓。雨傘運動時，陳日君樞機常常引用《聖經．詩篇》這句話：「他掘了坑，又挖深了，竟掉在自己所挖的阱裏。」他說：那些人邪惡嘛，明明小小的坑就夠了，但偏要挖很深葬更多人，可是愈掘得深，腳下就愈鬆散，最後連自己也掉下去了。

我們這一生所能做到的，是頂住邪惡勢力，最低限度不要讓香港沉淪下去。頂到什麼時候才有突破？我不知道，真的不知道，但又相信，只要不放棄，它始終會來……（眼眶紅了）

所以我們今天不能氣餒，要力行本分，等待上帝的時間，等祂出手，懲罰不義的人，從舊世界中轉換出一個新時代。

問 有關這本書，還有沒有最後想說的話？

朱 至於本書終於能夠完成，首要感謝的是國立政治大學社會科學院前院長江明修教授及現任院長楊婉瑩教授，邀請我為學院訪問學人，得以有安定良好的環境寫作，讓我回顧和沉澱人生。其次，本書在很多朋友的協力下方能完成，但我無法一一具名感謝，深恐與我牽連會陷友人於險境，包括為本書操心多年的執筆者，以及搜集、補充資料的朋友。這令我很抑鬱，也成為很大的遺憾。我能公開言謝的，大概只有陳健民教授，他審閱全書並給予意見，更賜序言。周保松教授賜予鴻文，有助讀者了解法庭審訊過程。而尊子及「漫畫刁民」白水、方蘇、Kit da sketch 等畫家慨允用其作品，豐富書的內容，黃照達更為此書重繪了「讓愛與和平佔領中環」的兩個識別標誌，深為感謝。

然而，能將文字印刷成書，厥功至偉是出版社的總編輯黃秀如和編輯劉佳奇，沒有他們的專業指導和熱誠是不能成事的。感謝他們在風急浪高之時，仍然願意為彼岸的一本回憶錄操心和擔當。

最後要感謝日夕相伴的妻子與我同行，以剛毅和信心，堅忍的意志，支持我走過這五十多年。讓我這孤子有一個安穩又溫暖的家。

我卑微的願望是，有心人讀完回憶錄後，能夠感受到一個孤兒從無助中走進信仰的救贖，以及一個老人如何艱難也要多走一步的堅持。敲鐘者言正是見證，希望能留下愛與和平的種子。

埃利．維瑟爾寫過這樣的話：「對於選擇見證的存活者而言，顯然的，他有責任去為死者也為活者做見證；他沒有權利不讓未來世代了解過往，那段屬於我們集體記憶的過往。遺忘不僅危險，也構成了侵犯；遺忘死者，猶如第二度殘殺他們。」[1]

我深深認同，並且誠惶誠恐地遵行著。

然後，讓我們一起等待書中文字得以光復的日子。即使在我有生之年，未必能及時看到。

---

1 埃利．維瑟爾（Elie Wiesel）著，《夜：納粹集中營回憶錄》，新北：左岸文化，頁一九八。

朱耀明牧師服務年表

一、公共服務

項目	服務時間	年期	組織	職位
1	1980-2003	23	柴灣（南）分區委員會	委員／主席
2	1981-1983	2	東區撲滅罪行委員會	委員
3	1981-1995	14	Lay Assessor in Magistracy Courts and Money Lenders Ordinance Licensing Court	Lay Assessor
4	1982-1984	2	東區青少年康樂協調委員會	委員
5	1983-1989	6	東區禁毒運動教育	副主席
6	1983-1989	6	the Public Advisory Group on Film Censorship Standards 影視及娛樂事務管理處	電影檢查標準公眾諮詢組成員
7	1990	1	洗脫三合會會籍審裁處	審裁顧問
8	1994-1996	2	愛滋病服務發展委員會	委員
9	1994-1998	4	愛滋病社會和支持服務工作組	委員
10	1994-2016	22	東區尤德夫人那打素醫院管治委員會	委員
11	1994-2023	29	東區尤德夫人那打素醫院籌款委員會	副主席
12	1995-2014	19	Hospital Planning & Service Development Committee of Pamela Youde Nethersole Eastern Hospital 東區醫院規劃及服務發展委員會	委員
13	1995-1997	2	香港社會服務聯會	委員

14	1995-1997	2	愛滋病服務評估工作組	委員
15	1996-1998	2	愛滋病教育及宣傳委員會	委員
16	1996-2023	27	東區尤德夫人那打素醫院院牧事工委員會	委員
17	1996-2006	10	香港特別行政區政府衞生署紅絲帶中心	管理諮詢委員會主席
18	1997-2001	4	醫院管理局公眾投訴委員會	委員
19	1999-2009	10	投訴警方獨立監察委員會（警監會）觀察員計劃	觀察員
20	1999-2010	11	醫院管理局聖母醫院管治委員會	委員
21	1999-2001	2	九龍灣健康中心及護養院社區聯絡小組	主席
22	1999-2006	7	香港愛滋病顧問局	委員
23	2005-2010	5	香港愛滋病顧問局－愛滋病社區論壇	委員
24	2005-2023	18	社會工作者註冊局	紀律委員會小組
25	2010-2020	10	聖母醫院董事局	委員
26	2008-2018	10	連心社（愛滋病人互助組織）	主席
27	2009-2016	7	東區尤德夫人那打素醫院慈善信託基金	委員
28	2011-2022	11	Research Ethics Committee, Hong Kong East Cluster, Hospital Authority（港島東醫院聯網）	Standard Review Panel
29	2021-2024	3	Hospital Authority Central Institutional Review Board（Central IRB，醫管局）	Member

二、基督教服務

項目	服務時間	年期	組織	職位
1	1981-2020	39	基督教互愛中心	執行董事／團牧
2	1984-2013	29	香港基督教工業委員會	主席／執行委員會委員
3	1985-1989	4	香港基督徒學生福音團契	執行董事
4	1986-2017	31	基督教豐盛職業訓練中心	主席／執行委員會委員
5	1986-2014	28	基督教關懷無家者協會	主席／董事／顧問
6	1987-1992	5	香港基督徒學會	執行委員
7	1991-2023	32	天鄰基金會（始於1991年華東水災救助災民）	共同發起人／主席／顧問
8	2010-2021	11	完美句號基金	共同發起人／主席

三、公民社會服務

項目	服務時間	年期	組織	職位
1	1982-1993	11	爭取興建東區醫院聯委會	發起人／發言人／祕書
2	1985-1988	3	民主政制促進聯委會	委員
3	1986-1993	7	綠色力量	副主席／委員
4	1989-2020	31	香港基督徒愛國民主運動	委員
5	1989-1997 2002-2020	26	香港市民支援愛國民主運動聯合會	副主席／常務委員
6	2000-2003	3	香港人權監察	主席
7	2002-2023	21	香港民主發展網絡	主席
8	2005-2019	14	香港公民教育基金會有限公司	主席
9	2003-2021	18	香港醫療及衛生服務評議會有限公司	副主席

四、獎項

1997 英國伊莉莎白女王榮譽勳章
Badge of Honour by Her Majesty the Queen

2016 德國奧爾格・弗里茨紀念獎
Award of Pfarrer-Georg-Fritze-Gedächtnisgabe

港聞 A8 星期五 2016 4 15

朱牧獲德教區頒和平獎

首名華人享譽「屬於每個爭民主港人」

上世紀80年代開始爭取民主，至八九六四參與支聯會工作，前年與學者戴耀廷、陳健民倡議「和平佔中」，朱耀明牧師將成為首位華人獲德國科隆市基督教教區頒授Pfarrer-Georg-Fritze紀念獎，以肯定他過去30年爭取民主的工作。但為了是否接獎項，朱牧一度掙扎，幸得陳健民鼓勵，他們希望透過獎項鼓勵香港人勿氣餒。朱說：「獎項是屬於每一個爭取民主的香港人，特別是面對鎮壓仍無畏無懼的青年。」 明報記者

掙扎領獎否 陳健民鼓勵

[illegible]

以愛爭民主 肯定30年堅持

[illegible]

朱耀明獲獎受訪，指這個獎「屬於每個爭民主的香港人」。
照片取自《明報》。

2016年4月15日，朱耀明牧師獲德國科隆基督福音教會教區頒發奧爾格・弗里茨紀念獎，與教區監督杜慕靈（Rolf Domning，右二）、科隆市長威德爾（Andreas Wolter，右一）等人合影。
奧爾格・弗里茨是德國牧師，因反對納粹被迫害致死，科隆教會為紀念他設立此獎項，表揚以和平方式對抗暴政的人士。朱耀明因三十多年來為香港民主發展的不懈努力獲獎，是第一位獲此殊榮的華人。

左岸歷史　363

敲鐘者言

朱耀明牧師回憶錄

作　　者　朱耀明口述　知日執筆
總 編 輯　黃秀如
責任編輯　劉佳奇
行銷企劃　蔡竣宇
美術設計　黃暐鵬

出　　版　左岸文化／遠足文化事業股份有限公司
發　　行　遠足文化事業股份有限公司（讀書共和國出版集團）
231新北市新店區民權路108-2號9樓
電　　話　（02）2218-1417
傳　　真　（02）2218-8057
客服專線　0800-221-029
E-Mail　rivegauche2002@gmail.com
左岸臉書　facebook.com/RiveGauchePublishingHouse
法律顧問　華洋法律事務所　蘇文生律師
印　　刷　呈靖彩藝有限公司
初版一刷　2023年11月
初版四刷　2024年3月
定　　價　550元
I S B N　978-626-7209-58-5（平裝）
978-626-7209-60-8（PDF）
978-626-7209-59-2（EPUB）

敲鐘者言：朱耀明牧師回憶錄／朱耀明口述；知日執筆.
－初版.－新北市：左岸文化，
遠足文化事業股份有限公司，2023.11
面；　公分.－（左岸歷史；363）
ISBN 978-626-7209-58-5（平裝）
1.CST: 朱耀明　2.CST: 回憶錄　3.CST: 基督教傳記
249.887　　112015152